Martin Weteschnik

Tatwaffe Springer

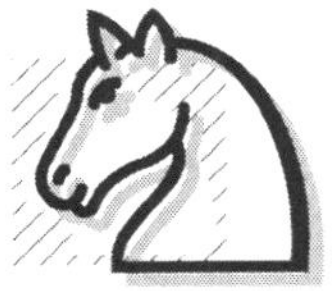

Joachim Beyer Verlag

ISBN 978-3-95920-121-6

2. Auflage 2020

Ein Imprint des Schachverlag Ullrich, Zur Wallfahrtskirche 5, 97483 Eltmann

Herausgeber: Robert Ullrich

Inhalt

Einleitung	5
Der Springer	6
Übungen mit dem Springer	8
Die Droh- und Angriffsmöglichkeiten des Springers	12
Der Springer als Entfesselungskünstler	13
Matt mit dem Springerpaar	14
Der "mathematische & wissenschaftliche" Springer	15
Der "scherzhafte & erstaunliche" Springer	18
Die politisch-historische Schachstudie	22
Der Springer in der Eröffnung – Fallen & Tricks	23
Typische Opfer- und Angriffsmotive des Springers	27
Der Springer und seine tückischen Gabeln	29
Der Springer als "Büchsenöffner"	32
Einschläge und Drohungen des Springers	33
Das Nachlade - Motiv	35
Der Vorpostenspringer	36
Der / die Springer in voller Aktion	39
212 x Taktik mit dem Springer	40
Der Springer rettet den Tag	118
Der Springer im Endspiel	122
Matt in der Ecke – oder auch nicht!	123
Springer gegen Bauer	123
Springer gegen Turm	125
Wer ist stärker: Läufer oder Springer?	126
Der Springer als Weglenker	127
16 kleine Beispiele für den Springer im Endspiel	128
Der Springer in der Studie	132
Kurzlösungen	138
Die Springer Meisterklasse	140

Erläuterungen

■ bedeutet das Schwarz an Zug ist. ❐ / ■ kennzeichnet Aufgaben mit möglichen Lösungen für beide Seiten.

Die Haupt- oder Partievariante ist stets **fett gedruckt** angegeben, Varianten sind in [ ] und in normaler Schrift aufgeführt, Untervarianten in ( ) Klammern und *kursiv* gedruckt.

Ein kursiv und fett gedruckter Zug (Beispiel: ♖***a8-d8***) ist ein alternativer Zug oder der Beginn einer alternativen Variante.

Ein Zug wie z.B. **♕d8/♖h8xf8** heißt, dass alternativ zwei Figuren den gleichen Stein schlagen können.

Wir gehen in der Regel von der in der Partie gespielten Fortsetzung aus, auch wenn diese die schwächere ist. Alternative Möglichkeiten findet der Leser in den Analysevarianten oder im Anschluss an die Partievariante.

Aus Platzgründen konnten manchmal nicht alle Varianten angegeben werden, aber der Leser wird die fehlenden Fortsetzungen leicht selber finden. Bei sehr einfachen Varianten, die auch ein unerfahrener Schachspieler leicht selber finden kann, wurde auf diese bewusst verzichtet. Ebenso wurde in der Regel auf unsinnige Züge oder Zwischenzüge, die nichts ändern (z.B. noch zwei Schachs geben, um ein Matt in 4 Zügen auf 6 Züge zu strecken) verzichtet, da sie keinen Beitrag zum taktischen Gehalt der Stellung leisten.

Ebenfalls wurden sinnlose Züge ignoriert, die zum todsicheren Verlust führen. Wenn es also z.B. heißt "Weiß hatte keine andere Wahl als ... " mag es streng genommen schon eine Wahl in Form von hohem Materialverlust geben. Ähnliches gilt auch für "beliebige Züge".

Einleitung

Anfänger halten ihn für tückisch, fürchten, ja hassen ihn, selbst Meister hält er oft genug auf Trapp und legt sie herein – der Springer. Er ist der Offizier vom geringsten Wert, was ihn aber nicht davon abhält, oft die entscheidende Rolle zu spielen, ob selbst als Angreifer oder als unentbehrlicher Unterstützer für andere Figuren.

Der Springer mit seinen L-förmigen "Winkelzügen" hält unser Gehirn auf Trapp, erschwert die Vorausberechnung und erfordert höchste Aufmerksamkeit und Konzentration. Welche Figur wäre also besser geeignet, unsere Wettkampfstärke zu verbessern und unsere Kreativität anzuregen? Oder, wenn wir Schach eher genießen als wettkampfmäßig praktizieren wollen, uns zu überraschen und zu unterhalten?

Unter diesen Gesichtspunkten entstand schon vor einigen Jahren die Idee zu diesem Buch. Das Sammeln und Auswählen geeigneter Partien und Stellungen gestalteten sich schwieriger als ursprünglich gedacht und ich hoffe, Sie sind mit meiner Wahl zufrieden. Das Buch sollte neben klassischen Springermanövern auch Partiestellungen enthalten, denen man einen erfolgreichen Springereinsatz nicht sofort ansieht.

Nach einer jeweils kurzen Einführung in die Eigenschaften und Möglichkeiten des Springers allgemein, in der Eröffnung und im Endspiel folgen 212 Positionen, in denen der Springer eine wichtige Rolle spielt. Die Stellungen stammen aus allen Zeiten, aus der ganzen Welt und von Spielern verschiedenster Stärke. In der 2.Auflage wurden weitere 16 Stellungen ("Meisterklasse") hinzugefügt. Die Anordnung von Aufgaben und Lösungen auf nebeneinander liegenden Seiten ermöglicht es, vom Diagramm zur Lösung zu springen und viele Stellungen direkt vom Blatt zu verfolgen. Die Aufgaben auf gegenüberliegenden Seiten sind eher zum "Schmökern" als zum Lösen gedacht und erzählen manchmal kleine Geschichten. So kommt hoffentlich jeder Nutzer auf seine Kosten, als "Löser" oder als "Leser".

Natürlich kann in diesem Buch vieles nur gestreift werden, vor allem bei den Endspielen. Da sich Springerendspiele sehr viel schwerer katalogisieren lassen als etwa Bauern- oder Turmendspiele, musste ich mich mit einigen wenigen Beispielen begnügen. Zudem gibt es einfach zu viel Material und zu wenig Seiten, um darüber zu berichten.

Und nun genug der Vorrede. Viel Spaß in der Welt der *"Tatwaffe Springer"* mit ihren L-förmigen Zügen und dem Überspringen wünscht Ihnen Ihr Autor

Martin Weteschnik

♘ Der Springer ♘

Das Urschach, das aus China oder Indien über Persien und die arabischen Länder bereits vor 1000 n. Chr. nach Europa kam, unterschied sich in der Zugweise der meisten Figuren vom heutigen Schach. Dame und Läufer waren langsame, schwache Figuren, es gab noch keinen Doppelschritt des Bauern zu Beginn. Nur zwei Figuren des arabischen Schachs haben ihre ursprüngliche, vermutlich fast zweitausend Jahre alte Gangart behalten: Turm und Springer.

Der Springer ist eine ungewöhnliche Figur. Als einziger kann er sich über andere Steine, gleich ob Freund oder Feind, hinwegsetzen und damit auch in massiv verteidigte Stellungen eindringen. Als einzige Figur zieht der Springer nicht gerade oder schräg, sondern in seiner speziellen, L-förmigen Weise, dem sogenannten "Rösselsprung". Dadurch sind seine künftigen Züge und Wege sehr viel schwerer vorauszuberechnen als bei den anderen Figuren. Von jedem seiner Sprünge aus ergeben sich neue, oft äußerst verwirrende Möglichkeiten. Sind etwa in der Eröffnung oder im frühen Mittelspiel alle Springer zugleich im Einsatz, stößt das menschliche Gehirn oft genug an seine Grenzen. Anfänger haben große Probleme mit dem Springer, dessen Gabeln ihnen fast regelmäßig Material stibitzen. Doch hat der Springer auch buchstäblich seine schwachen Seiten, wie die folgenden Diagramme zeigen:

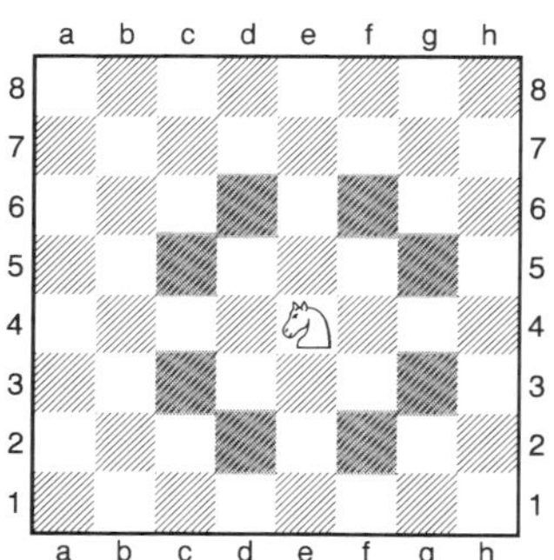
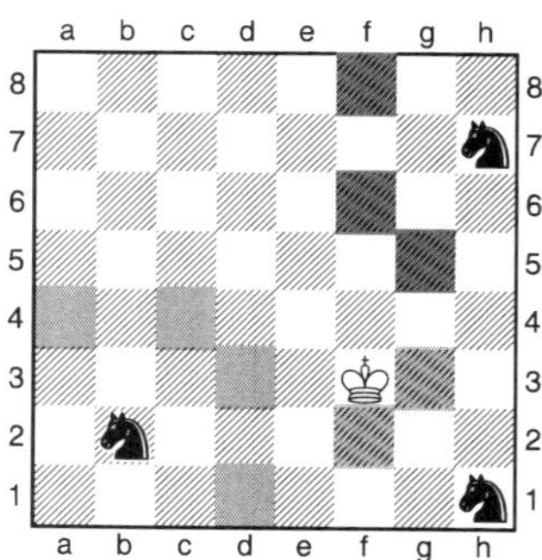

Links sehen wir den Springer in zentraler Lage. Er wirkt auf acht Felder, davon vier in der gegnerischen Hälfte. Rechts sehen wir, wie schwach Springer in Randnähe sind. Nur zwei bis vier Felder bleiben ihnen, der ♘h1 könnte einem feindlichen König auf f3 nicht entkommen. Besonders wichtig ist, dass der Springer jeweils nur auf eine Feldfarbe wirkt!

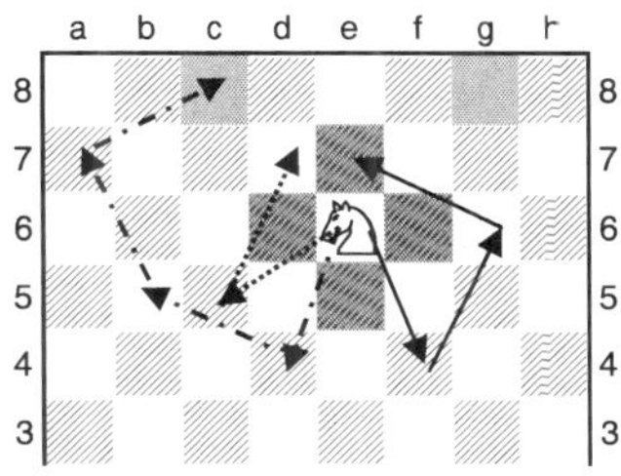

Selbst wenn der Springer auf einem optimalen Feld steht, hat er einen großen Nachteil. Er hat nämlich einen "toten Winkel" und "Wendekreis", der jeden Lastwagenfahrer vor Schreck erblassen ließe. Um diagonal angrenzenden Feldern zu erreichen braucht er 2, für umliegende gerade Felder bereits 3 Züge.

Am schlimmsten steht es mit Feldern, die diagonal zwei Felder entfernt sind (hier c8 und g8). Für die braucht er sogar 4 Züge, was ansonsten reichen würde, das ganze Brett zu überqueren! (s. -·-·→)

Je näher ein Stein einem gegnerischen Springer steht, desto sicherer mag er also sein, wie im Auge des Hurrikans!

Natürlich kann der Springer in unserem Beispiel alle Felder auf verschiedene Weise und aus verschiedenen Richtungen erreichen, was es äußerst schwer macht, seinen möglichen Weg oder auch nur sein Ziel auszurechnen. Statt hier über d4 – b5 – a7 nach c8 zu gelangen könnte er genau so gut den Weg f4 – g6 – e7 und dann c8 wählen oder auch andere/längere Wege mit zusätzlichen Zügen, was im praktischen Spiel ja oft je nach der gegebenen Stellung erforderlich sein kann.

Wie schwer, ja fast unmöglich es ist, eine längere Zugsequenz eines Springers im Kopf zu berechnen, zeigt uns das folgende Beispiel. Es handelt sich um die Übung Nr. 12 des amerikanischen Trainers und Autors Bruce Alberston aus seinem Buch *"Chess-Mazes"* (Schach Labyrinte), Milford, USA, 2004.

Der weiße Springer soll, ohne geschlagen zu werden, dem gegnerischen König Schach bieten. Der Springer darf (und muss manchmal) Figuren schlagen, um sein Ziel zu erreichen.

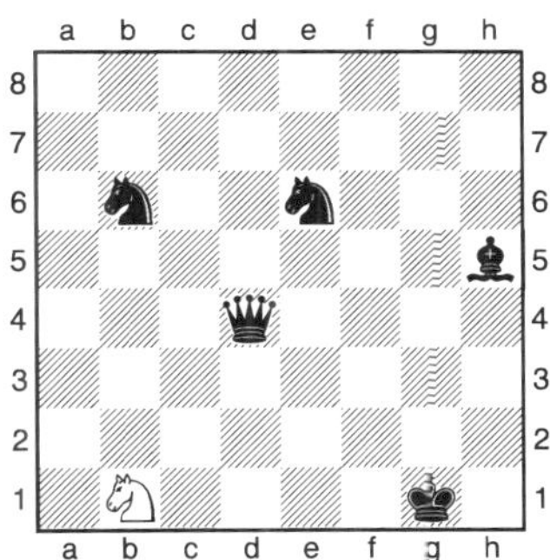

□ Wie zieht der ♘, um dem König Schach zu bieten?

Obwohl diese Stellung mit viel weniger Material einfacher ist als die meisten Partien und Schwarz nicht zieht, ist es gar nicht so leicht, den richtigen und schnellsten Weg zu finden:

1.♘b1–a3 -- 2.♘a3–b5 -- 3.♘b5–a7 -- 4.♘a7–c6 -- 5.♘c6–e7 -- 6.♘e7–f5 -- 7.♘f5–g3 -- 8.♘g3xh5 -- 9.♘h5–g3 -- 10.♘g3–e2+

Übungen mit dem Springer

Um ein besseres Gefühl für die Möglichkeiten und Limitationen des Springers zu bekommen, starten wir mit einigen einfachen Übungen. Noch unerfahrene Spieler bauen die Ausgangsstellung am besten auf dem Brett auf. Wer schon erfahrener ist kann versuchen, vom Blatt zu lösen. Und wer sich stark genug fühlt oder ein zusätzliches Training absolvieren möchte, kann versuchen, sie blind zu lösen. Dazu braucht man einen geduldigen Assistenten, dem man die Züge zuruft und der sie auf einem Brett setzt und kontrolliert.

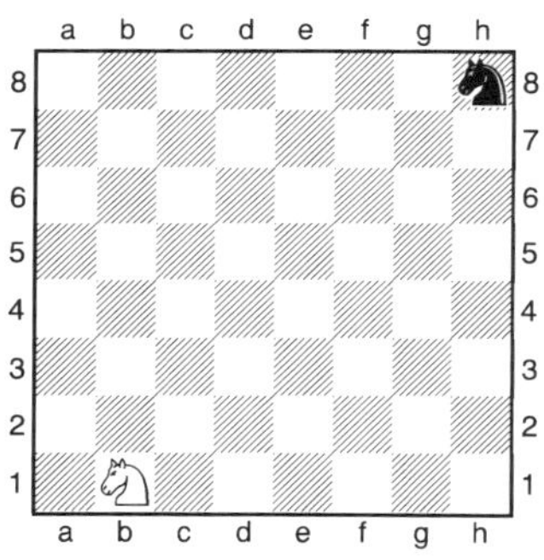

***1.* Der weiße Springer soll seinen Gegenspieler auf h8 schlagen.**

Wie viele Züge, welcher Weg?

1.♘b1–c3 -- 2.♘c3–d5 -- 3.♘d5–f4 -- 4.♘f4–g6 -- 5.♘g6xh8 oder

1.♘b1–a3 -- 2.♘a3–b5 -- 3.♘b5–d6 -- 4.♘d6–f7 -- 5.♘f7xh8.

Die Springer stehen so weit auseinander - und sind doch nur 5 Züge entfernt!

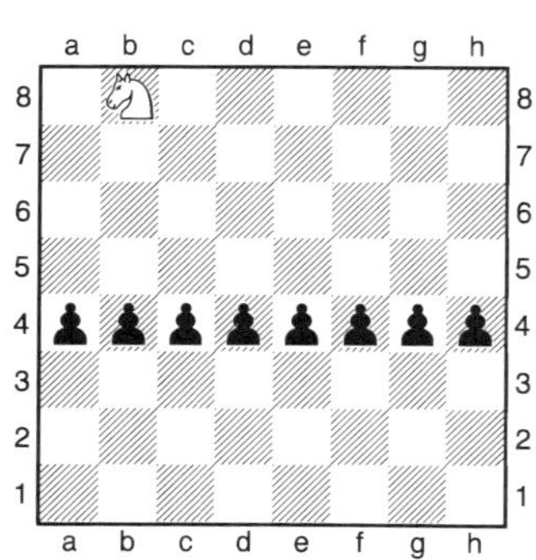

***2.* Der Springer soll alle Bauern der Reihe nach schlagen, erst den Ba4, dann Bb4, Bc4, ... Wie viele Züge braucht er?**

1.♘b8–d7 [Oder 1.♘b8–a6 -- 2.♘a6–c5] -- 2.♘d7–b6 -- 3.♘b6xa4 -- 4.♘a4–b6

[Von der anderen Seite geht es natürlich auch, aber nicht ununterbrochen, z. B. 4.♘a4–b2 -- 5.♘b2xc4 -- und der Springer muss wieder in die schwarze Hälfte wechseln,]

4...-- 5.♘b6–d5 -- 6.♘d5xb4 -- 7.♘b4–c6 -- 8.♘c6–e5 [8.♘a5] 8...-- 9.♘e5xc4 -- 10.♘c4–d6 -- 11.♘d6–f5 [11.♘b5] -- 12.♘f5xd4 -- 13.♘d4–e6 -- 14.♘e6–c5 -- 15.♘c5xe4 -- 16.♘e4–f6 -- 17.♘f6–d5 -- 18.♘d5xf4 -- 19.♘f4–g6 -- 20.♘g6–e5 -- 21.♘e5xg4 -- 22.♘g4–h6 -- 23.♘h6–f5 -- 24.♘f5xh4 und endlich geschafft!

Da der Springer jeweils 3 Züge braucht, um einen Bauern zu schlagen, sind 24 Züge für alle 8 Bauern nötig.

3. Aus der gleichen Ausgangsstellung **soll der Springer diesmal jeden zweiten Bauern schlagen**, also Bb4, Bd4, ... , und wenn er am anderen Brettrand angekommen ist, soll er sich die übrig gebliebenen Bauern vornehmen. **Wie viele Züge braucht er dazu?**

1.♘b8–a6 -- 2.♘a6xb4 -- 3.♘b4–c6 -- 4.♘c6xd4 -- 5.♘d4–e6 -- 6.♘e6xf4 -- 7.♘f4–g6 -- 8.♘g6xh4 -- 9.♘h4–f5 -- 10.♘f5–h6 [10.♘e3] 10...-- 11.♘h6xg4 -- 12.♘g4–f6 -- 13.♘f6xe4 -- 14.♘e4–d6 -- 15.♘d6xc4 -- 16.♘c4–b6 -- 17.♘b6xa4 Am Ziel!

Diesmal ging es schneller, da der Springer ein Manöver wählen konnte, bei dem in jedem zweiten Zug einen Bauern schlagen konnte, also in 1 + 16 Zügen.

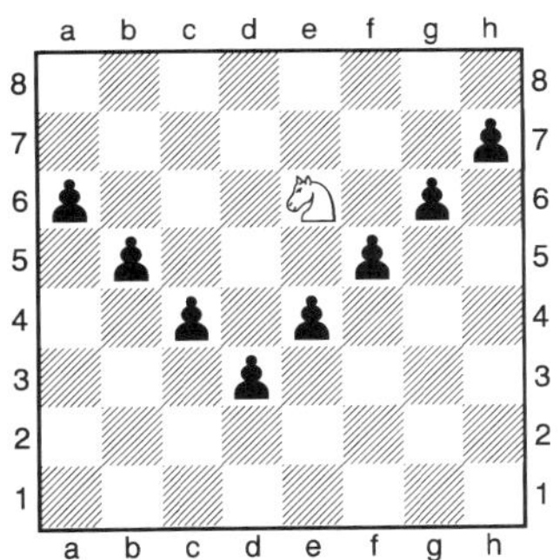

4. **Der Springer soll mit jedem zweiten Zug einen schwarzen Bauern schlagen.**

Aufgepasst!

Die Bauern dürfen zurückschlagen!)

a) Wie viele Züge braucht er dazu?

b) Fängt er besser auf dem Damen– oder auf dem Königsflügel an? Oder ist das egal?

1.♘e6–f8 -- 2.♘f8xh7 -- 3.♘h7–f8 -- 4.♘f8xg6 -- 5.♘g6–e7 -- 6.♘e7xf5 -- 7.♘f5–d6 -- 8.♘d6xe4 -- 9.♘e4–c5 -- 10.♘c5xa6 -- 11.♘a6–c7 -- 12.♘c7xb5 -- 13.♘b5–d6 [13.♘a3+] -- 14.♘d6xc4 -- 15.♘c4–e5 -- 16.♘e5xd3

Die erste Frage war natürlich simpel: Wenn der Springer in jedem zweiten Zug einen Bauern schlagen soll und es sind 8 Bauern auf dem Brett, macht das nach Adam Riese 16 Züge.

Dann wird es schon komplizierter, denn es ist keineswegs egal, wo der Springer anfängt. Am Königsflügel ist die richtige Antwort, denn startet er am Damenflügel, bleibt er bald stecken, wie uns ein Versuch zeigt:

1.♘e6–c7 -- 2.♘c7xa6 -- 3.♘a6–c7 -- 4.♘c7xb5 -- 5.♘b5–d6 -- 6.♘d6xc4 -- 7.♘c4–e5 und da haben wir den Salat, der Bd3 ist gedeckt! Nun muss der Springer einen zusätzlichen Zug einschieben, um wieder in die normale Schlagposition zu kommen:

7...-- 8.♘e5–d7 -- 9.♘d7–f6 -- 10.♘f6xh7 -- 11.♘h7–f8 usw.

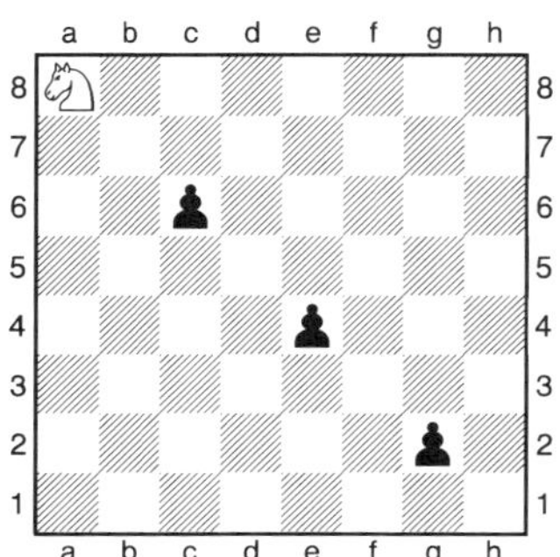

5 Statt Bauernketten "abzuarbeiten" können wir den Springer auch auf die Jagd nach einzelnen Bauern schicken. Hier stehen seine potentiellen Opfer "optimal unoptimal", denn ihr diagonaler Abstand nötigt dem Springer jeweils 4 Züge ab:

1.♘a8–b6 -- 2.♘b6–c8 -- 3.♘c8–e7 -- 4.♘e7xc6 -- 5.♘c6–e5

[Wieder sind auch andere Zugfolgen möglich, z. B. 5.♘c6–d4 -- 6.♘d4–e2 -- 7.♘e2–g3 -- 8.♘g3xe4]

5... -- 6.♘e5–c4 -- 7.♘c4–d6 -- 8.♘d6xe4 -- 9.♘e4–f2 -- 10.♘f2–g4 -- 11.♘g4–e3 -- 12.♘e3xg2 Sieg!

Während bis hierher die gegnerischen Steine nur eine passive Rolle gespielt haben, können wir nun den Schwierigkeitsgrad gewaltig steigern, indem wir sie auch ziehen lassen. Schließlich ist es viel schwerer, ein "laufendes Ziel" zu erwischen als ein "angewachsenes".

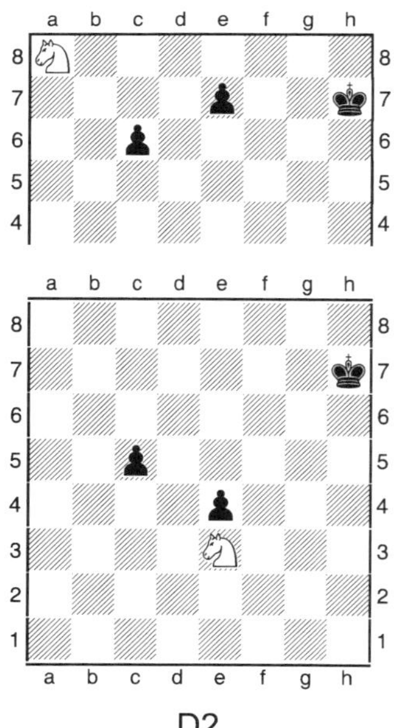

D2

6 Diesmal dürfen die schwarzen Bauern ziehen und dem Springer davonlaufen – oder es wenigstens versuchen!

Kann der Springer die schwarzen Freibauern aufhalten?

1.♘a8–b6 e7–e5 2.♘b6–c4 e5–e4 3.♘c4–e3 c6–c5 *(D2)*

und ein Bauer wird blockiert, der andere, sobald er zieht, geschlagen. Das ist eine typische Position des Springers, mit der er Bauern stoppt.

1.♘a8–c7 ist zwar umständlicher und nicht besonders logisch, dennoch stoppt der Springer die Bauern:

1...e7–e5 2.♘c7–e6 e5–e4 3.♘e6–d4 c6–c5 4.♘d4–e2 c5–c4 5.♘e2–c3

und wieder hat der Sprinter alles unter Kontrolle.

7 Je weiter die Bauern voneinander entfernt sind, desto schwerer – und schließlich unlösbar – wird die Aufgabe des Springers. Schließlich ist er keine Linienfigur, die eine ganze Reihe oder Diagonale absperren kann, sondern er muss sich jeden der Bauern einzeln vornehmen, was er bei einem Abstand von 4 Feldern zwischen ihnen nicht mehr kann, wie wir hier sehen:

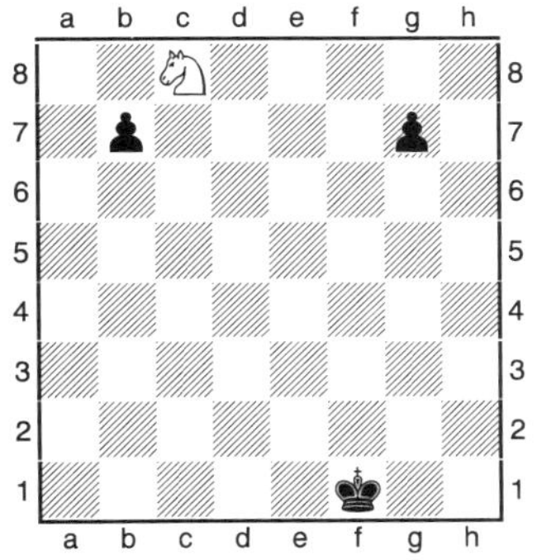

1.♘c8–d6 b7–b6 2.♘d6–e4 b6–b5 usw. [Ebenso wenig hilft die Blockade: 2.♘d6–b5 g7–g5 3.♘b5–d4 g5–g4 4.♘d4–e2 b6–b5 und der ♘ ist in hoffnungsloser Position, Schwarz erzwingt die Umwandlung.

Auch die Entfernung der Bauern vom Verwandlungsfeld ist entscheidend. Je näher es ist, desto schwerer für den Springer, der nur zu oft Probleme hat, nahe gelegene Felder schnell zu erreichen.

8 Viele Hunde sind des Hasen Tod, heißt es. Mit wie vielen Bauern (die bitte nicht böse sein wollen, mit Hunden verglichen zu werden!) kann es der Springer aufnehmen? Wir setzen nun drei Bauern gegen ihn an:

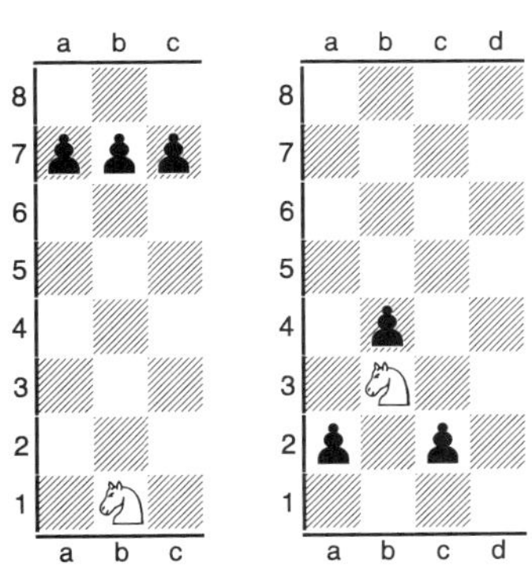

1.♘b1–c3 c7–c5 2.♘c3–a4 c5–c4 3.♘a4–c3 a7–a5 4.♘c3–b5 a5–a4 5.♘b5–a3 c4–c3 6.♘a3–c2 b7–b5 7.♘c2–b4 a4–a3 8.♘b4–a2 c3–c2 9.♘a2–c1 b5–b4 *(D rechts)*

10.♘c1–b3 a3–a2 und Schwarz gewinnt durch das Überlastungsmotiv, der Springer kann nur einen der Bauern stoppen.

Viele andere Varianten sind natürlich möglich, aber so etwa sollte es stets enden.

Daraus sollte man aber keine voreiligen Schlüsse ziehen, denn bei einer nur leichten Änderung der Stellung mag es anders aussehen!

Die Droh- und Angriffsmöglichkeiten des Springers

Prinzipiell bedroht oder kontrolliert der Springer stets alle Felder, auf die er ziehen oder schlagen oder die er decken kann. Doch für die Spielpraxis geht es vor allem um die Felder, auf denen "etwas los" ist, etwa ein Doppelangriff erfolgen kann. Hier eine kleine Übersicht:

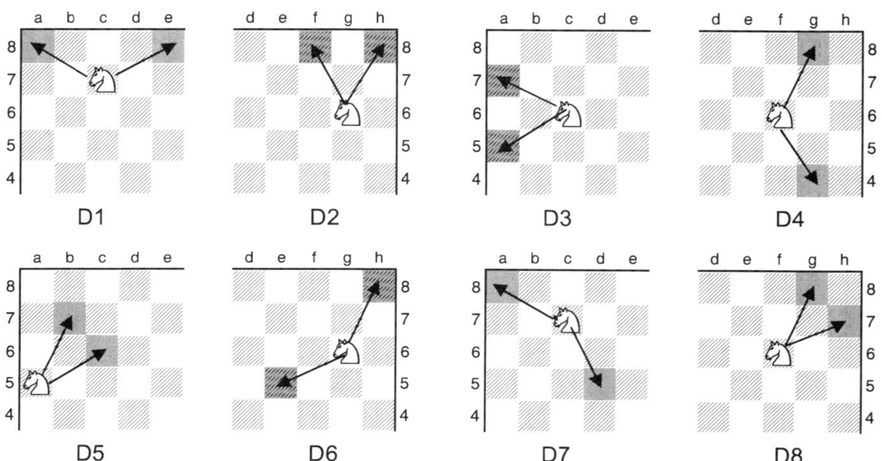

D1 D2 D3 D4

D5 D6 D7 D8

Der Springer hat mehr Angriffsmöglichkeiten als jede andere Figur. Insgesamt kann er auf acht verschiedene Arten einen Doppelangriff starten! Durch ihre Kombination können es sogar noch mehr sein. Wir unterscheiden grundsätzlich drei Arten des Springerangriffs:

- Angriffe, deren Zielfelder auf einer Geraden liegen, sowohl horizontal *(D1-D2)* als auch vertikal *(D3-D4)*;
- Angriffe, deren Zielfelder auf einer Diagonalen liegen *(D5– D8)*
- Angriffe auf nicht durch eine Diagonale oder Gerade verbundene Zielfelder *(D9-D10)*. Diese Positionen entstehen durch Kombination der vorgenannten Motive, so *D9* durch *D2 + D3* bzw. *D3 + D5.*

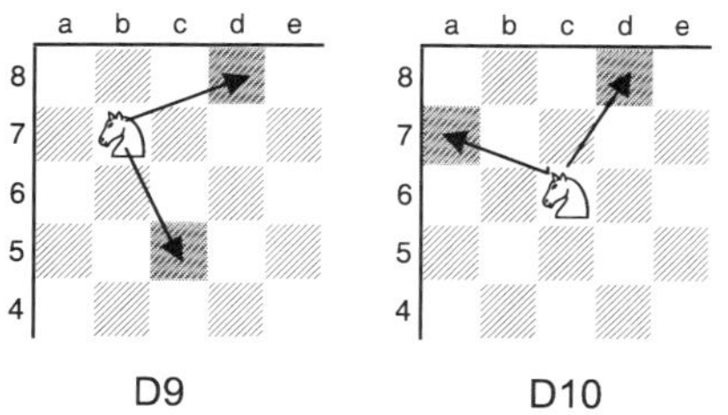

D9 D10

Aus diesen Möglichkeiten ergibt sich der Doppelangriff "Springer-Gabel" (oder sogar Dreifachangriff, das **"Familienschach"**), dem viele Taktiklehrbücher sogar ein eigenes Kapitel widmen. Sie gehören zu den häufigsten Werkzeugen des Schachtaktikers.

Der Springer als Entfesselungskünstler

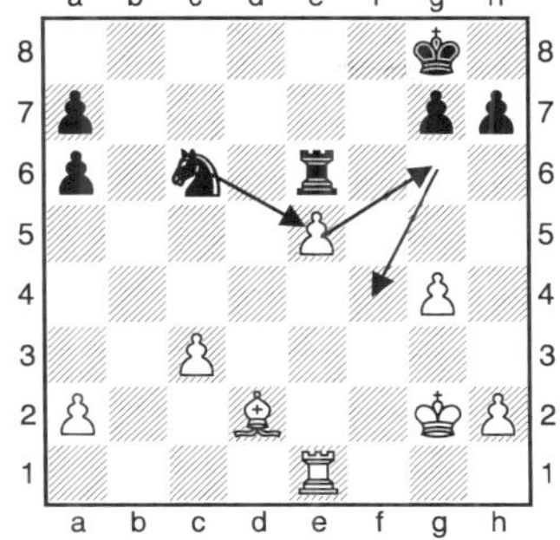

1...♘c6xe5 sieht vielleicht wie ein Fehler aus, kann Weiß doch mit **2.♗d2–f4** den gegen den Turm gefesselten Springer angreifen. Doch dieser entfesselt sich und deckt den angegriffenen Turm durch eine Gabeldrohung:

2...♘e5–d3

[Schwächer wäre 2...♘e5–g6 3.♗f4–g3 (*3.♖e1xe6?? ♘g6xf4+* und gewinnt) 3...♖e6xe1 4.♗g3xe1 ♘g6–e5 mit besseren Chancen für Weiß]

3.♖e1xe6? [Richtig ist 3.♖e1–f1 ♖e6–e2+ 4.♔g2–g3 ♘d3xf4 5.♖f1xf4 ♖e2xa2 mit schwarzen Vorteil]

3...♘d3xf4+ mit Figuren- und Partiegewinn.

Auf diese Weise kann sich der Springer entfesseln bzw. seine bedrohte Figur hinter der Fesselung auf manchmal überraschende Art retten. Dazu muss auch nicht wie hier der ♗f4 ein Stein angegriffen werden, die Gabel allein reicht auch schon.

Die anderen Figuren können sich nicht auf solche Art freistrampeln, sondern brauchen ein Schachgebot oder einen Angriff auf eine wertvolle Figur als Zwischenzug. Zudem können sie auch dann nur abziehen, nicht aber die hinten ihnen stehende Figur indirekt verteidigen.

Der Springer als "Ent-decker"

Ein Trick, der beim Blitzen in der Hitze des Gefechtes auch manchmal gute Spieler zur Strecke bringt, ist das Schlagen des Springers mit Zwischenschach. Was anderen Figuren nur gegen eine geschwächte Königsstellung möglich ist, schafft das Pferd gegen die intakte.

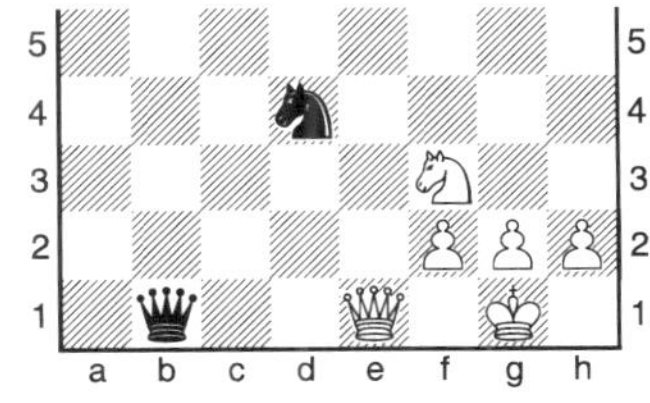

Weiß hatte zuletzt das Grundreihenschach der gegnerischen Dame auf b1 mit ♕e1 abgewehrt (richtig wäre ♘f3–e1 gewesen), um sie gleich wieder zu vertreiben oder mit 1...♛b1xe1+ 2.♘f3xe1 abzutauschen. Doch o weh, es folgt stattdessen

1...♘d4xf3+ 2.g2xf3 ♛b1xe1+ und Dame und wohl auch Partie sind verloren.

Matt mit dem Springerpaar

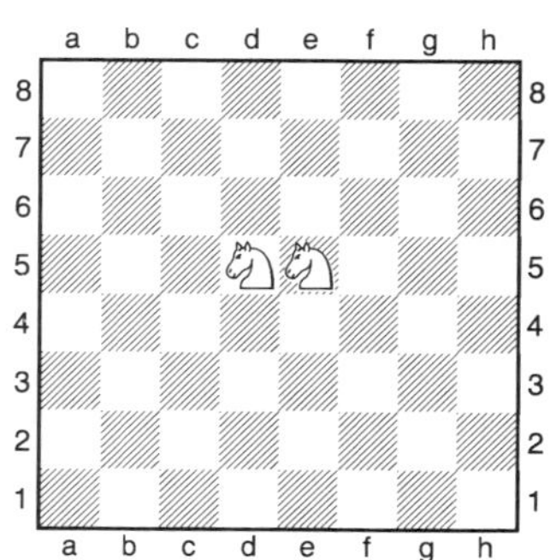

Die Möglichkeiten eines Springers sind schon beträchtlich und oft schwer kalkulierbar. Kommt ein zweiter Springer hinzu, wird es noch erheblich schwerer. Zwei Springer nebeneinander können eine Anzahl verbundener Felder abdecken. Sie haben allerdings auch wieder eine "tote Zone" um sich herum, in der sie überhaupt keine Wirkung haben. Das ist der Grund, dass ein Springerpaar allein nicht Matt setzen kann, sondern einen gegnerischen Stein als Unterstützer benötigt.

Zudem können die Springer auch dann nur am Brettrand zum Matt kommen, weil ihre Wirkungszone nicht tief genug ist, um dem König die Flucht zu verwehren. Daher ist ein Matt durch zwei Springer im Mittelspiel relativ selten, kann aber dennoch überraschend vorkommen. Hier Beispielstellungen für diesen Matttyp:

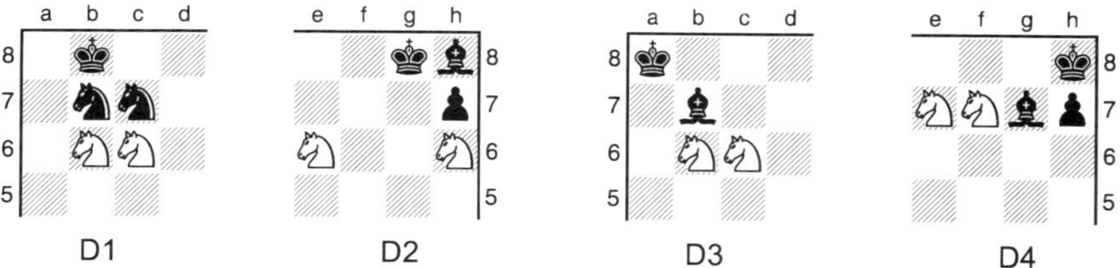

D1 D2 D3 D4

D1 ist der Klassiker des Zwei-Springer-Matt. Eine äußerst seltene Position, die aber auch in der Neuzeit gelegentlich vorgekommen ist.

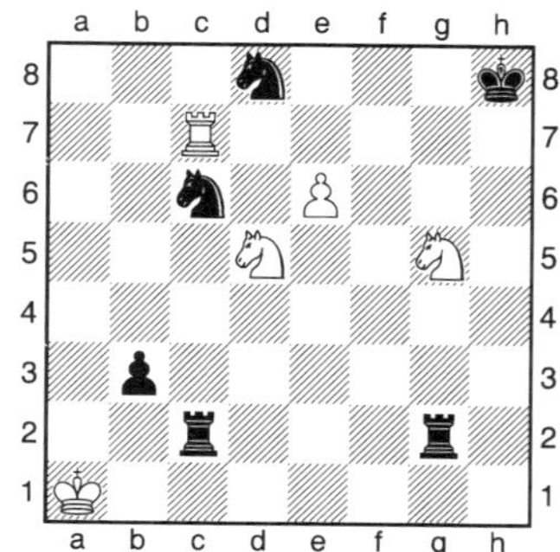

Es ist das vermutlich älteste bekannte Beispiel für ein Matt dieser Art und stammt aus einer persischen Studie aus dem 14.Jahrhundert. (Es wurde natürlich nach den alten Regeln gespielt, aber da hier nur Turm und Springer betroffen sind, spielt das keine Rolle.)

1.♖c7–h7+ ♔h8–g8 2.♘d5–f6+ ♔g8–f8 3.e6–e7+ ♘c6xe7 4.♖h7–f7+ ♘d8xf7 5.♘g5–e6#

Der "mathematische & wissenschaftliche" Springer

Schach ist ein Spiel, das viel Mathematik beinhaltet. Nicht etwa bloß das "Kopfrechnen" von Varianten, sondern "richtige" Mathematik wie etwa die geometrische Reihe bei der Weizenkornlegende, die Zahl möglicher Züge in bestimmten Stellungen; der absolut möglichen Züge oder Stellungen; statistische Betrachtung von Stellungen (z. B., die ein Computer berechnen müsste, um ein bestimmtes Matt zu finden) u. v. a. m. Wer sich die vorstehenden Diagramme mit den Zugmöglichkeiten des Springers und des Springerpaars anschaut, sieht geometrische Figuren. Das ist aber erst der Anfang. Die sogenannte "Springertour", eine Wanderung des Springers über alle Felder, von denen er keines zwei Mal betreten darf, strotzt nur so vor Mathematik. Sie wurde schon vor Tausend Jahren vom Hindu Rudrata erwähnt, mag älter sein als das Schachspiel und vom indischen Spiel Ashtapada stammen, einem Rennspiel auf einem 8 x 8 Brett, bei dem eine bestimmte Tour absolviert werden musste. Muss der Springer am Ende zum Ausgangsfeld zurückkehren, gibt es 122.802.512 mögliche Varianten. Darf die Tour an einem beliebigen Punkt enden, gibt es Milliarden von Möglichkeiten. Manche davon ergeben hübsche Formen, wie die Abb. unten rechts zeigt. Der berühmte Mathematiker Euler entwickelte eine Springertour, die zwar kein besonderes visuelles Design zeigt, deren Spalten jedoch horizontal wie vertikal stets 260 ergeben, fast ein magisches Quadrat.

63	14	37	24	51	26	35	10
22	39	62	13	36	11	50	27
15	64	23	38	25	52	9	34
40	21	16	61	12	33	28	49
17	60	1	44	29	48	53	8
2	41	20	57	6	55	32	47
59	18	43	4	45	30	7	54
42	3	58	19	56	5	46	31

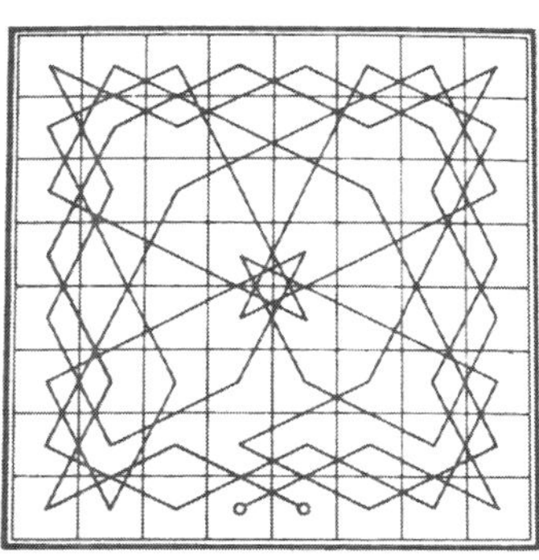

Konnte Baron von Kempelen, der 1770 den ersten Schachautomaten **"Der Türke"** konstruierte, keinen kleinwüchsigen Meister auftreiben (der Türke wurde von einem im Innern verborgenen Menschen gesteuert) ließ er ihn eine Springertour ausführen, die der "Operator" vom Blatt abspielte, was die Zuschauer hinreichend beeindruckte.

Die Springertour hat durch die Jahrhunderte immer wieder Mathematiker und Tüftler angezogen. Sie kann nette Formen ergeben wie hier links die Tour von Ali bin Mani (1355) oder rechts von Abraham de Moivre 1722.

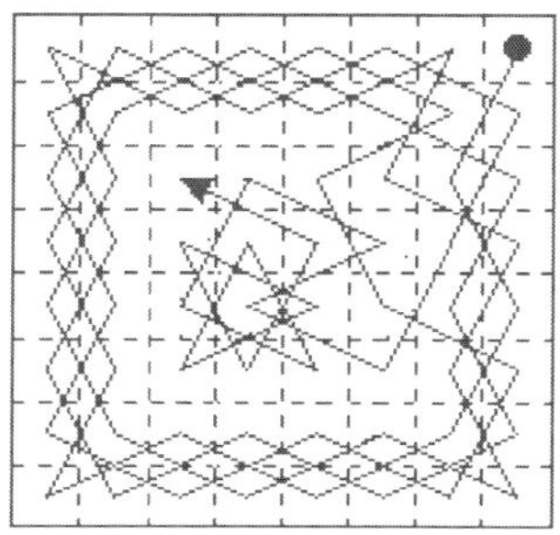

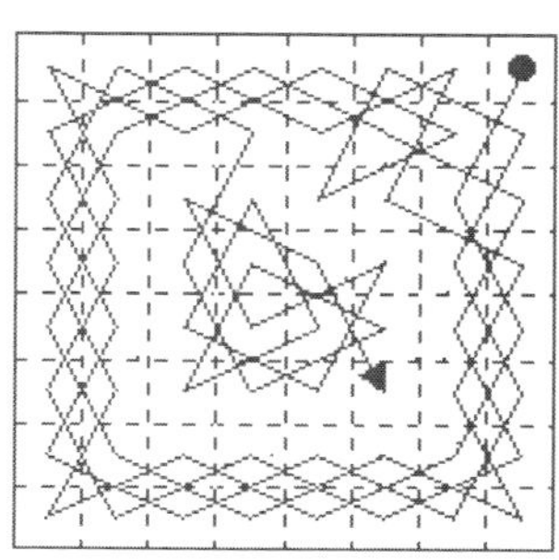

Der tschechische Psychologe Cerny nutzte 1960 im Rahmen eines Tests für Schach-Talent u. a. die folgende Aufgabe, die einer Springertour mit Handicap entspricht. Der Springer muss vom Ausgangsfeld alle Nachbarfelder der Reihe betreten (also b1, c1, d1 usw. und, wenn er auf h1 angekommen ist, nach a2 gehen und diese Operation bis zur 8.Reihe wiederholen. Felder, auf denen er geschlagen würde, betritt er nicht:

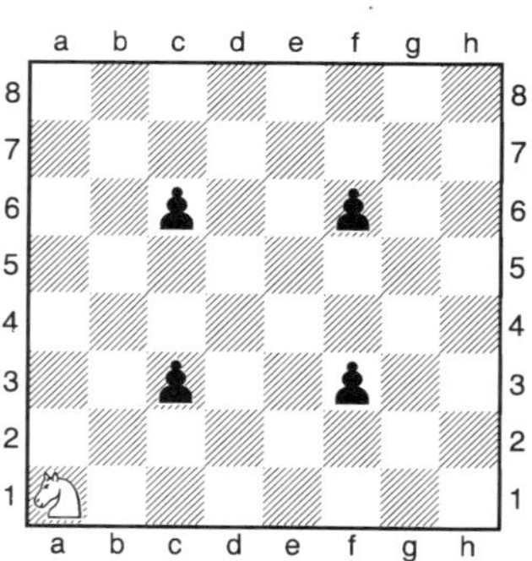

1.♘a1–c2 – 2.♘c2–a3 – 3.♘a3–b1 – 4.♘b1–a3 – 5.♘a3–c2 – 6.♘c2–a1 – 7.♘a1–b3 – 8.♘b3–c1 – 9.♘c1–d3 – 10.♘d3–f2 – 11.♘f2–d1 – 12.♘d1–e3 – 13.♘e3–c2 – 14.♘c2–e1 – 15.♘e1–c2 – 16.♘c2–e3 – 17.♘e3–f1 – 18.♘f1–e3 – 19.♘e3–g4 – 20.♘g4–h2 – 21.♘h2–f1 – 22.♘f1–e3 – 23.♘e3–d1 – 24.♘d1–f2 – 25.♘f2–h3-- 26.♘h3–g1 – 27.♘g1–h3 – 28.♘h3–f2 – 29.♘f2–h1 und der Springer muss wieder an den anderen Brettrand, um von a2 aus seine Tour fortzusetzen:

30.♘h1–f2 – 31.♘f2–d3 – 32.♘d3–c1 – 33.♘c1–a2 – 34.♘a2–b4 – 35.♘b4–c2 (b2 ist natürlich tabu, ebenso d2 und e2, was die Sache etwas beschleunigt) **36.♘c2–e3 – 37.♘e3–d1 – 38.♘d1–f2** und so geht das immer – oder wenigstens bis zur 8.Reihe weiter. *(Anm.: Wer das durchhält, hat bestimmt Talent! ☺)*

Ende 2001 überraschte der Amerikaner **Michael de la Maza** mit einem Artikel auf der Website von ChessCafe.com, in dem er seine Methode zur Leistungsverbesserung vorstellte. 2004 folgte sein Buch *"Rapid Chess Improvement"*.

Er ging davon aus, dass viele schwächere Spieler Defizite in der Imagination der möglichen Züge der Figuren hätten. Deswegen nahm er sogenannte **"Chess Vision Drills"** als erste Übungen in sein Programm auf. In **"concentric square"** soll der Anwender mit einem Turm seinen König in der Mitte "umkreisen", d.h. von dort aus in konzentrischen Kreisen über alle Felder des Brettes gehen. Beispiel: Kd5, Td4 – und dieser zieht nach e4 – e6 –c6 – c3 – f3 usw.

Mehr interessiert uns hier natürlich der Springer und diesen lässt de la Maza die bewährte Springertour durchlaufen:

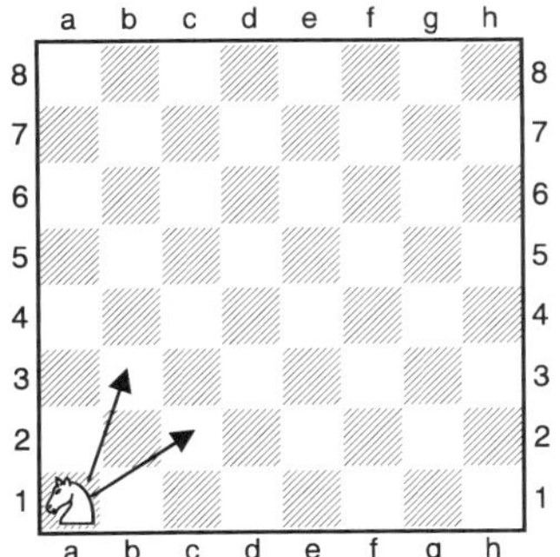

Der Springer soll auf die nächsten erreichbaren Felder gesetzt und diese mit den Fingern berührt werden. Dann wird er ein Feld höher nach a2 gesetzt und das ganze (diesmal mit mehr erreichbaren Feldern) wiederholt, später auf die b-Linie gewechselt, usw. bis h1 erreicht ist.

Diese Übung soll täglich eine Woche lang wiederholt werden. Sozusagen eine Springertour mit Fingerprint!

Bei den Übungen mit dem Turm bin ich eher skeptisch, ob das wirklich von Nutzen ist. Doch die Springertour mag helfen, die Vorstellung für mögliche Springermanöver bzw. erreichbare Felder zu verbessern. Bei Anfängern stets und bei schwächeren Spielern oft finden wir nämlich Defizite im Erkennen möglicher (oder auch unmöglicher) Manöver und kaum Bewusstsein, wie lange ein etwaiges Manöver dauern kann.

Für sehr junge Anfänger (z.B. fünf bis sieben Jahre) scheint mir eine solche Springertour eine gute Möglichkeit zu sein, das Gefühl für den Springer zu verbessern. Ältere Schachfreunde finden vielleicht die Springertour zu langweilig, trocken, langatmig etc.

Vermutlich ist die Springertour auch hilfreich, wenn Jemand Probleme hat, die Konzentration über einen längeren Zeitraum aufrecht zu erhalten.

Der "scherzhafte & erstaunliche" Springer

Den Opfern des Springers dürfte das Scherzen zwar meistens vergangen sein, aber wir wollen das ja nicht so eng sehen und uns mit einigen humorvollen, verspielten und erstaunlichen Aspekten des Springers befassen. Jede Figur hat natürlich solche, aber der Springer einige ganz außergewöhnliche.

Beginnen wir mit zwei ganz einfachen Fragen, die sicher jeder Leser mühelos beantworten kann, oder?

1. Frage:

Wie viele Springer können aufs Schachbrett gestellt werden, ohne das sie sich gegenseitig bedrohen? *(Das entspricht der Aufgabe mit den neun Damen, die optimal übers Brett verteilt werden).*

2. Frage:

Wie viele Springer brauchen wir, damit sie alle Felder des Brettes kontrollieren? *(Vorsicht! Auf einem Feld zu stehen heißt nicht, es auch zu kontrollieren!)*

3. Damit Sie von diesen leichten Fragen nicht zu sehr angeödet werden, hier noch kurz ein kleines Rätsel.

Damit es noch etwas einfacher ist, zeige ich Ihnen nicht nur die Ausgangsstellung (links), sondern auch die Endstellung (rechts).

Von ersterer ausgehend geben Sie mit Weiß dann einfach neun Mal Schach, bis die Position des rechten Diagramms erreicht ist, und setzen dann einzügig Matt.

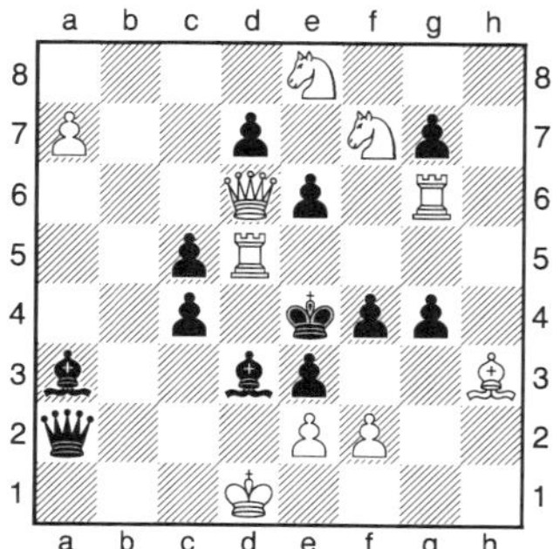

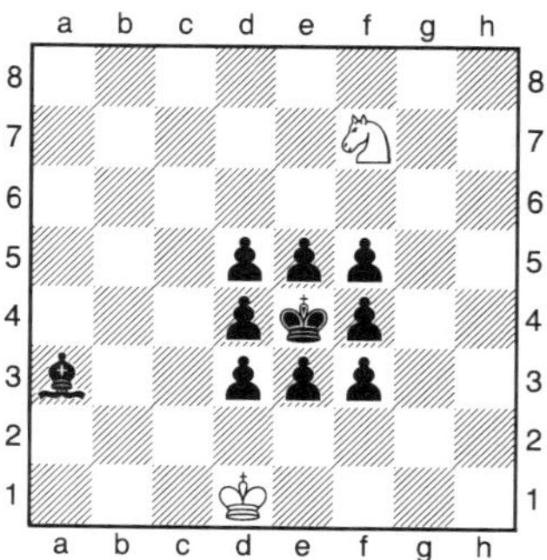

(Anmerkung: Natürlich kann Weiß auch gleich einzügig Matt setzen, aber das wollen Sie bitte freundlichst ignorieren, etwas Geduld muss sein!)

Auflösungen

1. Frage:

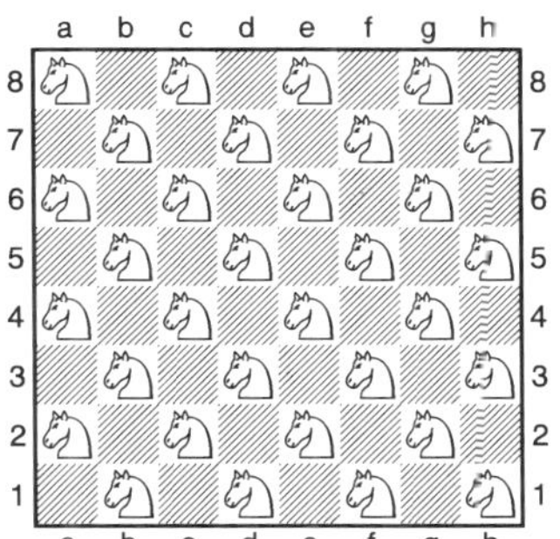

Wer die vorhergehenden Seiten nicht übersprungen hat und sich erinnert, dass der Sprinter einen "toten Winkel" hat, der alle seine direkt angrenzenden waagerechten und senkrechten Felder umfasst, konnte diese Frage sogleich beantworten.

Natürlich könnten die Springer auch auf schwarzen Feldern stehen. Und wer in Gedanken schwarze Springer verwendet hat, kann gerne die Springer im Diagramm ausmalen, auch das ändert nichts. ☺

2. Frage:

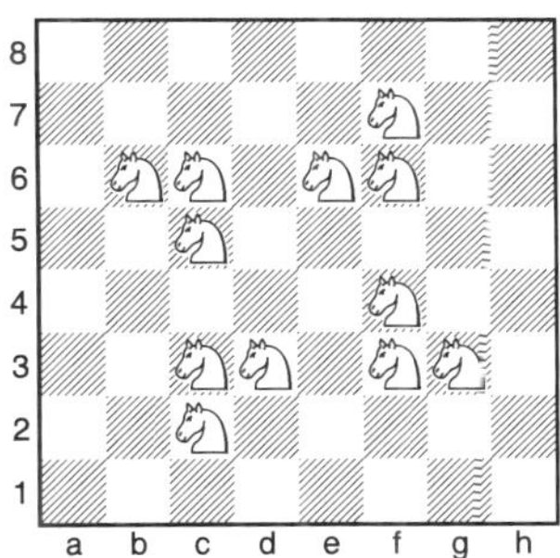

Zu deren Beantwortung mussten schon ein paar Gehirnzellen mehr zugeschaltet werden. Es hängt davon ab, ob die Springer in einer symmetrischen Position aufgestellt werden sollen oder nicht. Hier, mit leicht versetzter Stellung, reichen 12 Springer aus. Bei einer symmetrischen Aufstellung werden 14 Springer benötigt, um alle Felder abzudecken.

Mattaufgabe:

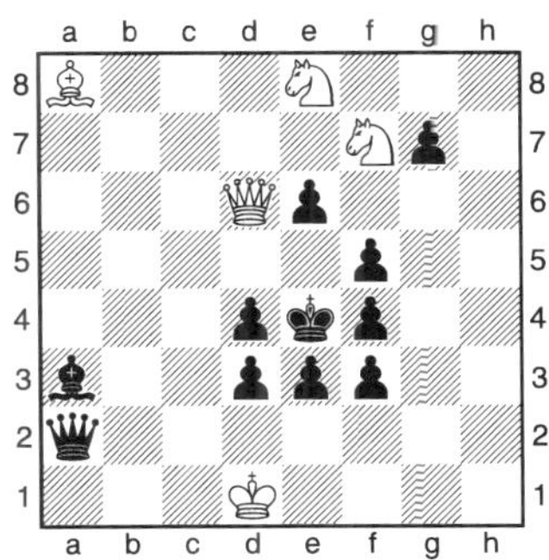

Da ja die Endstellung schon bekannt war und klar machte, dass die Bauern in Richtung König schlagen sollten, war die Strategie sicher ausreichend klar:

1.f2–f3+ g4xf3 2.e2xd3+ c4xd3 3.♗h3–f5+ e6xf5 4.♖g6–e6+ d7xe6 5.♖d5–d4+ c5xd4 6.a7–a8♗+ *(D)*

Natürlich hätte man auch in eine Dame umwandeln können, was aber ein Zeichen von Gier und Verschwendung wäre!

6...♕a2–d5 7.♗a8xd5+ e6xd5 8.♘e8–f6+ g7xf6 9.♕d6–e5+ f6xe5 und nun ist der große Augenblick gekommen: **10.♘f7–g5#** *(Lasse nie ein Schach aus, es könnte Matt sein! ☺)*

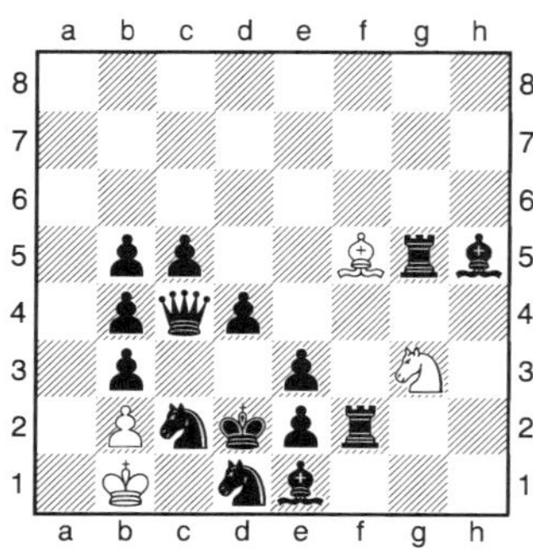

Matt in 8 Zügen

Hier sehen wir eine der sehr seltenen **Zwickmühlen** des Springers:

1.♘g3–e4+ ♔d2–d3 2.♘e4xf2+ ♔d3–d2 3.♘f2–e4+ ♔d2–d3 4.♘e4xg5+ ♔d3–d2 5.♘g5–e4+ ♔d2–d3 6.♔b1–c1 ♘d1xb2
[6...♗e1–d2+ 7.♘e4xd2#; oder 6...♘c2–a1+ 7.♘e4–c3#]
7.♘e4–d2+ ♔d3–c3
8.♘d2–b1#

P.Heuäcker - 1937

Kennen Sie den Begriff **"Spiegelschach"**? So nennt man es, wenn jemand die Züge des Gegners einfach nachsetzt, was Anfänger gelegentlich tun – schließlich macht es das Denken und Entscheiden sehr viel leichter! Einen kleinen Nachteil hat es allerdings: Es verliert unweigerlich! Das ist ja nur zu logisch, da der Anziehende schließlich als erster Matt setzt und so die Partie beendet. Oder zumindest als erster eine dicke Figur gewinnen kann, was auch reichen sollte.

Ein klassisches Beispiel ist die Partie des jugendlichen preußischen Kronprinzen, der später als "Der alte Fritz" in die Geschichte einging, gegen seinen Jugendfreund Katte, der mit dieser Spielweise verlor.

Falls Sie einmal gegen Ihren sch(w)achspielenden Boss Schach spielen und ihn anstandshalber gewinnen lassen müssen, ist das eine probate Möglichkeit – und bekanntlich ist Imitation die höchste Form der Bewunderung.

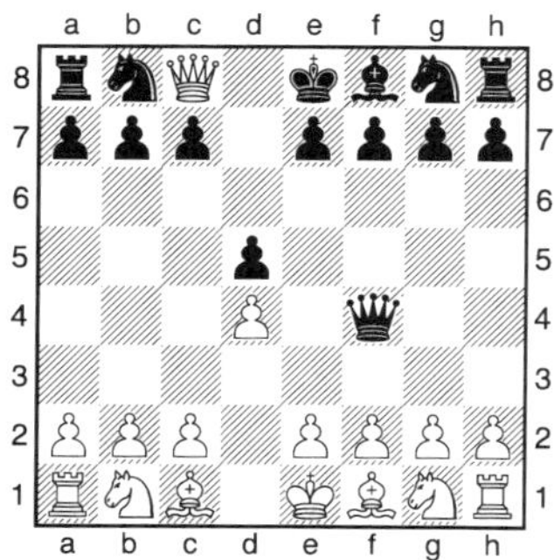

Das kürzeste Spiegelmatt fand der berühmte Problem amerikanische Komponist Samuel Loyd (1841–1910):

1.d2–d4 d7–d5
2.♕d1–d3 ♕d8–d6
3.♕d3–f5 ♕d6–f4
4.♕f5xc8#
[Ebenfalls gewinnt
3.♕d3–h3 ♕d6–h6 4.♕h3xc8#]

Die Meister Traxler und Krejcik fanden ein Matt in 6 Zügen, in dem unser Springer die Hauptperson ist:

1.♘g1–f3 ♘g8–f6 2.♘f3–g5 ♘f6–g4 3.♘g5xh7 ♘g4xh2 *(D1)* **4.♘h7xf8 ♘h2xf1 5.♘f8–e6 ♘f1–e3 6.♖h1xh8#** *(D2)*

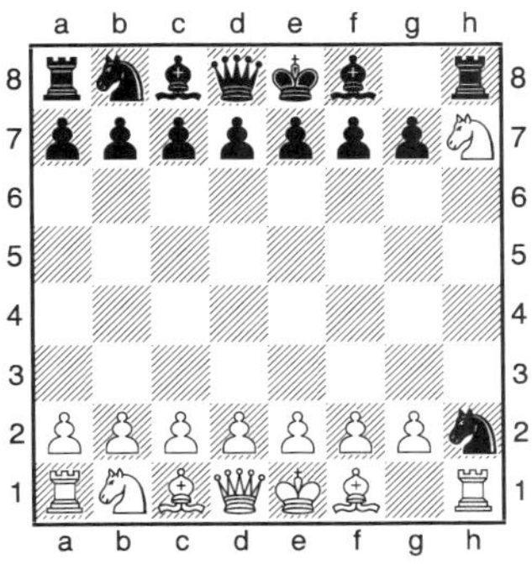

D1 nach 3...♘g4xh2

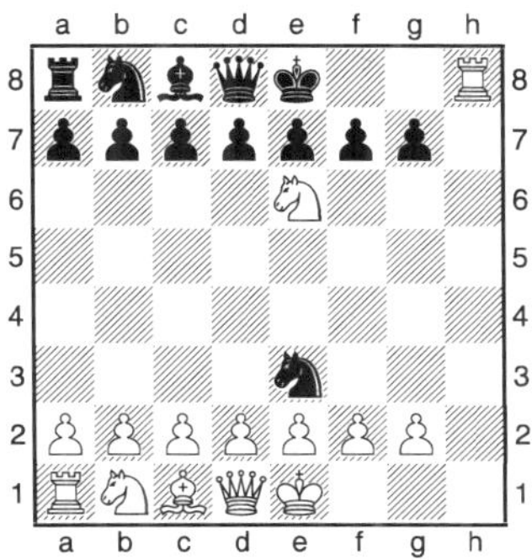

D2 nach 6.♖h1xh8#

Und damit die Pferde vom anderen Flügel nicht neidisch werden, vorsichtshalber auch noch ein weiteres pferdisches Spiegelmatt:

1.♘b1–c3 ♘b8–c6 2.♘c3–e4 ♘c6–e5 3.e2–e3 e7–e6 *(D3)* **4.♘g1–e2 ♘g8–e7 5.g2–g3 g7–g6 6.♘e4–f6#** *(D4)*

Eine nette Spielerei.

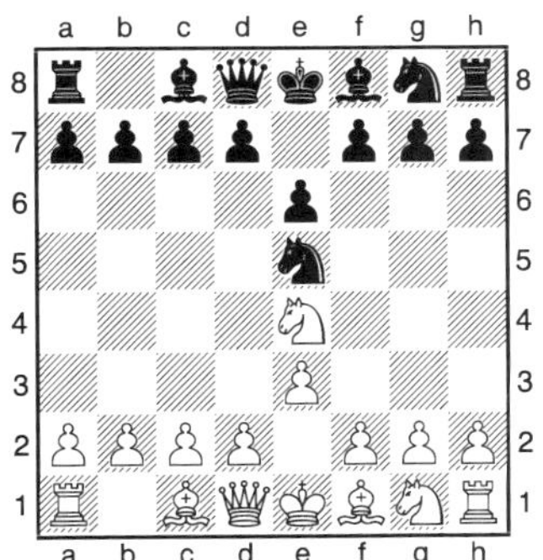

D3 nach 3...e7–e6

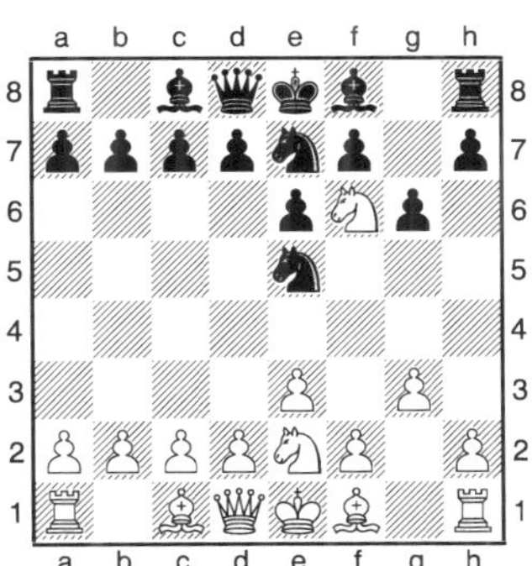

D4 nach 6.♘e4–f6#

Die politisch-historische Schachstudie

Diese künstliche Stellung ist vermutlich die erste Schachaufgabe, die sich auf politisch-historische Ereignisse bezieht. In ihr zeigt sich schon früh der Einfallsreichtum russischer / sowjetischer Schach-Komponisten und Studienautoren, der eine große Anzahl geistreicher und nützlicher Studien hervorbringen wird.

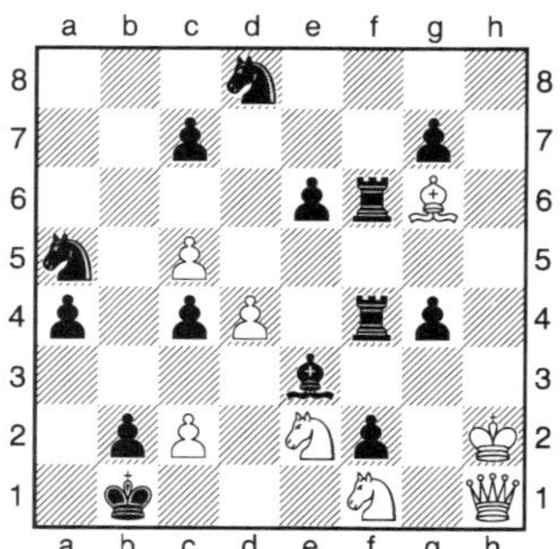

A.Petroff, 1824 (?)
"Der Rückzug Napoleons I. von Moskau"

Die Studie symbolisiert den Rückzug und die Verfolgung von Napoleon und seiner Armee aus Moskau, ein großes Ereignis der russischen Geschichte.

Das Feld b1 stellt Moskau dar, auf dem sich der schwarze König (Napoleon Bonaparte) befindet.

Die weiße Dame stellt den russischen Feldherrn dar, die weißen Springer sind die Kosaken, die den Feind aus dem Land bis nach Paris (das Feld h8) treiben.

Die Diagonale a1-h8 stellt die Beresina dar.

1.♘f1–d2+ ♔b1–a2 2.♘e2–c3+ ♔a2–a3 3.♘d2–b1+ ♔a3–b4 4.♘c3–a2+ ♔b4–b5 5.♘b1–a3+ ♔b5–a6 *(D2)* **6.♘a2–b4+**

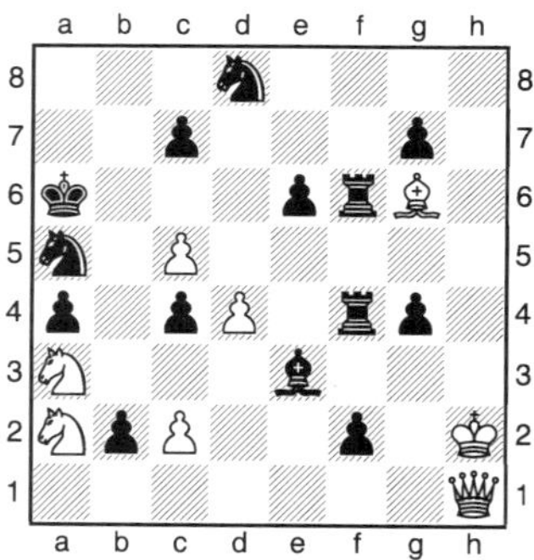

D2 nach 5...♔b5–a6

[6.♕h1–a8# ist kein Überseher des Komponisten, sondern symbolisiert die verpasste Gelegenheit, Napoleon beim Übergang über die Beresina gefangen zu nehmen.]

6...♔a6–a7 7.♘a3–b5+ ♔a7–b8 8.♘b4–a6+ ♔b8–c8 9.♘b5–a7+ ♔c8–d7 10.♘a6–b8+ ♔d7–e7 11.♘a7–c8+ ♔e7–f8 12.♘b8–d7+ ♔f8–g8 *(D3)* **13.♘c8–e7+ ♔g8–h8** und **14.♔h2–g2#** setzt den in Paris angelangten Napoleon Matt. Fast eine Springerwanderung! Und das sogar mit zwei Springern!

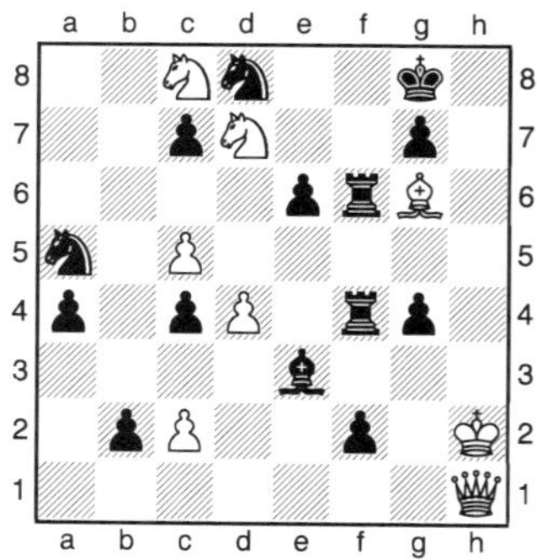

D3 nach 12...♔f8–g8

Der Springer in der Eröffnung – Fallen & Tricks

Fast immer greift der Springer frühzeitig in der Eröffnung ein und spielt in ihr die vielfältige Rollen. In den Offenen Spielen greift er nach 1.e2–e4 e7–e5 2.♘g1–f3 gleich das Zentrum an, das seine gegnerischen Kollegen dann zu verteidigen suchen. Daraus können sich dann äußerst lebhafte, aber auch recht statische Stellungen wie etwa im Vier-Springer-Spiel ergeben. Die Aljechin - Verteidigung 1.e2–e4 ♘g8–f6 2.e4–e5 steht besonders im Zeichen des Springers, der sich angreifen lässt und so die weißen Bauern vorlockt. Dies ist naturgemäß mit vielen Springerzügen verbunden und verstößt so gegen die Regel, eine Figur in der Eröffnung nur ein Mal zu ziehen. Aber das System ist voll spielbar, auch wenn es tatsächlich nicht von Weltmeister Aljechin stammt, der es im ganzen Leben nur ein- oder zwei Mal verwendete! Zusammen mit dem Läufer kann der Springer entscheidende Schläge austeilen. Wohl seine bekannteste Attacke entsteht nach den Zügen

1.e2–e4 e7–e5 2.♘g1–f3 d7–d6 3.♗f1–c4 ♗c8–g4 4.♘b1–c3 h7–h6? *(D)*

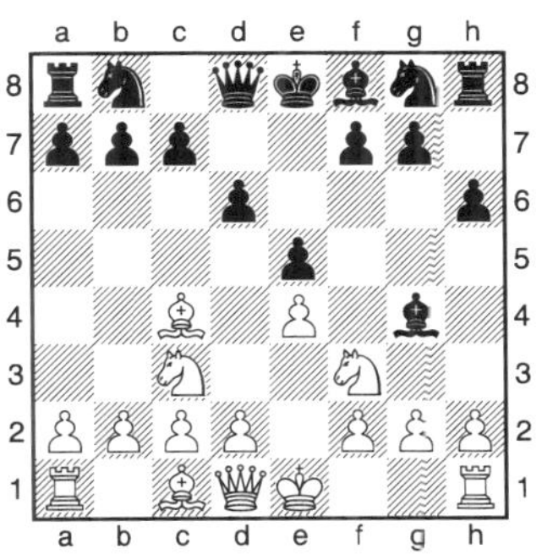

5.♘f3xe5 Weiß gibt seine Dame preis für einen Überfall auf die Königsstellung.

5...♗g4xd1 [Schwarz verliert stets Material: ***5...d6xe5*** 6.♕d1xg4; oder ***5...♗g4–e6*** 6.♗c4xe6 f7xe6 *(6...d6xe5 7.♕d1–h5 g7–g6 8.♕h5xe5)* 7.♕d1–h5+ g7–g6 8.♕h5xg6+ ♔e8–e7 9.♕g6–f7#]

6.♗c4xf7+ ♔e8–e7 7.♘c3–d5#

In Deutschland nennt man diese Eröffnungsfalle **"Seekadetten Matt"** (die Springer stehen in Mattstellung wie die Seekadetten zur Parade bzw. nach einer alten Operette benannt), im Ausland meist **Lègal Matt** genannt nach Philidors Lehrmeister Kermuy Sir de Légal (1702-92), der dies in einer Partie gegen den Chevalier de Saint Brie 1750 gespielt haben soll. (Unter Vorgabe des ♖a1, was wir hier nicht berücksichtigt haben) In England heißt dieser "Trick" **Blackburne Falle**, nach dem Großmeister James Henry Blackburne (1841 - 1924). Vermutlich existierte sie aber bereits viel früher. Gleich wie sie genannt wird, diese Falle ist nicht bloß eine veraltete Kuriosität, sondern kann in verschiedenster Weise auch heute vorkommen.

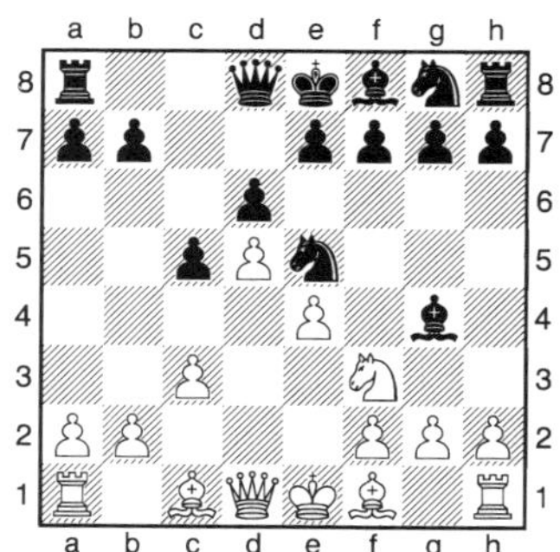

In dieser Halboffenen Eröffnung, die wenig Ähnlichkeit mit der des Lègal - Matts aufweist, bricht wieder der Springer aus seiner Fesselung aus:

1.♘f3xe5 ♗g4xd1 2.♗f1-b5+ und Schwarz verliert ebenfalls die Dame, **2...♕d8-d7 3.♗b5xd7+ ♔e8-d8 4.♘e5xf7+ ♔d8xd7 5.♔e1xd1** (der Turm auf h8 kommt anschließend dran)

Ein vernichtender Schlag in der Eröffnung!

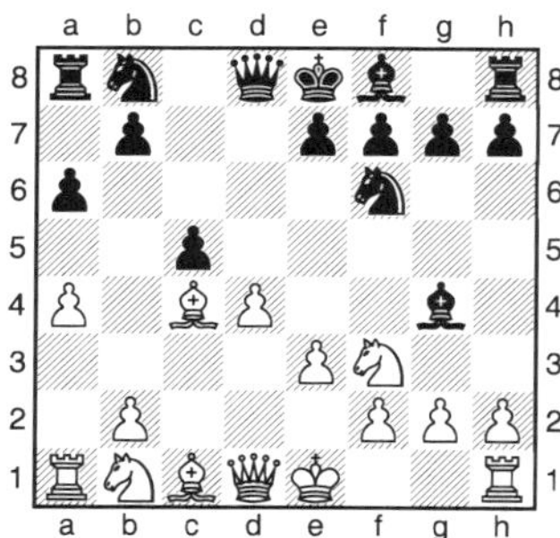

Im angenommenen Damengambit entsteht nach den Zügen

1.d2-d4 d7-d5 2.c2-c4 d5xc4 3.♘g1-f3 ♘g8-f6 4.e2-e3 a7-a6 5.a2-a4 ♗c8-g4 6.♗f1xc4 c7-c5 *(D)* mit **7.♘f3-e5** eine "Légal-Situation" für Schwarz.

7...♗g4xd1?? 8.♗c4xf7#;

7...♗g4-e6 8.♗c4xe6 f7xe6 9.♕d1-b3 ist wohl noch der beste Ausweg, aber Weiß steht eindeutig besser.

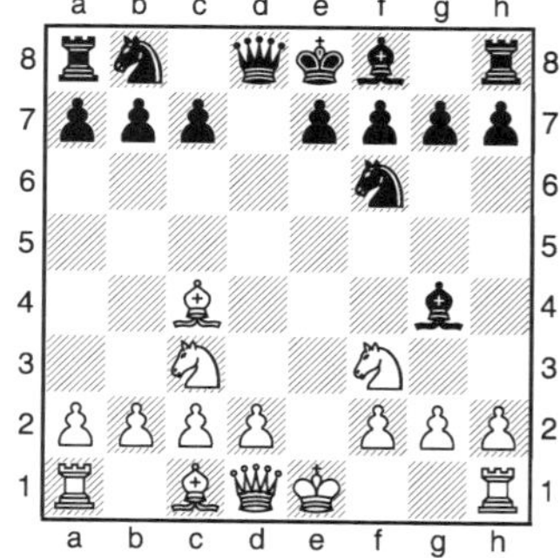

In unseren bisherigen Beispielen zog stets der Springer los, aber unser "Trick" hat auch eine "Läufer-Seite". Schon in der vermutlich ersten erhaltenen Partie nach neuen Regeln kam die Gelegenheit aufs Brett, blieb aber zunächst unbemerkt. In **Francisco de Castellni – Narcisco Vinoles** Barcelona 1485, geschah

1.e2-e4 d7-d5 2.e4xd5 ♕d8xd5 3.♘b1-c3 ♕d5-d8 4.♗f1-c4 ♘g8-f6 5.♘g1-f3 ♗c8-g4 *(D)* Hier ließ Weiß **6.♗c4xf7+** aus [6.♘f3-e5 ♗g4-e6 *(6...♗g4xd1?? 7.♗c4xf7#)* 7.♗c4xe6 f7xe6] und **6...♔e8xf7 7.♘f3-e5+ ♔f7-g8 8.♘e5xg4** hätte eine Figur eingebracht. Aber bereits 1560 in Rom wandte Lopez de Segura gegen Leonardo diesen Einschlag erfolgreich an und Greco zeigte in seiner Sammlung um 1621 etliche Beispiele dazu.

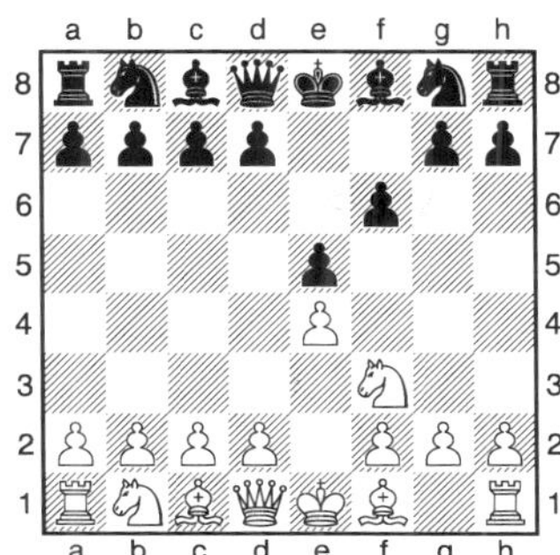

Schon vor fast fünfhundert Jahren zerschmetterte ein Springerzug eine ganze Eröffnung und wurde der Ausgangspunkt für diverse andere Reinfälle. Nach

1.e2–e4 e7–e5 2.♘g1–f3 f7–f6 *(D)* ist die **Damiano – Verteidigung** entstanden.

Das Opfer **3.♘f3xe5** reißt die Stellung auf und bringt in jedem Fall Vorteil für Weiß.

3...f6xe5 wird zum Desaster: **4.♕d1–h5+ g7–g6** [4...♔e8–e7 5.♕h5xe5+ führt zum Matt] **5.♕h5xe5+** mit Angriff auf den Turm.

Zwar kann Schwarz mit ***3...♕d8–e7*** das Schlimmste vermeiden, aber nach 4.♘e5–f3 ♕e7xe4+ 5.♗f1–e2 ist Weiß viel besser entwickelt. Der Zug f7-f6 ist natürlich als schwach demaskiert, aber wir sehen, wie der Springer kurzfristig und schlagartig auf das Zentrum wirken und durch Öffnung von Linien taktische Situationen herbeiführen kann.

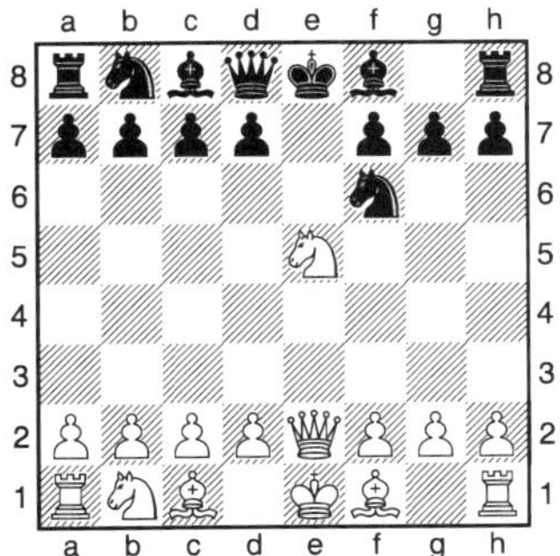

Mit der einzigartige Eigenschaft des Springers, über andere Steine hinweg wirken zu können, machen die meisten Anfänger ihre erste Bekanntschaft, wenn sie über "Russisch" stolpern und dabei in folgende Falle stolpern:

1.e2–e4 e7–e5 2.♘g1–f3 ♘g8–f6 3.♘f3xe5 ♘f6xe4 4.♕d1–e2 ♘e4–f6?? *(D)* [Richtig z.B. 4...d7–d5 5.d2–d3 ♕d8–e7 6.d3xe4 ♕e7xe5 usw.] und der Abzug mit Schach **5.♘e5–c6+** gewinnt die Dame.

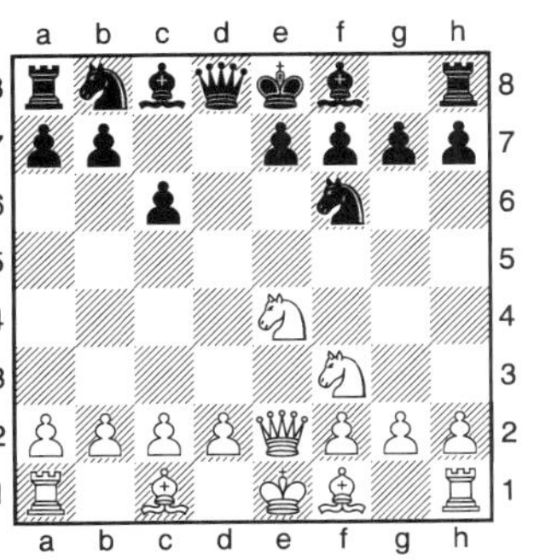

Aber es kann noch Schlimmeres passieren:

Keres – Dworzinski, Moskau 1956

1.e2–e4 c7–c6 2.♘b1–c3 d7–d5 3.♘g1–f3 d5xe4 4.♘c3xe4 ♘g8–f6 5.♕d1–e2 *(D)* und nun **5...♘b8–d7??**

Schwarz wollte den nach 6. ♘e4xf6 g7xf6 entstehenden Doppelbauern verhindern. Folgerichtig gedacht, leider Matt übersehen: **6.♘e4–d6#**

"Das ist doch primitiv", werden sicher manche Leser sagen. *"Auf so was fallen doch nur Patzer rein!"* Nun, in etwas komplexeren Stellungen sind auch starke Meister vom Springer überrumpelt worden. So in der Partie **Bobby Fischer – Reshevsky** US Meisterschaft New York 1958

1.e2–e4 c7–c5 2.♘g1–f3 ♘b8–c6 3.d2–d4 c5xd4 4.♘f3xd4 g7–g6 5.♘b1–c3 ♗f8–g7 6.♗c1–e3 ♘g8–f6 7.♗f1–c4 0–0 8.♗c4–b3 ♘c6–a5

9.e4–e5 ♘f6–e8? *(D)* Samuel Reshevsky, der führende Meister der USA und ein Weltklassespieler, hat sich unnötig in eine enge Stellung begeben. [Richtig ist 9...♘a5xb3 10.a2xb3]

10.♗b3xf7+ eliminiert einen der Verteidiger von e6. Nach **10...♔g8xf7** [nichts ändert 10...♖f8xf7] **11.♘d4–e6** *(D2)* ist die Dame verloren, denn **11...♔f7xe6** führt zum Matt: **12.♕d1–d5+ ♔e6–f5 13.g2–g4+ ♔f5xg4 14.♖h1–g1+ ♔g4–h4 15.♗e3–g5+ ♔h4–h5 16.♕d5–d1+ ♖f8–f3 17.♕d1xf3#**

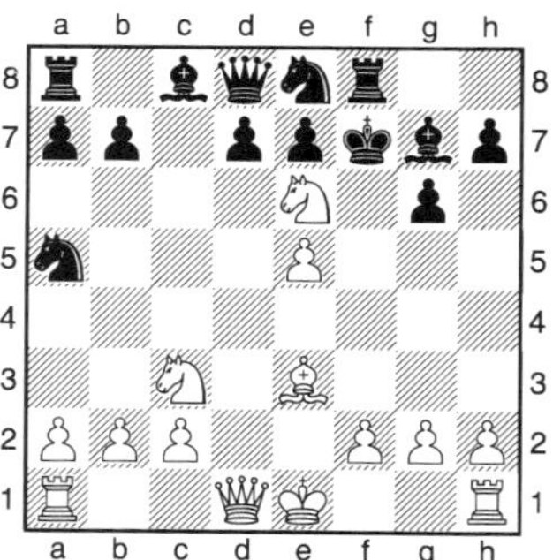

Jahrzehnte zuvor war schon Dr. Tarrasch in einer Simultanpartie gegen v. Bardeleben auf ein ähnliches Motiv hereingefallen. Weitere Beispiele werden wir später sehen.

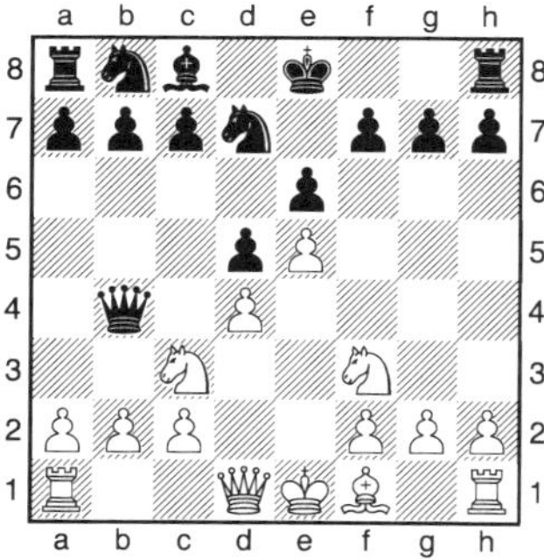

Oft kann der Springer in der Eröffnung eine Figur erobern, die sich zu weit vorgewagt hat. Das ist manchmal schwer im Voraus zu erkennen, wie dieses Beispiel aus dem Franzosen zeigt:

1.e2–e4 e7–e6 2.d2–d4 d7–d5 3.♘b1–c3 ♘g8–f6 4.♗c1–g5 ♗f8–e7 5.e4–e5 ♘f6–d7 6.♗g5xe7 ♕d8xe7 7.♘g1–f3

[Ängstliche Spieler ziehen hier 7.a2–a3, aber man sollte die Dame ruhig zum Kommen ermuntern!] **7...♕e7–b4** *(D)*

8.a2–a3 ♕b4xb2?? 9.♘c3–a4 und plötzlich ist die Dame gefangen!

Typische Opfer- und Angriffsmotive des Springers

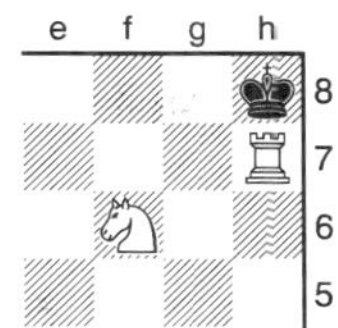

Das älteste Mattmotiv des Springers überhaupt ist das **"Arabische Matt"** *(D1)*. Es ist die einzige Taktik, die sich aus dem arabischen Schach erhalten hat – aus dem einfachen Grunde, weil sich die Zugart aller anderen Figuren geändert hat. Vermutlich gab es damals ohnehin weitaus weniger Mattmotive als heute.

Die kurzschrittigen und schwachen Figuren Dame und Läufer dürften kaum fähig gewesen sein, einen König zur Strecke zu bringen. Bedenken wir, der Läufer wirkte nur aufs übernächste diagonale Feld – und nur auf dieses, nicht kürzer, nicht weiter! Wenn der Springer alleine auch nie Matt setzen kann und dazu zumindest gegnerische Steine zum Einsperren des Königs braucht, so ist er doch heute in der Lage, mit allen anderen Figuren zwecks Mattangriffs zu kooperieren. Daraus ergeben sich bestimmte Motive, Techniken und Methoden, von denen wir uns einige näher anschauen wollen.

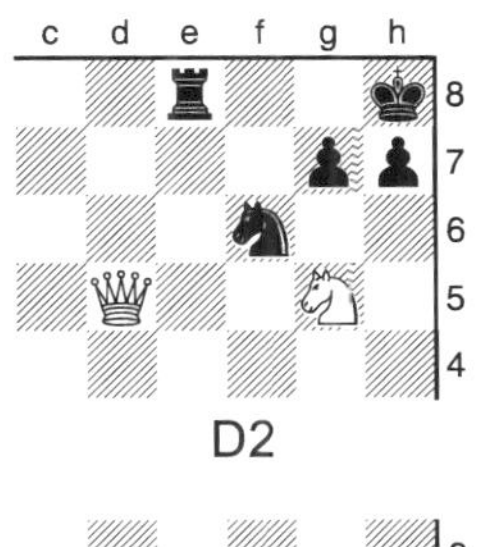

D2

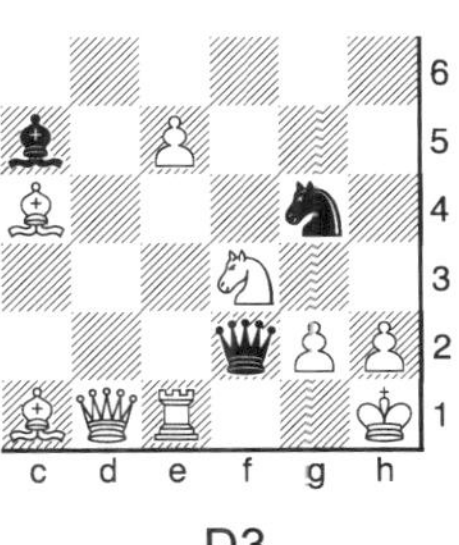

D3

Das älteste der neuen Motive ist wohl zugleich das spektakulärste. Jeder kennt das **"Erstickte Matt"**, auch kurz "Stickmatt" genannt. Es findet sich bereits 1497 im Buch von Lucena, also noch in der Übergangszeit vom arabischen zum modernen Schach. Im 18. Jahrhundert wird das Matt fälschlicherweise Philidor zugeschrieben. In den nebenstehenden Diagrammen sehen wir die beiden typischen Formen des Erstickten Matt:

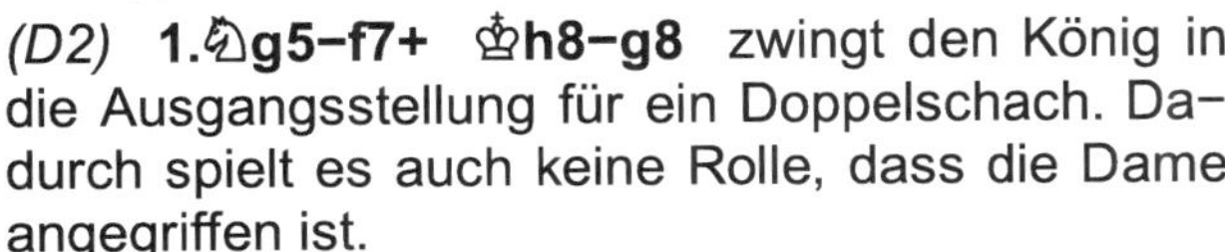

(D2) **1.♘g5–f7+ ♔h8–g8** zwingt den König in die Ausgangsstellung für ein Doppelschach. Dadurch spielt es auch keine Rolle, dass die Dame angegriffen ist.

2.♘f7–h6+ ♔g8–h8 [2...♔g8–f8?? 3.♕d5–f7#]

3.♕d5–g8+ erzwingt **3...♖e8/♘f6xg8** und der von den eigenen Steinen umgebene König ist wehrlos gegen **4.♘h6–f7#**

D3 aus der Sammlung von Greco (1620), zeigt ein Ersticktes Matt ohne das Doppelschach. Ein "Unterstützer", hier der ♗c5, verhindert das Schlagen der Dame durch den König und führt so zum gleichen Ende:

1...♕f2–g1+ 2.♖e1xg1 ♘g4–f2#

Ein anderes Matt aus Grecos Sammlung ist ebenfalls recht verblüffend.

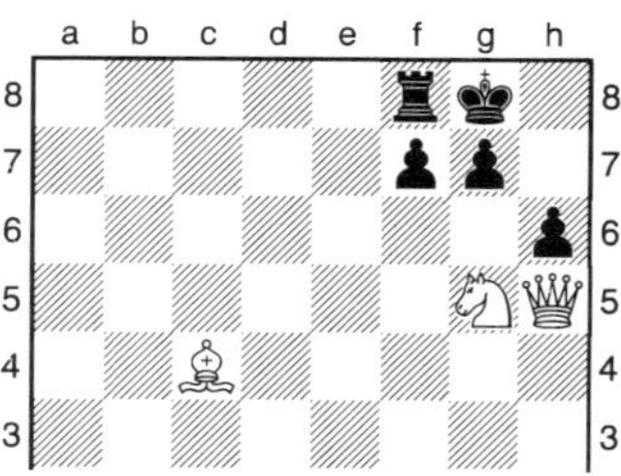
D4 Grecos Matt

Schwarz hatte in *D4* zuletzt h7-h6 gezogen und nahm wohl an, der Angriff sei abgewehrt. Doch nach **1.♗c4xf7+ ♔g8–h8 2.♕h5–g6** kann Weiß aus gutem Grunde den Angriff auf den Springer einfach ignorieren. Ob Schwarz schlägt oder nicht, stets ist er Matt: **2...h6xg5** [auf andere Züge folgt gleich 3.♕g6–h7#] **3.♕g6–h5#**

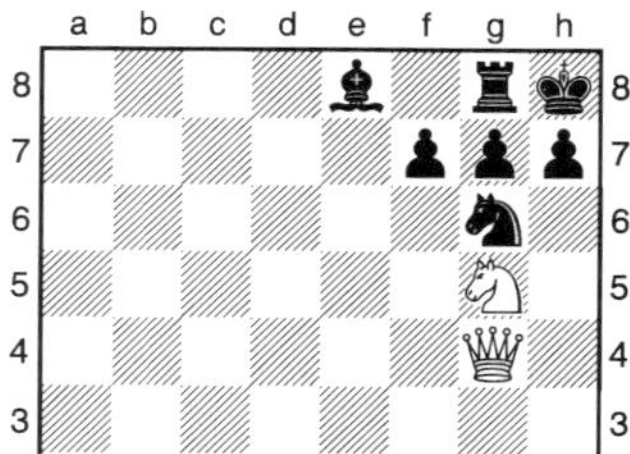
D5 Einschlag auf h7

Ist der König in der Ecke eingeklemmt, sei es wie hier durch eigene Figuren, sei es durch einen feindlichen Läufer, der nach g8 wirkt, kann ein Springereinschlag möglich sein, wie *D5* zeigt.

Nach **1.♘g5xh7** scheitert **1...♔h8xh7??** an **2.♕g4–h5#** Solche Einschläge, die in vielfältiger Weise möglich sind, müssen nicht unbedingt zum Matt führen, öffnen aber zumindest Linien zum Angriff.

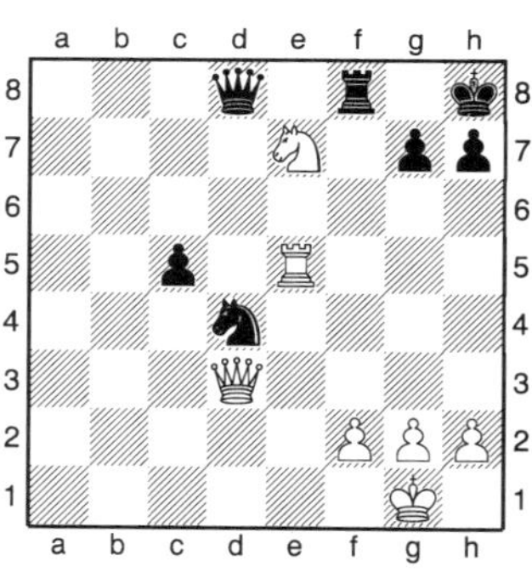
D6 Anastasia Matt

Unser nächstes Motiv trägt den seltsamen Namen **"Anastasia Matt"**. Den Namen verdankt es einem 1803 erschienenen, längst vergessenen Roman *"Anastasia und das Schachspiel"* von Wilhelm Heinse, in dem eine solche Position vorkam. Und die ist, anders als das Buch, keineswegs veraltet und vergessen, sondern quicklebendig, wie wir im Aufgabenteil des Buches noch sehen werden. *(u. a . Nr.19, 47 und 177)*

Erforderliche Voraussetzung sind ein Springer, der auf e7 steht oder dorthin gelangen kann, und zwei Schwerfiguren, von denen eine auf h7 wirken muss, die andere die h– (bzw. a–)Linie betreten kann.

Hier gewinnt **1.♕d3xh7+ ♔h8xh7** und, da der Springer die beiden Fluchtfelder g6 und g8 sperrt, **2.♖e5–h5#**.

Bei vollem Brett und mit weit entfernt stehenden Schwerfiguren bzw. einem Springer, der noch am Damenflügel steht, ist dieses Motiv manchmal sehr schwer zu entdecken.

Der Springer und seine tückischen Gabeln

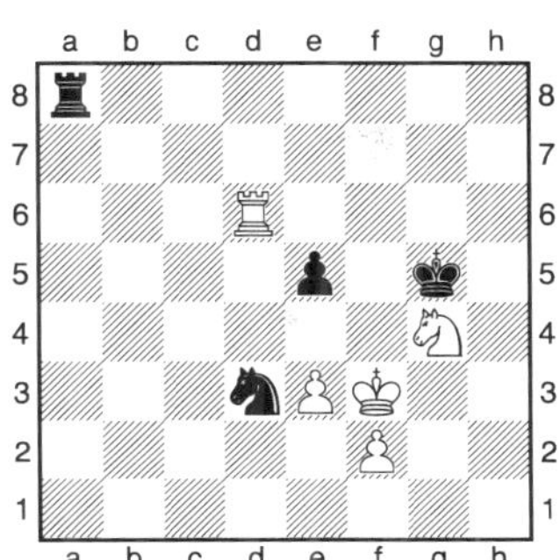

Springergabeln sind keineswegs simpel und leicht im Voraus zu erkennen. Oft genug entgehen sie selbst starken Meistern:

Ex-Weltmeister **Vladimir Kramnik** (2772) und **Peter Leko** (2738), zwei der besten Spieler der Welt, passierte dies im Schnellschach-Match Miskolc 2007 *(D7)*

Das unverdächtige **1...♘d3–c5** hätte hier einen rettenden Gabeltrick eingeleitet.

2.♘g4xe5 ♖a8–f8+ 3.♔f3–g2/e2 ♖f8xf2 4.♔g3xf2 ♘c5–e4+, Remis!

[In der Partie folgte 1...♖a8–f8+ 2.♔f3–g3 e5–e4 und Weiß gewann auf Dauer. Das Match endete 3,5 – 2,5 für Kramnik.]

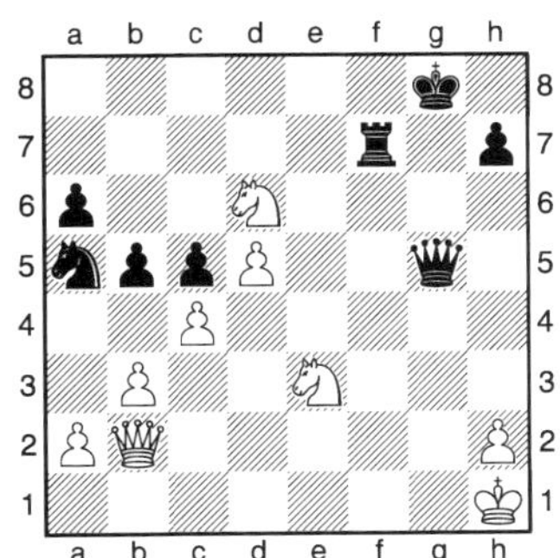

(D8) Verbunden mit vorhergehenden einleitenden Zügen können Springergabeln scheinbar aus dem Nichts heraus aufs Brett kommen. Abtausch oder Hin- und Weglenkung können die Situation spontan zugunsten des Springers verändern, wie hier in **Petrosian – Spasski** im WM Match Moskau 1966 (10. Partie):

1.♕b2–h8+ Hinlenkung in die Gabel

1...♔g8xh8 2.♘d6xf7+ ♔h8–g7 3.♘f7xg5

(D9) In dieser netten Studie von **Mendheim** von **1832** kommt wohl kaum der Gedanke an eine drohende Gabel auf; eher, dass der Springer gleich verloren geht. Doch das überraschende

1.♕e3xa7+ erzwingt **1...♘c6xa7**, macht so das Feld für den Springer frei (Eliminierung des Verteidigers Ba6) und auf **2.♘c8–b6+ ♔a8–b8 3.♘b6xd7+** folgt gleich die zweite Gabel und gewinnt Dame und Partie: **3...♔b8–c7 4.♘d7xf6**

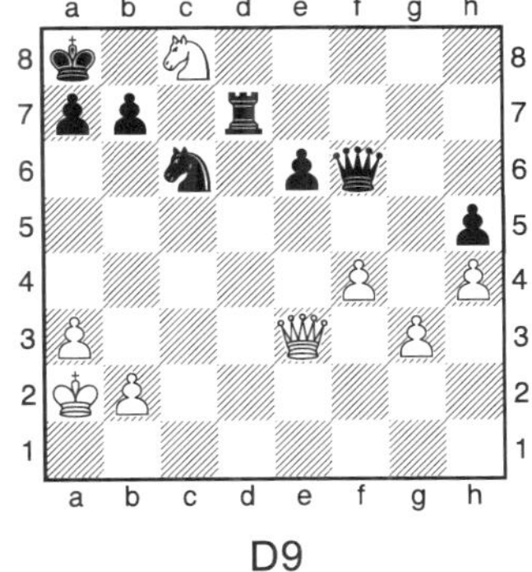

D9

Die Hin- oder Weglenkung des Königs oder einer wertvollen Figur in eine potentielle Springergabel wie in D7/8 ist nicht die einzige Gefahr. Es gibt noch ein weiteres tückisches Hinlenkungsmotiv, das uns *D10* in vereinfachter Form zeigt:

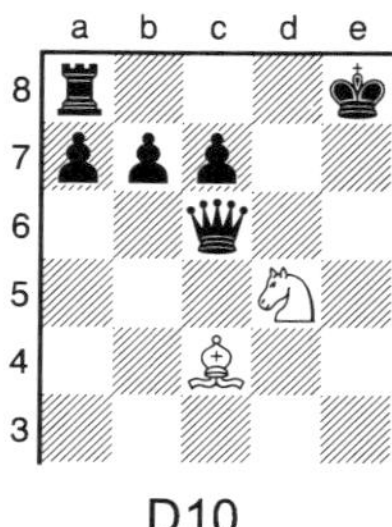
D10

1.♗c4–b5 spießt hier Dame und König auf. Nach **1...♕c6xb5** folgt die Springergabel **2.♘d5xc7+** mit Damengewinn. Dieser Reinfall kommt u. a. in der Skandinavischen Verteidigung vor, kann aber auch anderweitig eintreten, wie uns *Nr.116* zeigt.

Bei den Hin- oder Weglenkungen, die einer Springergabel vorausgehen,. handelt es sich oft um scheinbar "unsinnige Züge". Das schafft eine starke psychologische Barriere bei der Früherkennung solcher Drohungen. Das beste Mittel dagegen ist, viele Taktikstellungen zu kennen und so das Unterbewusstsein "vorzuprogrammieren". Und natürlich ständige Wachsamkeit, solange noch ein Springer auf dem Brett ist, denn wo ein Springer ist, ist auch ein Weg (oder eine Gabel)!

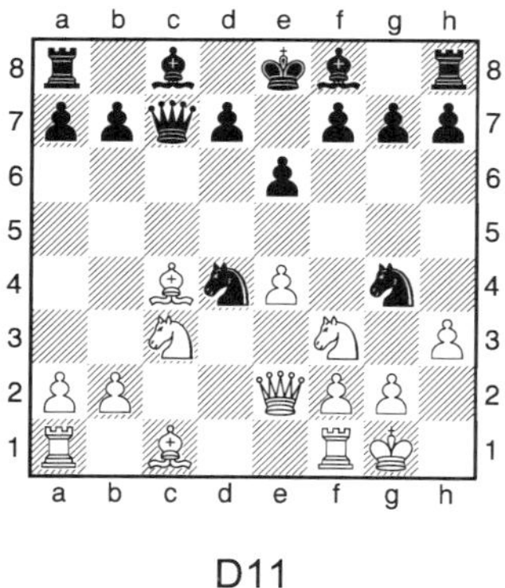
D11

Durch leichte Unaufmerksamkeit oder das Verwechseln von Zügen können schon in der Eröffnung böse Reinfälle passieren.

In *D11* hatte Weiß mit h2-h3 den Springer vertreiben wollen, aber übersehen, dass sein Verteidigungsspringer f3 überlastet ist / weggelenkt / getauscht werden kann:

1...♘c6–d4 *(D)* und Weiß ist verloren:

2.h3xg4 ♘d4xe2+ Damenverlust;
2.♕e2–d3 ♘d4xf3+ 3.♕d3xf3 ♕c7–h2#;
2.♘c3–b5 ♘d4xf3+ 3.♕e2xf3 ♕c7–h2#

Also Null Chance für den Verteidiger!

Ein guter Partner für den Springer ist der Läufer, mit dem er erstaunliche Mattangriffe ausführen kann. Solange der König in der eigenen Stellung steht, ist jedoch Voraussetzung, dass diese Schwächen hat. In *D12* sehen wir, wie die beiden den König in beengter Stellung Matt setzen.

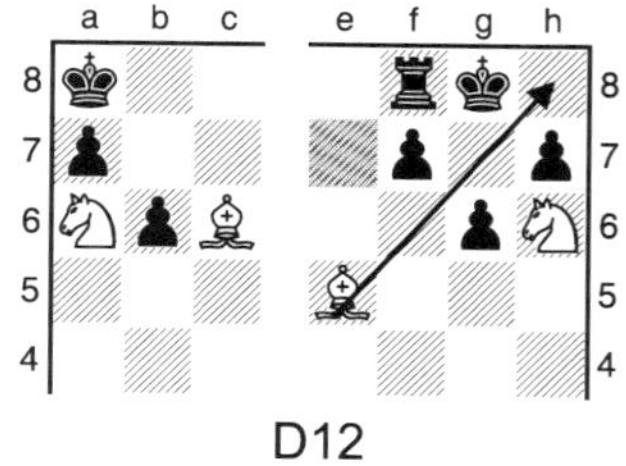
D12

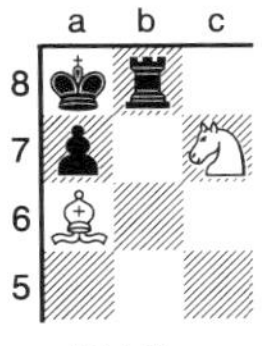

D13

Dieses Matt könnte der Springer auch von e7 aus geben.

In *D12* ist in beiden Fällen die Kontrolle der langen Diagonalen – eventuell auch aus großer Entfernung – entscheidend. In *D13* dagegen beherrscht der Läufer nur die kurze Diagonale a6-c8, was aber unter Mithilfe des schwarzen Turmes auch ausreicht, den König festzuhalten. Das Springerschach führt dann zum Matt.

In beiden Fällen war jedoch eine Schwächung der Königsstellung erforderlich, ob als Felderschwäche in der unverteidigten Fianchetto-Stellung oder als Loch im Bauernwall. In aller Regel hat ein König in intakter Stellung ohne Felderschwächen oder Einengungen nichts zu fürchten. Aber keine Regel ohne Ausnahme, wie wir nun sehen:

In *D14* sieht es aus, als hätte Weiß übermotiviert angegriffen und müsse nun seine vorgepreschten Figuren wieder in Sicherheit bringen. Doch ebenso wie in *D8* hat der Angreifer fast schon gewonnen:

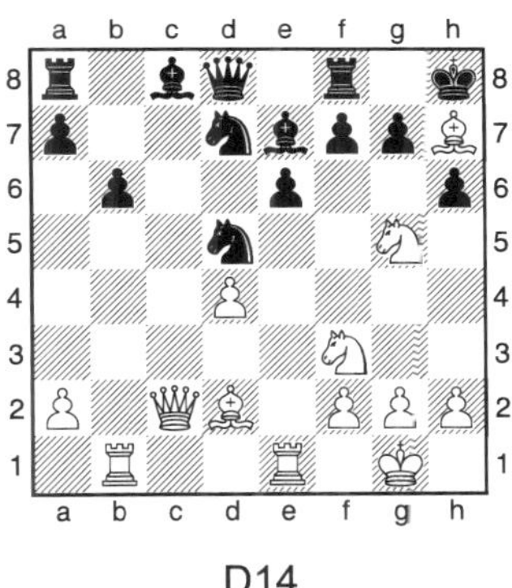

D14

1.♗h7–g8 räumt das Mattfeld h7.

1...♔h8xg8?? 2.♕c2–h7#

1...♖f8xg8?? 2.♘g5xf7#;

Die beste Fortsetzung ist ***1...♘d5–f6*** und 2.♘g5xf7+ ♖f8xf7 3.♗g8xf7 gewinnt die Qualität]

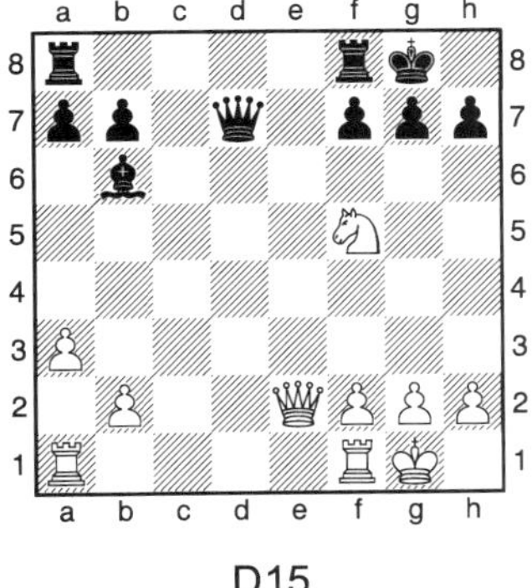

D15

Nicht nur vom Springer auf g5 geht Gefahr aus, auch das Feld f5 bietet ihm oft allerbeste Möglichkeiten. Hier sehen wir die tückischste von allen *(D15)*, gegen die es keine Verteidigung gibt:

1.♕e2–g4 ist mehr nur als Deckung des Springers und ein bisschen rütteln an der Königsstellung. Es ist schon das Ende:

1...g7–g6 2.♘f5–h6+ ♔g8–g7 3.♕g4xd7 und ♔g7xh6 bringt wenigstens noch einen Springer für die Dame ein;

1...f7–f6 2.♘f5–h6+ ♔g8–h8 3.♕g4xd7.

Rettet sich die Dame, so 2.♕g4xg7#

Ein weniger dramatischer, aber auch recht wirksamer "Trick" des Springers bestraft einen sinnlosen Läuferausfall – ein gutes Mittel, sich solche Züge abzugewöhnen! Er kommt besonders im Franzosen vor:

Nach **1.e2–e4 e7–e6 2.d2–d4 d7–d5 3.e4–e5 c7–c5 4.♘g1–f3 ♘b8–c6 5.c2–c3 ♗c8–d7** zog Weiß **6.♗f1–b5?** *(D)*

Ein ohnehin fragwürdiger Zug, denn Abtausch des ♘c6 wäre gut für Schwarz. Entweder schlägt der ♗d7 zurück und ist dann nicht mehr so furchtbar eingeklemmt (der berüchtigte "Franzosen-Läufer") oder b7xc6 und Schwarz kann das Zentrum zweifach mit einem c-Bauer angreifen. Aber noch schlimmer ist, dass hier ein "Trick" des Springers greift:

6...♘c6xe5

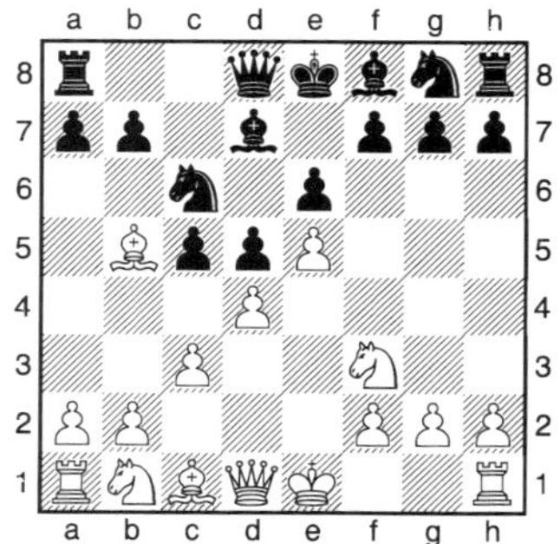

Der Abzug greift den ungedeckten ♗b5 an und gewinnt stets einen Bauern:

7.d4xe5 ♗d7xb5

[oder ebenso 7.♗b5xd7+ ♘e5xd7].

Großmeister Murray Chandler hat diesem Motiv den Namen **"Gummiband–Trick"** gegeben, weil der Springer wie am Gummiband zurückschnellt. Dieser Trick kann auch im Mittelspiel vorkommen.

Der Springer als "Büchsenöffner"

Der Springer nutzt nicht nur vorhandene Löcher und Schwächen der Stellung. Eine seiner Hauptaufgaben im Angriff ist es, solche herbeizuführen. Damit bereitet er den Angriff der anderen Figur, vor allem der Schwerfiguren, vor und macht ihn oft überhaupt erst möglich.

Ein Beispiel dafür ist *D18* aus der Partie **Havasi – Titkos**, Ungarn 1969:

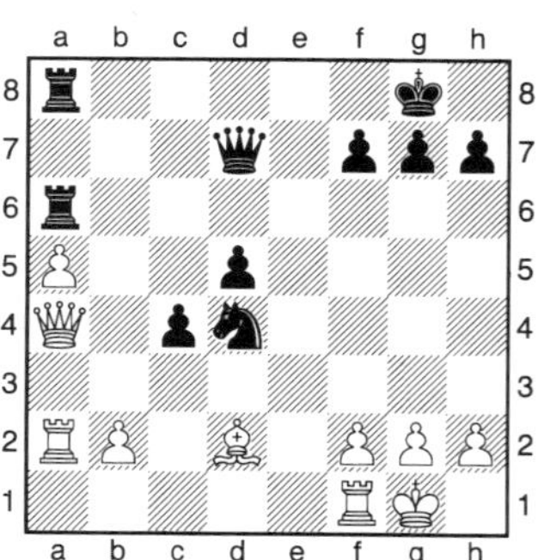

1...♘d4–f3+ kostet entweder den Läufer oder erzwingt Öffnung der Königsstellung. Das aber führt zum schnellen Matt:

2.g2xf3 ♖a6–g6+ 3.♔g1–h1 ♕d7–h3 4.♖f1–g1 ♕h3xf3+ 5.♖g1–g2 ♕f3xg2#

Der Springer hat eine Vielzahl von Möglichkeiten zu schlagen oder sich als Opfer anzubieten. Eine kleine Auswahl finden Sie auf der folgenden Seite:

Einschläge und Drohungen des Springer

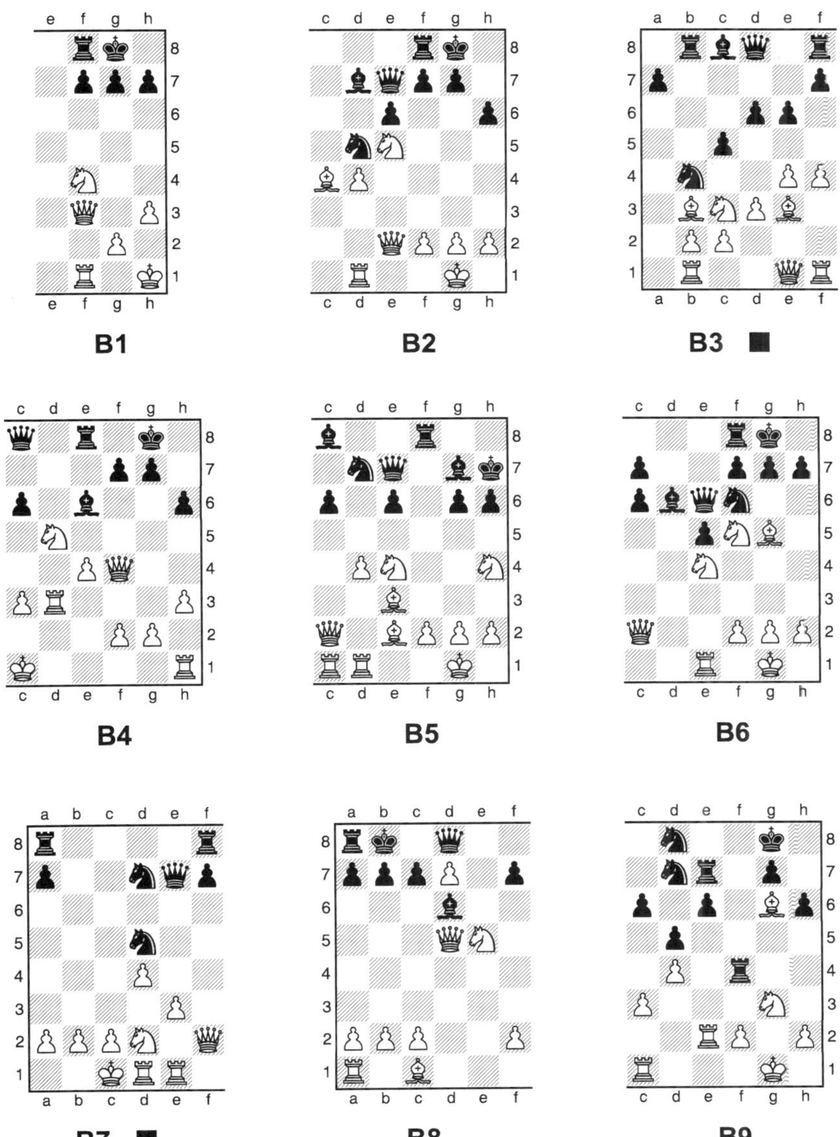

B1 B2 B3 ■

B4 B5 B6

B7 ■ B8 B9

Lösungen	
B1	**1.♘f4–e6** ***f7xe6?*** 2.♕f3xf8# [***1...♖f8–e8*** 2.♕f3xf7+ ♔g8–h8 3.♕f7xg7#]
B2	**1.♘e5–g6 f7xg6 2.♗c4xd5** *Botwinnik - Alatorzew, Leningrad 1932*
B3	**1...♘b4xd3 2.c2xd3 ♖b8xb3** Motiv Überlastung
B4	**1.♘d5–f6+ g7xf6 2.♕f4xh6 -- 3.♖d3–g3+**
B5	**1.♘h4xg6 ♔h7xg6 2.♗e2–h5+ ♔g6xh5** [2...♔g6–h7? 3.♘e4–f6+/*g5+* ♔h7–h8 4.♕c2–h7#] **3.♘e4–g3+ ♔h5–g4/h4 4.♕c2–e4+ ♖f8–f4 5 .♕e4xf4#** *Botwinnik - Judowitsch, UdSSR 1933*
B6	**1.♘f5xg7 ♔g8xg7 2.♗g5xf6+ ♔g7–g8 3.♘e4–g5** und Matt oder Damengewinn. *Cochrane - Popert (Variante), London 1841*
B7	**1...♘d5–c3 2.b2xc3 ♕e7–a3+ 3.♔c1–b1 ♘d7–b6** aufgegeben, gegen ♘b6–a4 gibt es keine Verteidigung, Matt folgt. Ebenfalls gewinnt ***3...♖a8–b8+*** 4.♘d2–b3 ♘d7–b6 5.♔b1–a1 ♘b6–c4 6.♖d1–b1 ♖b8–b6 und gegen die Drohung ♖a6 mit folgendem Matt gibt es keine Verteidigung. *Bilguer - Angerstein, Berlin 1835*
B8	**1.♘e5–c6+ b7xc6 2.♕d5–b3+ ♗d6–b4 3.♕b3xb4#**
B9	**1.♘g3–f5** und der Turm sitzt in der Falle! **1...♔g8–f8 2.♘f5xe7 ♔f8xe7** *Debashis – Anastasian, Dubai 2009 (2), leicht abgewandelt*

Diese Beispiele sind weder vollständig noch systematisch, was aufgrund der Vielzahl der Möglichkeiten auch gar nicht möglich wäre. Der Springer kann an beiden Flügeln zuschlagen, wenn auch der Königsflügel sein bevorzugtes Jagdrevier ist.

Der Springer kann einen Bauern schlagen oder sich auch nur frech vor der Stellung postieren und so wichtige Felder kontrollieren. Selbst wenn er sofort verloren geht, ermöglicht die Schwächung, die er herbeigeführt hat, den anderen Figuren oft den Sieg.

In den folgenden 212 Aufgaben wird Ihnen der Springer als "Büchsenöffner" oder "Provokateur" noch öfter begegnen.

Das Nachlade - Motiv

macht es möglich, dass eine Springergabel gleich doppelt auftaucht. (Es ist kein ausschließliches Springermotiv, sondern kann auch mit dem Turm auftreten.) Der scheinbar "unsinnige" erste Zug ist oft eine psychologische Barriere, die das rechtzeitige Erkennen erschwert.

Der erste Springer reißt eine Lücke / eliminiert einen Stein / eine Deckung, der zweite gabelt und macht Kasse, wie hier:

Piesik,P (2418) – Starozhilov,L (2318)

Titled Tuesday 2nd June chess.com INT 2020

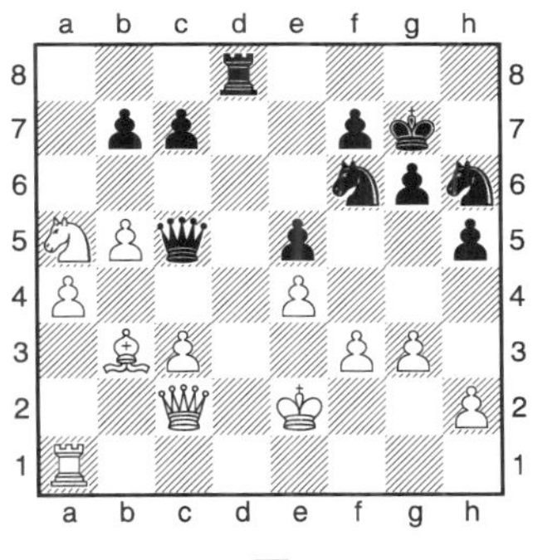

34...♘h6–g4! (oder auch ♘f6–g4. Ziel ist, die Dame eindringen zu lassen.)

35.f3xg4 ♘f6xg4 36.♔e2–f1

[es drohte 36.–– ♕c5–f2#; nicht besser 36.♗b3–d5 ♕c5–f2+ 37.♔e2–d1 ♘g4–e3+ 38.♔d1-c1 ♕f2xc2#]

36...♘g4–e3+ 37.♔f1-e2 ♘e3xc2

■

Dieses Nachlade-Manöver war besonders schwer zu sehen, da es keinem materiellen Vorteil galt, sondern lediglich die Kontrolle der Felder e3 und f2 anstrebte, die die Dame nutzen konnte.

Im nächsten Beispiel scheint wegen der doppelten Deckung des Bg4 kein Nachlade-Manöver möglich. Doch ein einleitendes Läuferopfer ebnet den Weg:

Barp,A (2375) – Ortiz,Ma (2191)

Titled Tuesday 2nd June chess.com INT 2020

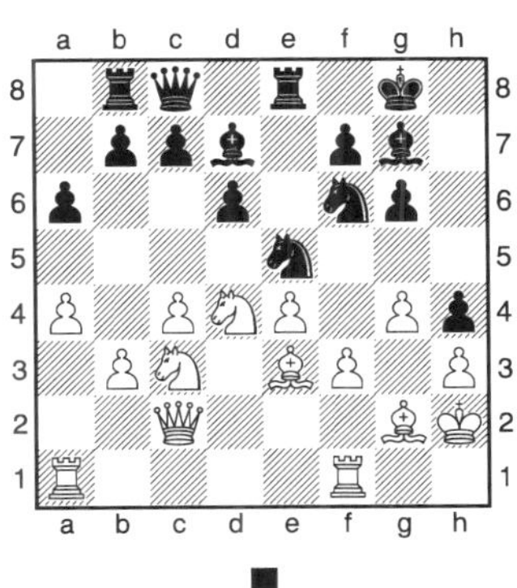

17...♗d7xg4 18.f3xg4??

[Weiß darf das Opfer nicht annehmen;

18.♕c2–f2 ♗g4–d7 19.♕f2xh4∓ Zwar kann Schwarz später die halboffene h–Linie zum Angriff nutzen, doch das ist das deutlich kleinere Übel.]

18...♘f6xg4+ 19.h3xg4 ♘e5xg4+

20.♔h2–g1 ♘g4xe3 21.♕c2–d3 ♘e3xf1

und gewinnt

■

Das "Nachladen" des Springers muss in unbedingt direkt erfolgen, sondern kann in einigen allerdings seltenen Fällen auch etwas später erfolgen.. Im folgenden Beispiel lenkt der erste Springer den Verteidiger des Feldes b3 weg und greift diesen mit dem zweiten Springer an.

1...♘c5–b3+

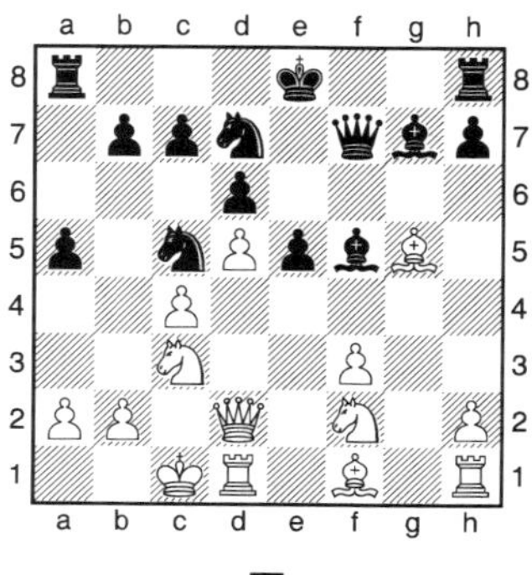

Das Feld b3 wird für den zweiten Springer zugänglich gemacht.

2.a2xb3 ♘d7–c5 (droht ♘b3#)

3.♗f1–d3

[3.♘f2–e4) wehrt nur Matt ab, nicht jedoch den Damenverlust.

3...♗f5xd3 4.♘f2xd3 ♘c5xb3+
5.♔c1–c2 ♘b3xd2

und Schwarz gewinnt.

Pavlovic,M – Cabrilo, Cacak 1991

Der Vorpostenspringer

Ein in der gegnerischen Hälfte postierter Springer übt natürlich großen Einfluss aus, verhindert viele Züge/Manöver und unterstützt taktische Drohungen. Auf f6(f3) ermöglicht ein solcher Vorpostenspringer oft direkt den Mattangriff. Aber auch z. B. auf e5 kann er spielentscheidend sein. In unserem Beispiel macht er keinen einzigen Zug, trägt aber entscheidend zum Sieg bei:

1.♕c2–h7+ ♔g8–f8 2.♕h7–h8+ ♘e7–g8
3.♗b1–h7 ♔f8–e7 4.♕h8xg8 ♕d6–c7

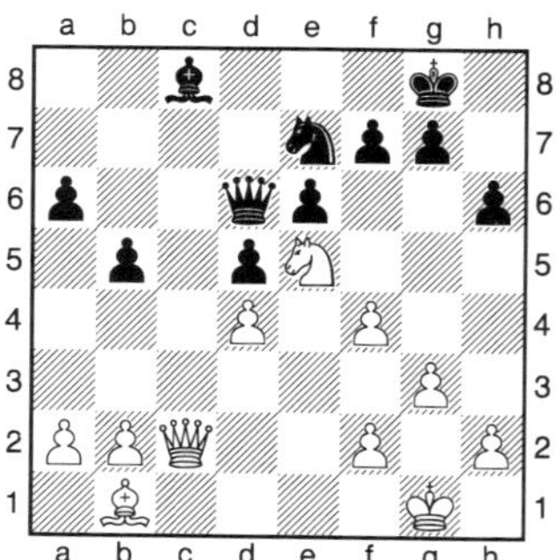

Ohne den Springer käme der Angriff jetzt nicht weiter, wenn auch Weiß eine Figur gewonnen hat. So aber nimmt der ♘d5 Felder weg und unterstützt direkt das Matt:

5.♕g8xf7+ ♔e7–d8 6.♕f7–f8#

Kutzubov – Galamba
Ukrainische Meisterschaft U14 Halbfinale 2000

Wir schauen uns das strategische Thema "Vorpostenspringer" etwas näher an.

Schon der große Aaron **Nimzowitsch** hat in seinem berühmten Klassiker **"Mein System"** den Begriff "Vorposten" geprägt, definiert und Beispiele gezeigt. Folgen wir für eine Weile auf seinen Spuren:

"**Definition:** Unter einem **Vorposten** verstehen wir einen auf einer offenen Linie (in der gegnerischen Bretthälfte) postierten, durch einen Bauern gedeckten eigenen Stein (meistens ein Springer)."

Nachfolgend zeigt der Meister das folgende instruktive Beispiel:

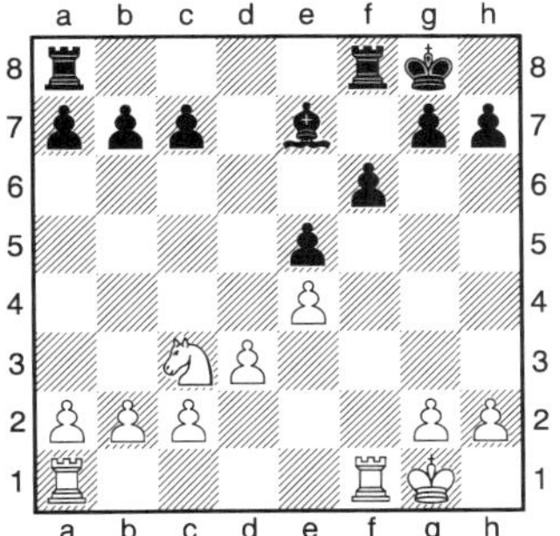

D43 Vorpostenpunkte f5/d4

"In dieser Stellung hat Weiß den Vorpostenpunkt f5, Schwarz den Vorpostenpunkt d4. Beide beißen vorläufig auf Granit (gedeckte Bauern). Weiß wird den Sc3 über e2 und g3 nach f5 überführen und die Punkte e7 und g7 angreifen lassen. (Anmerk.: ♘c3–d5 scheitert an ♗e7–d5+)

Durch Tf1–f3-g3 kann dies noch unterstützt werden. Wenn Schwarz den Springer mit g7-g6 vertreibt, ist die strategische Mission des Vorpostens erfüllt, denn Bf6 ist nun geschwächt worden."

Neben dem Springer ist der Turm ein starker Vorposten. In folgendem Beispiel alternieren Springer und Turm und sind in jedem Falle spielentscheidend. Wieder ein Beispiel aus Nimzowitschs Werk:

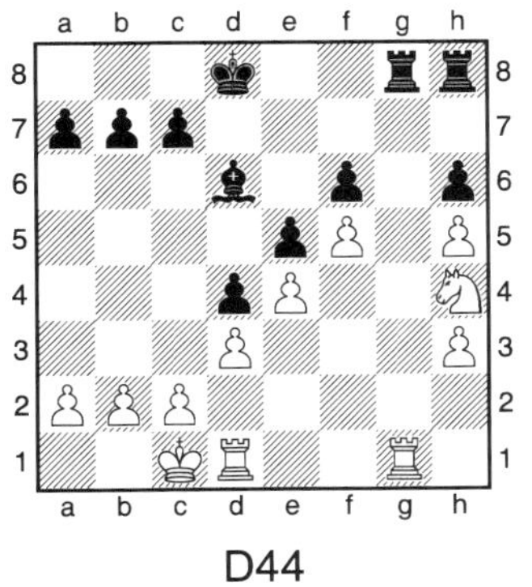

D44

"In *D44* ist g6 der Vorpostenpunkt, Springer und Turm könnten einen Vorposten bilden, wobei - wie zuvor gesagt - der Turm in einer Randlinie wirksamer ist.

1. ♖g1-g6 ♖g8xg6

Falls Schwarz nicht abtauscht, folgt Turmverdoppelung mit 2.♖d1–g1"

[1...♔d8–e7 2.♖d1–g1 ♔e7–f7 3.♘h4–f3 -- 4.♘f3–h2 -- 5.♘h2–g4]

2.f5xg6 *(D2 nächste Seite)*

Nimzowitsch gab hier ***2.h5xg6* an** mit dem Manöver 2...-- 3.♘h4–f3 -- 4.♖d1-g1 -- 5.♖g1-g4 -- 6.♖g4–h4. Aber da stimmen die Springerfreunde absolut nicht zu!

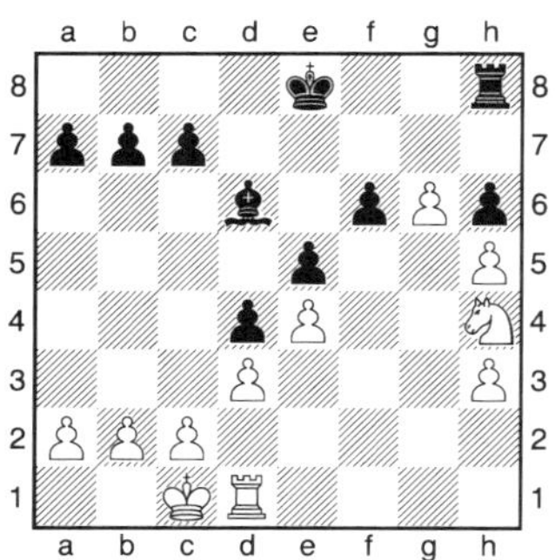

D2 nach 2.f5xg6

Aber mit dem f–Bauern zu schlagen ist viel stärker, da Weiß nun zwei Bauern als Angriffsmarke hat, der ♘ auf dem Feld f5 hervorragend postiert werden kann und Schwarz weitgehend paralysiert wird:

2...♖h8–g8 3.♘h4–f5 ♗d6–f8 4.♖d1-g1 ♗f8–g7 usw.

In beiden Fällen hat Weiß jedenfalls einen Riesenfreibauern.

Aus *"Mein System easy"*, S.35ff; Nimzowitschs Klassiker neu bearbeitet und herausgegeben von Heinz Brunthaler

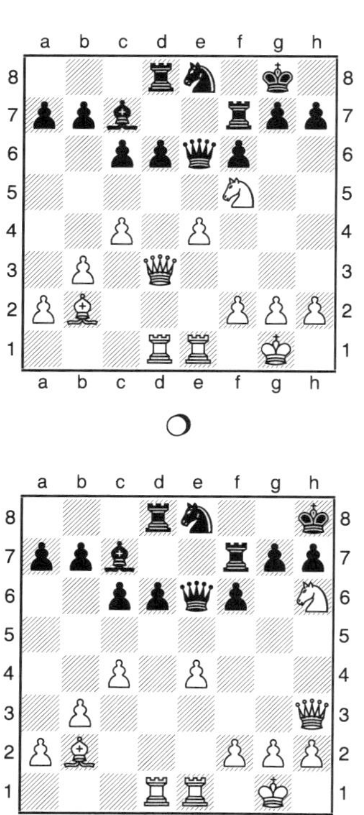

D2

Zum Abschluss eine klassische Partie, in der ein Vorpostenspringer den Untergang des Schwarzen bewirkt:

Tarrasch - Blackburne
Manchester 1890

19.♕d3–h3! ♔g8–h8??

[19...♕e6–c8 vermeidet zwar den Qualitätsverlust, führt aber zu einer verlorenen Stellung; 20.♖d1-d3 –– 21.♖d3–g3+–]

20.♘f5–h6! *(D2)* **♕e6xh3**

[Nicht besser ist 20...♖f7–e7 21.♕h3xe6 ♖e7xe6 22.♘h6–f7+]

21.♘h6xf7+ ♔h8–g8 22.g2xh3 ♔g8xf7

Und Weiß gewann.

Gerade gegen eine beengte, passive Stellung und mit Raumvorteil seiner Partei ist der Vorpostenspringer ein echter Dorn im Fleisch des Verteidigers!

Der / die Springer in voller Aktion!

212 x Taktik mit dem Springer

So mancher Leser mag jetzt voller Tatendrang sein und will nach vielen Seiten des Lernens wieder selbst etwas tun. Gelegenheit dazu ist ihm nun reichlich geboten; 212 Aufgaben warten auf ihn.

Wir beginnen mit einfachen Kombinationen, aber es wird bald schwerer. Fortgeschrittene Spieler können in der Regel einen großen Teil der Aufgaben vom Blatt lösen. Wer noch weniger Erfahrung hat, ist jedoch gut beraten, alle Stellungen, zu denen ihm nicht gleich etwas einfällt, auf dem Brett aufzubauen und in Ruhe anzuschauen. Schon beim Aufbauen der Stellung macht man sich mit ihr vertraut, buchstäblich "begreift" sie.

Bei langen Kombinationen oder solchen mit vielen Varianten sollte man ebenfalls nicht die Mühe scheuen, die Stellung aufzubauen und zu versuchen, tiefer in sie einzudringen.

Länger als fünf Minuten sollte man nicht für einen Lösungsversuch aufwenden. Die Wahrscheinlichkeit, danach noch etwas Neues zu finden ist eher gering. Besser ist, zur nächsten Kombination überzugehen und sich die übersprungene später noch einmal anzuschauen. Mit einigem Abstand kommen oft neue Gedanken und was gestern noch unlösbar erschien wird bald klar.

Wer weniger Aufgaben lösen kann als er erwartet hat sollte sich nicht ärgern oder verzagen. Mit jeder Aufgabe, die man *nicht* lösen kann, gewinnt man Wissen hinzu. Und das ist was zählt und uns hilft, besser Schach zu spielen.

Am besten dran ist natürlich, wer weniger wettbewerbsorientiert ist und sich an den schlauen Ideen erfreuen kann. Schach ist schließlich mehr als nur ein Wettkampfspiel; es ist auch Unterhaltung und intellektueller Zeitvertreib.

In diesem Sinne viel Glück und Unterhaltung mit den folgenden 212 Kombinationen!

212 x Taktik mit dem Springer

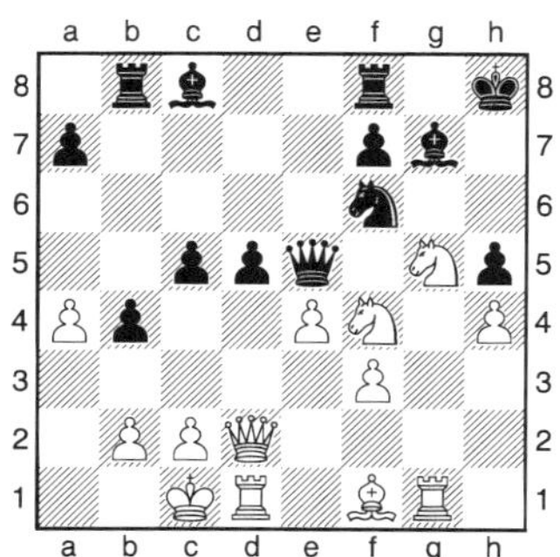

1.

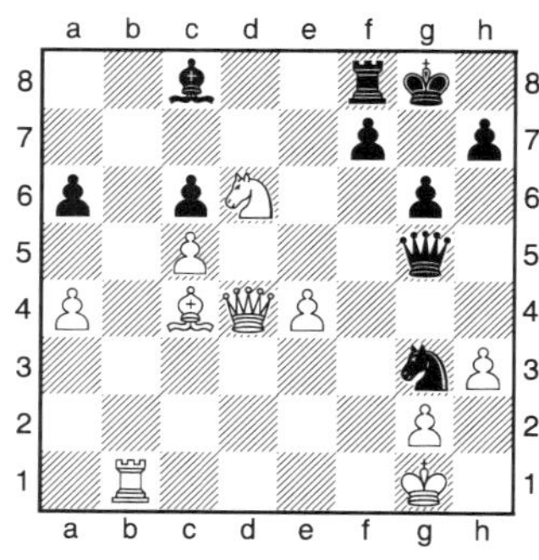

2.

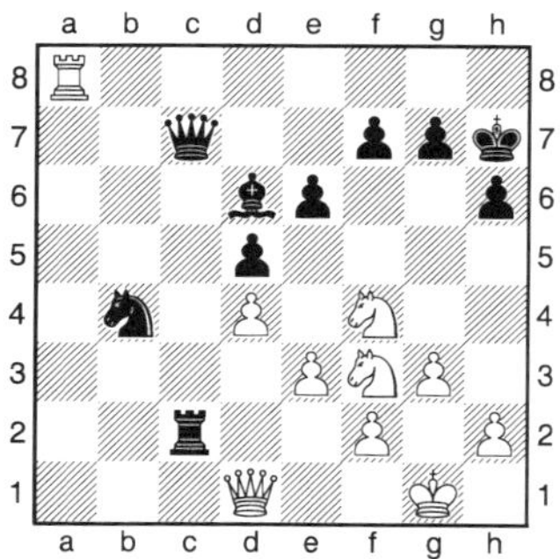

3.

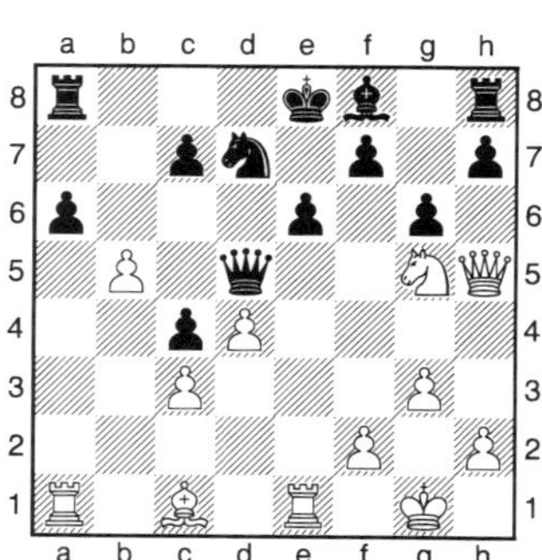

4.

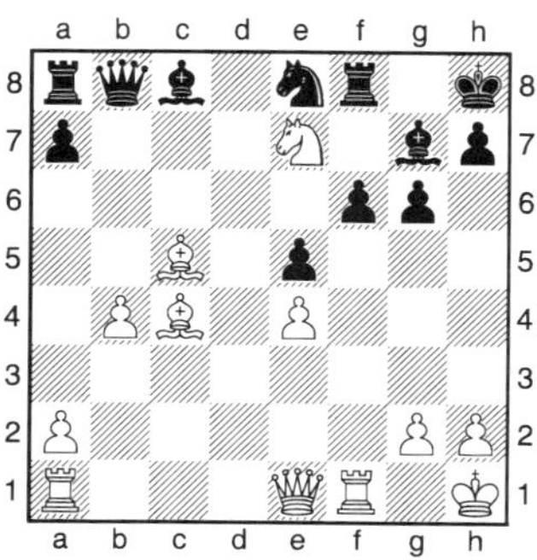

5.

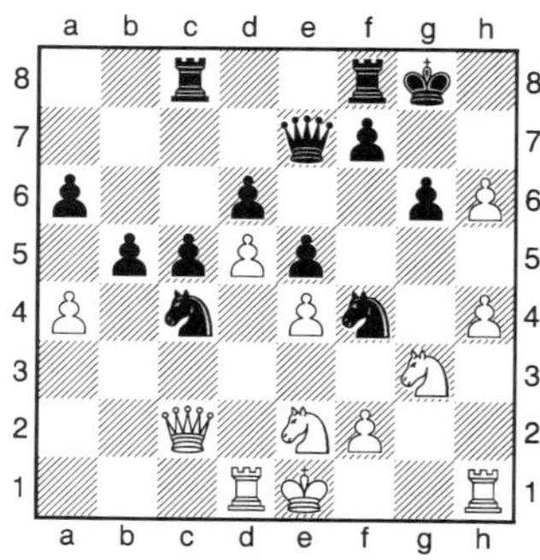

6. ■

1. Harikrishna – Lorscheid, Pardubice 2002

Die Gabel **1.♘g5xf7+** dient nur der Eliminierung des Verteidigers des Feldes g6. Nun kann nach **1...♖f8xf7 2.♘f4–g6+** die eigentliche Gabel Dame und Punkt erobern.

2. Anand – Leko, Amber Turnier (blind) 2009 (1)

Weiß verwendet das klassische Motiv der Hinlenkung in die Gabel: **1.♗c4xf7+ ♖f8xf7 2.♕d4–h8+** aufgegeben, **♔g8xh8 3.♘d6xf7+ ♔h8–g7 4.♘f7xg5** mit Qualitäts- und Bauerngewinn.

3. Nogueiras – Polugajewski, Moskau 1990

Ein Springer hält das Fluchtfeld zu, der andere erzwingt die Linienöffnung mit **1.♘f3–g5+ h6xg5 2.♕d1–h5#**

4. Bareev – Yakovich, UdSSR 1986

1.♘g5xe6 aufgegeben. Beide mögliche Fortsetzungen verlieren sofort:

1...f7xe6 2.♕h5xd5 verliert wegen der Fesselung die Dame.

1...♕d5xh5 2.♘e6–g7+ Das Doppelschach ist nicht nur Rückgewinn der Dame, sondern gleich Matt durch 2...♔e8–d8 3.♖e1–e8#

5. Ponomarjow – Grischuk, Szeged 1994

Der Springer schlägt die Bresche für den Mattangriff: **1.♘e7xg6+** aufgegeben, **1...h7xg6 2.♕e1–h4+ ♗g7–h6 3.♕h4xh6#**

6. Buckley – Davies, 4NCL 2008/9 (3)

Vom harmlosen Schach zum Nachlademotiv und zum Damengewinn ist hier nur ein kleiner Schritt für die beiden Springer:

1...♘f4–g2+ 2.♔e1–f1 ♘g2–e3+ 3.f2xe3 ♘c4xe3+ 4.♔f1–g1 ♘e3xc2

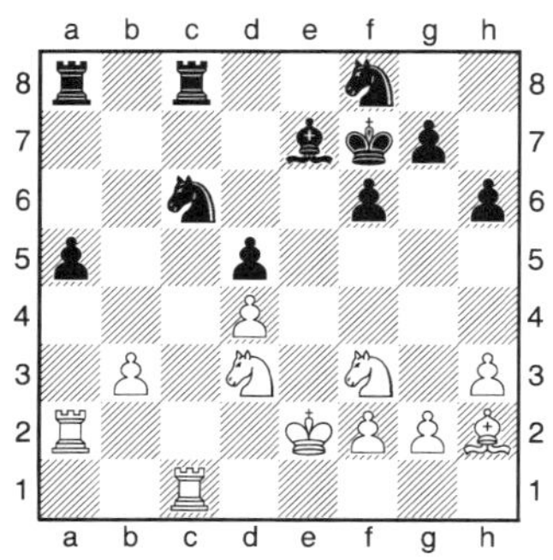

7.

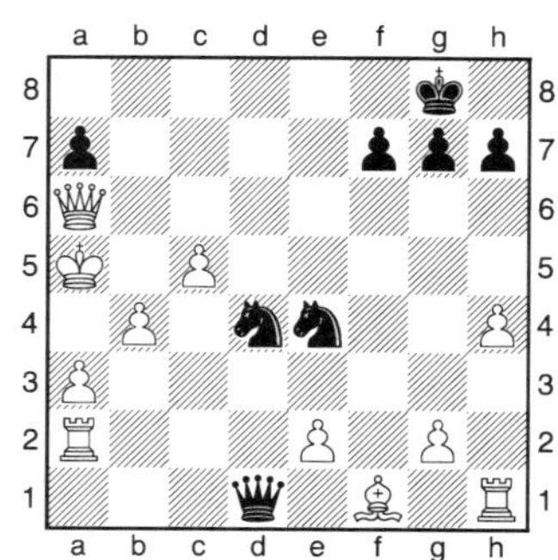

8. ■

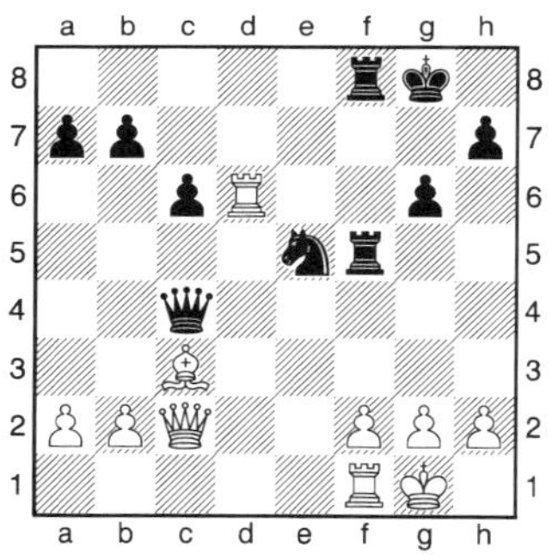

9. ■

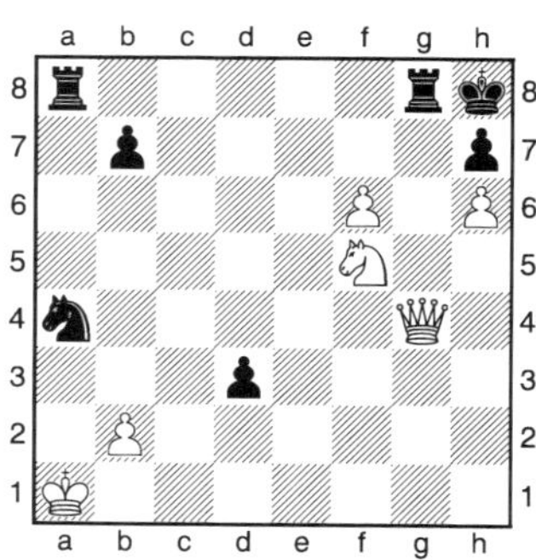

10. □ / ■

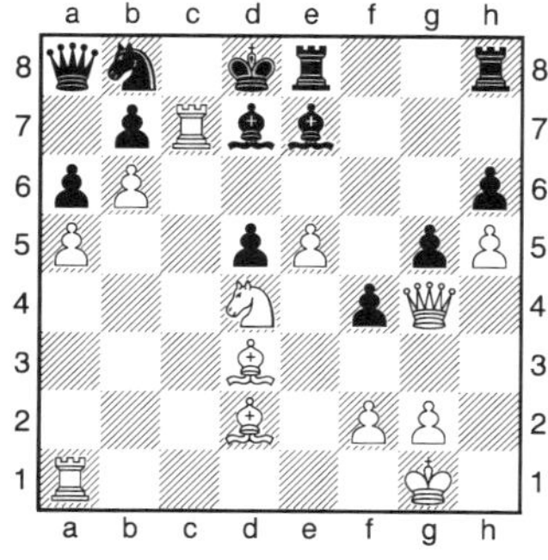

11.

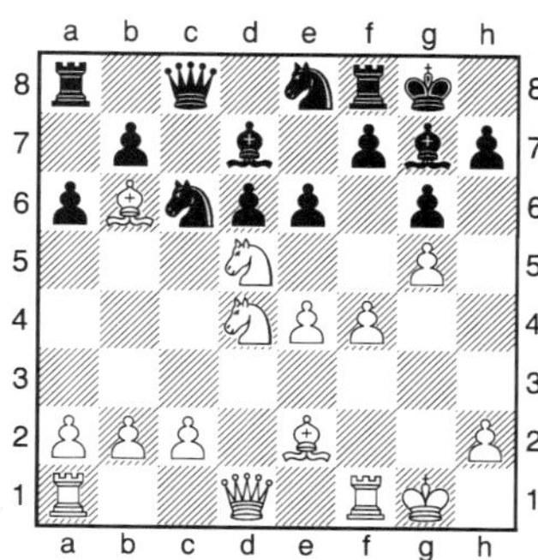

12.

7. Kamsky – Karpow, Blitz-Weltmeisterschaft Moskau 2007

Selbst Anatoli Karpow ist nicht vor Überfällen des Springers und dem Nachlademotiv sicher:

1.♖c1xc6 aufgegeben, denn nichts hilft gegen **1...♖c8xc6 2.♘f3-e5+ f6xe5 3.♘d3xe5+ ♔f7-e6 4.♘e5xc6** mit ausreichendem Vorteil für Weiß.

8. Wood – Devos, Soest 1948

Weiß hat deutlich mehr Material, aber nichts davon kann die schwarze Kavallerie aufhalten, die durch ein Hinlenkungsopfer zum Einsatz kommt:

1...♕d1-a4+ 2.♔a5xa4 ♘e4-c3+ 3.♔a4-a5 ♘d4-b3#

9. Szabo,L – Ivkov,B Europa-Mannschaftsmeisterschaft Bath 1973

Zieht Schwarz den Springer weg oder deckt ihn, ist die Stellung ausgeglichen. Doch ein "Aufreißer" führt zum sofortigen Partieende:

1...♘e5-f3+ 2.g2xf3 ♖f5-g5+ 3.♔g1-h1 ♕c4xf1#

10. Trainingsaufgabe – s/w

Schwarz könnte leicht durch **1...♘a4-c3+** gewinnen, der Springer kontrolliert das Fluchtfeld. Nach **2.♕g4-a4 ♖a8xa4#** ist alles vorbei.

Weitaus schwerer zu sehen ist das Matt für ***Weiß***:

1.♕g4-g7+ ♖g8xg7 2.h6xg7+ ♔h8-g8 3.♘f5-h6#

11. Nimzowitsch – Haakanson, Kristianstad 1922

Mit dem dicken Opfer **1.♕g4xd7+** eliminiert Weiß den Verteidiger des Feldes e6. Aus gutem Grund, es ermöglicht das Stickmatt **1...♘b8xd7 2.♘d4-e6#**.

Das simplere ***1.♘d4-e6+*** würde aber ebenfalls zum Matt führen:

1...♗d7xe6 2.♕g4xe6 und, je nachdem, ob der ♘b8 zieht, Matt auf c8/d7.

12. Yaksin – Gokcer, Junioren-WM 2008

Mit einem harmlosen Abtausch leitet Weiß frühzeitig das Partieende ein:

1.♘d4xc6 und auch **1...♔g8-h8** [1...♗d7xc6 2.♘d5-e7+] rettet die Dame nicht: **2.♘d5-e7** und sie hat kein Feld mehr, es bleibt ihr nur das klägliche **2...♕c8xc6 3.♘e7xc6** und Weiß gewinnt.

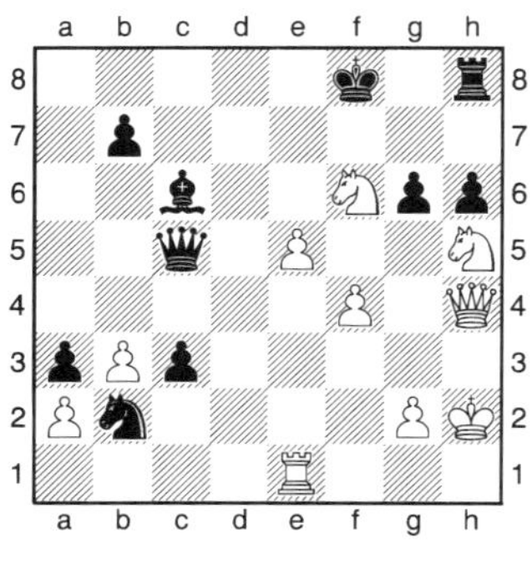

13.

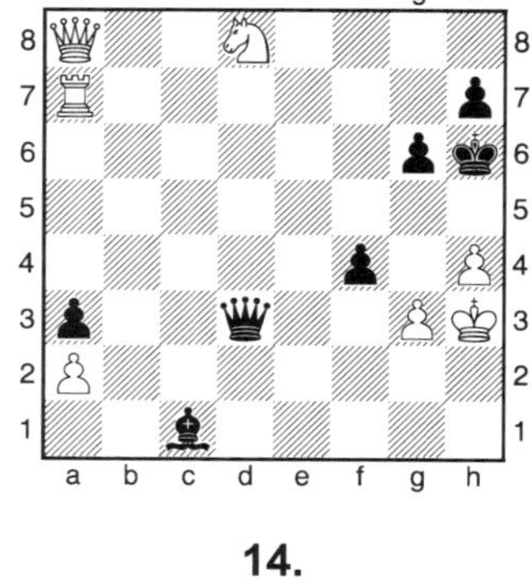

14.

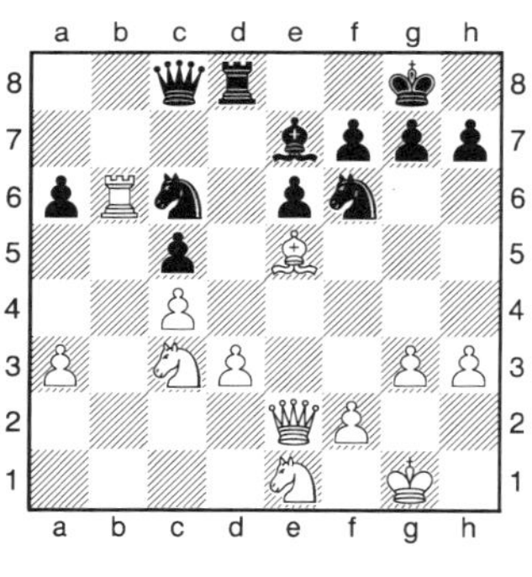

15. ■

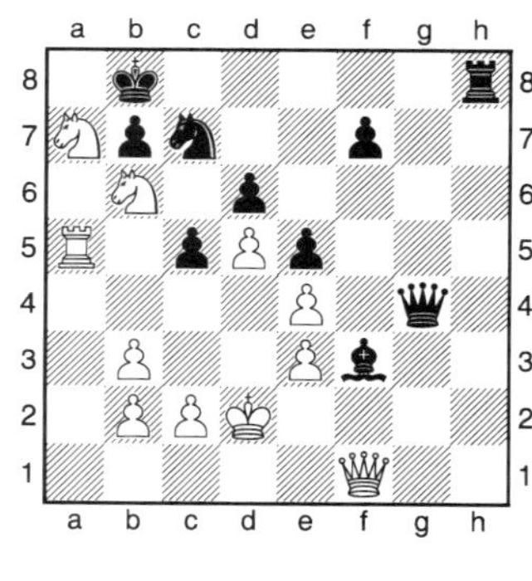

16.

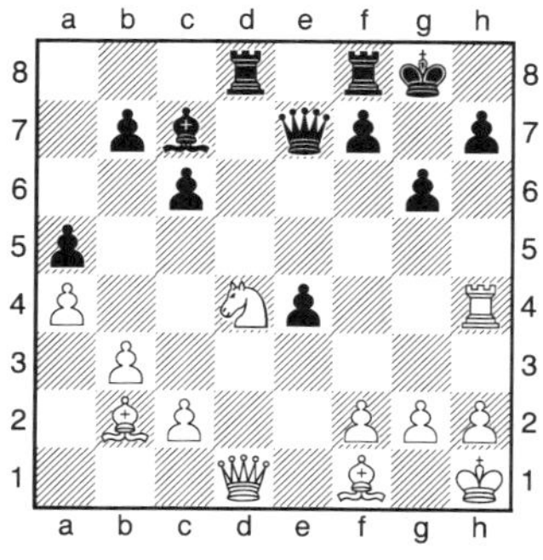

17.

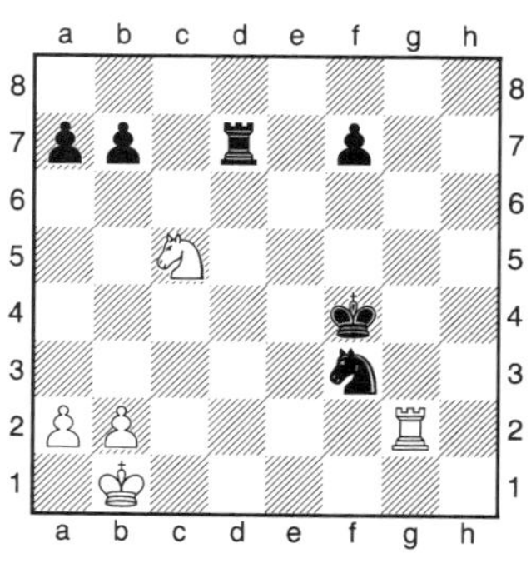

18. ■

13. Kasparow – Barejew, Melody–Amber Cannes 2001 (rapid)

1.♘f6–d7+ ist nicht nur ein Räumungsopfer zugunsten der Dame, sondern verstellt dem König auch gleich ein Fluchtfeld. Und das entscheidet:

1...♗c6xd7 2.♕h4–f6+ ♔f8–e8 3.♘h5–g7#

14. Gustafsson – Arakhamia, Olympiade Dresden 2008 (1)

Dem am Rand eingeklemmten König nimmt **1.♘d8–f7+** entscheidende Felder weg und die anderen weißen Offiziere, obwohl weit entfernt, kommen nun schnell zum Matt: **1...♔h6–h5** [1...♔h6–g7? 2.♕a8–h8#]

2.♖a7–a5+ g6–g5 3.♖a5xg5# [2...♕d3–f5+ 3.g3–g4#]

15. Gollasch – Helmbold, Hamburg 2005

Ein Abtausch lockt die Dame in die Gabel:

1...♘c6xe5 2.♕e2xe5 ♘f6–d7 und Weiß versuchte noch mit **3.♘c3–d5** im trüben zu fischen, gab aber nach **3...e6xd5** auf, da **4.♕e5xe7 ♘d7xb6** einen Turm kostet.

16. Loyd - Rosenthal, Paris 1867

1.♕f1xf3 lenkt die Dame von der Deckung des Feldes d7 ab, denn dessen Kontrolle ist mehr wert als selbst die eigene Dame:

1...♕g4xf3 2.♘b6–d7+ ♔b8–a8 3.♘a7–c6+ ♘c7–a6 4.♘d7–b6#

17. Vukovic – N.N., Simultan 1937

Weiß hat erkannt, dass die schwachen Felder g6 und h7 ein Matt mit Läufer und Springer ermöglichen. Plan B: Ein Springer auf e7 setzt auch Matt:

1.♘d4–f5 ♕e7xh4 2.♕d1–h5 aufgegeben, denn entweder die Weglenkung ***2...♕h4xh5*** 3.♘f5–e7# oder die Linienschließung ***2...g6xh5*** 3.♘f5–h6#

18. Andronow – Kanzler, Frunse 1989

1...♖d7–d1+ 2.♔b1–c2 [2...♘f3–e1+ wäre nun bloß Abtausch und das Endspiel würde vermutlich Remis enden] Aber **2...♖d1–d5** bringt den Turm in Sicherheit und plötzlich ist Weiß doppelt unter Beschuss.

Entweder Springerverlust oder **♘f3–e1+** mit Turmgewinn.

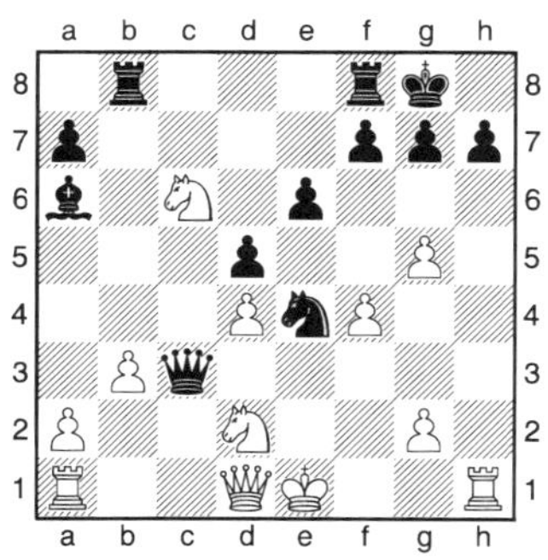

19.

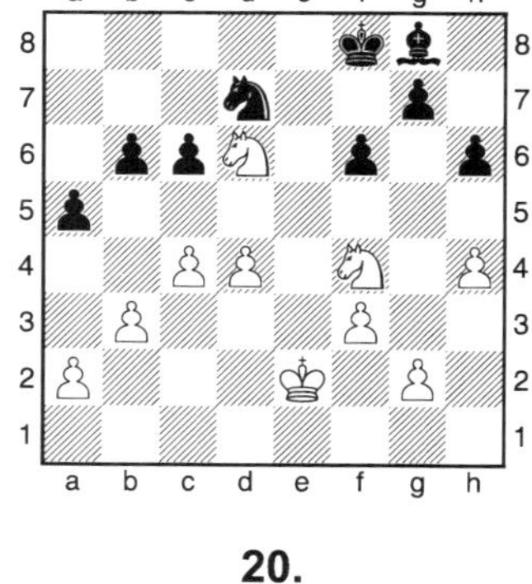

20.

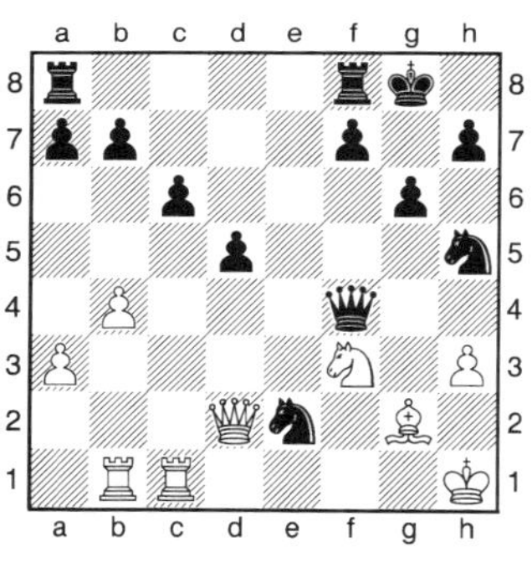

21. ■

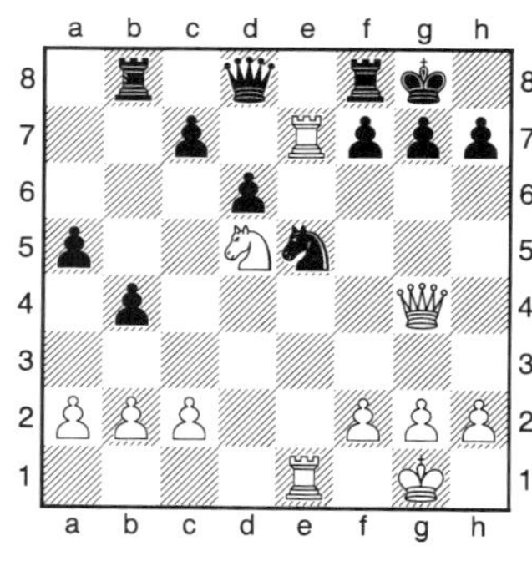

22.

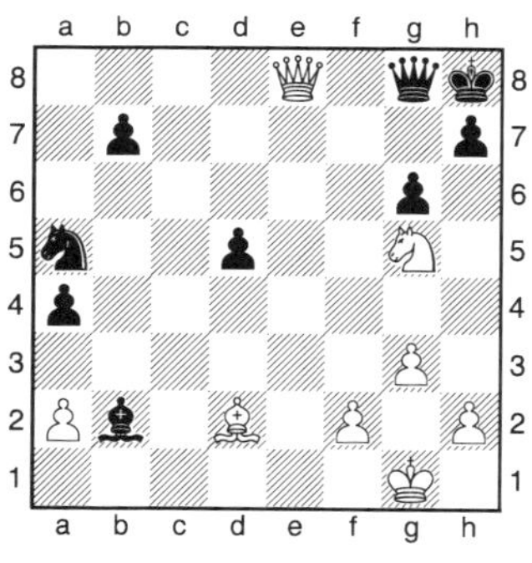

23.

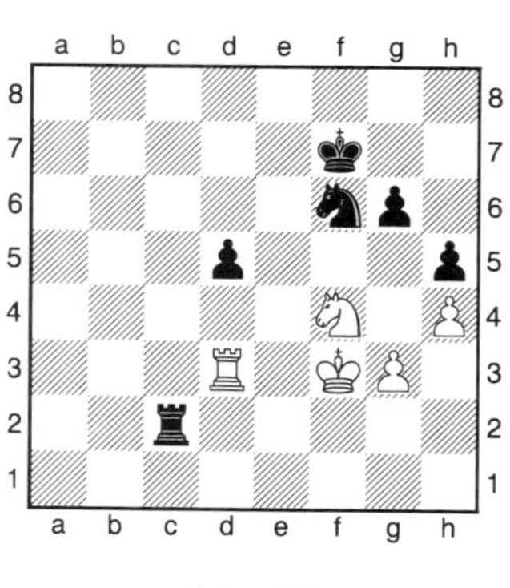

24. ■

19. Nogueiras,Jesus – Todorovic, Dos Hermanas Internet 2005, 2005

Auf 1.♘c6xb8?? hätte Schwarz gleich zwei Mattdrohungen: 1...♕c3–g3# und 1...♕c3–e3+ 2.♕d1–e2 ♕e3xe2#.

Aber **1.♘c6–e7+** leitet das Anastasia Matt ein:

1...♔g8–h8 2.♖h1xh7+ ♔h8xh7 3.♕d1–h5#

20. Tkachiev - Ivantschuk, Blitz Weltmeisterschaft 2009

Haben Sie bei der Einleitung mitleidig über *"... selbst Meister hält er oft genug auf Trapp und legt sie herein"* mitleidig gelächelt? Dann passen Sie jetzt auf! Im letzten Zug hatte Schwarz mit ♗f7–g8 seinen Läufer in Sicherheit gebracht.

1.♘f4–g6# Okay, eine Blitzpartie. Aber Ivantschuk ist ein 2700er GM!

21. Siff – Kashdan, New York 1948

Klar könnte Schwarz abwickeln und mit seinen Mehrbauern leicht gewinnen. Aber das wäre wirklich schade um das hübsche und seltene Matt:

1...♘h5–g3+ 2.♔h1–h2 ♘g3–f1+ 3.♔h2–h1 und statt die Dame zu schlagen, gibt Schwarz sogar die eigene: **3...♕f4–h2+ 4.♘f3xh2 ♘f1–g3#**

22. Gobleja – Starosek, Sowjetunion 1984

Wer würde hier nicht annehmen, dass Weiß in Schwierigkeiten steckt? Doch sein zentral postierten Springers sichert sogar den Gewinn:

1.♖e1xe5 d6xe5 2.♖e7–d7 und wohin die Dame auch zieht, stets wird sie Opfer einer Springergabel. **2...♕d8–e8** [2...♕d8–c8 3.♘d5–e7+] **3.♘d5–f6+**

23. Diamant – Howell (Variante), Junioren WM 2009

Die weißen Kräfte reichen zwar nicht zum Matt, aber mit Hilfe des Springers gelingt eine ertragreiche Weglenkung:

1.♘g5–f7+ ♔h8–g7 2.♗d2–h6+ Der König kann die Dame nicht länger verteidigen, **2...♔g7–f6 3.♕e8xg8** Es droht ♗g7+ und Doppelangriff ♕d8+.

24. Short – Smirin, Tilburg 1992

Mit ♔g2–f3? hat sich Weiß unnötig in eine beengte Stellung begeben, ideal für den Springer: **1...♘f6–g4** (droht ♖h2# und auch ♘f4–e5) aufgegeben, **2.♖d3xd5 ♖c2–f2+ 3.♔f3–e4** Dem Matt entkommen, aber nun gewinnt die Gabel **3...♘g4–f6+ 4.♔e4–e5 ♘f6xd5 5.♔e5xd5 ♖f2–f3** usw.

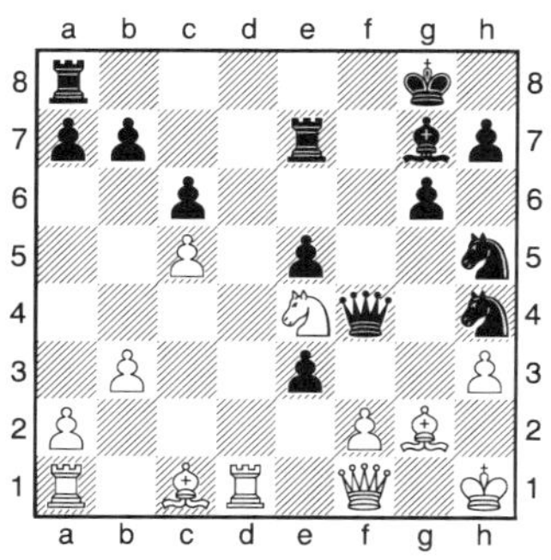

25. ■

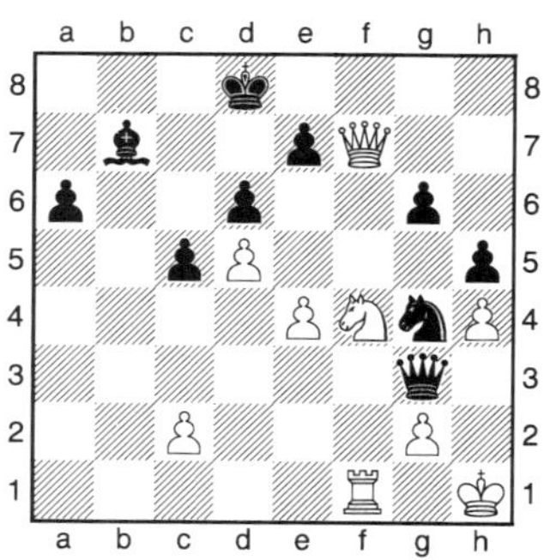

26.

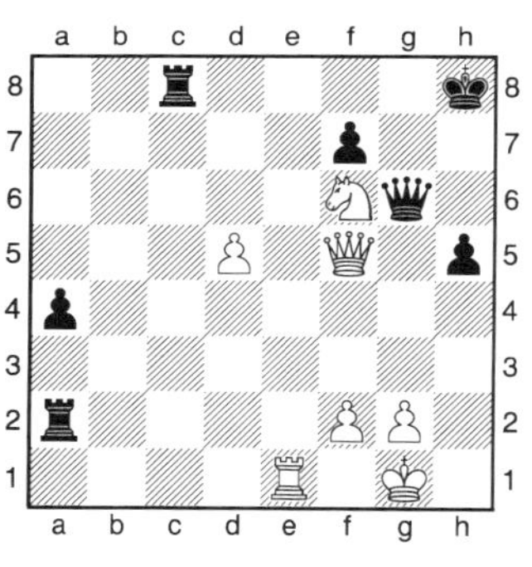

27.

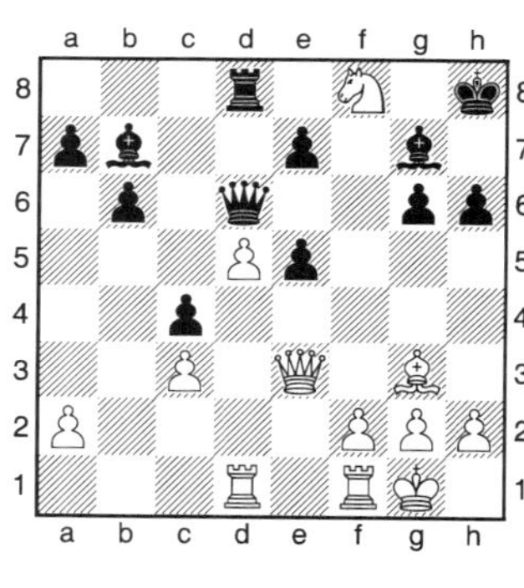

28.

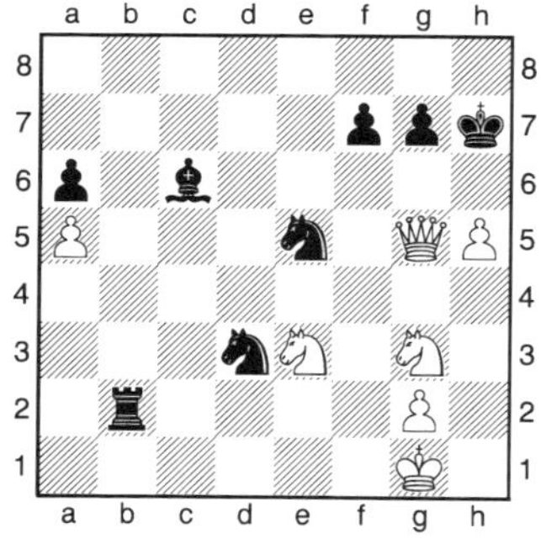

29. ■

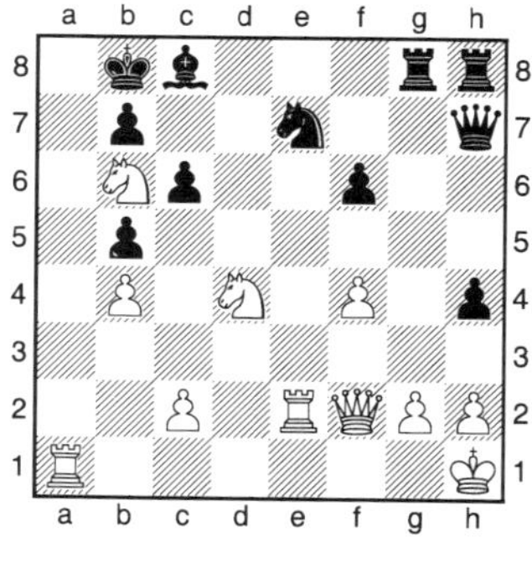

30.

25. Thorwaldsson – Sampouw, Skopje 1972

Nur ein – eher unorthodoxer – Weg führt zum schnellen Sieg:
1...♘h4–f3 (droht ♕h2#) **2.♘e4–g3** [Auf 2.♗g2xf3 ♕f4xf3+ 3.♔h1–h2 gewinnt die Bauerngabel 3...e3–e2] **2...♕f4xg3** aufgegeben, denn **3.f2xg3 ♘h5xg3#** ergibt ein nettes Zwei-Springer-Matt!

26. Spink – Wilmoth, London 1992

Um das Matt für Schwarz zu finden braucht man wahrlich kein Kombinationsgenie zu sein. Da hat Weiß schon eine subtilere Rettungs- und Mattmöglichkeit zu bieten, die eine Abart des "Arabischen Matts" nutzt:
1.♘f4–e6+ ♔d8–d7 2.♕f7–e8+ ♔d7xe8 3.♖f1–f8+ ♔e8–d7 4.♖f8–d8#

27. Minic – Ciocaltea, 2005

In der Partie geschah 1.♕f5xc8+ ♔h8–g7 und Weiß gewann auf Dauer.
Mit etwas mehr Vertrauen in die Stärke seines Springers hätte Weiß die Partie aber beträchtlich verkürzen können:
1.♕f5xg6 f7xg6 2.♖e1–e7 und es folgt das Arabische Matt -- **3.♖e7–h7#**

28. Hughes – Eckert (Variante), US-Meisterschaft St. Louis 2009 (9)

Solide gewinnt **1.♘f8–e6 ♖d8–c8 2.♘e6xg7** und der König darf nicht schlagen: **2...♔h8xg7 3.♗g3xe5+**
Eine andere, etwas ausgefallenere Lösung ist ***1.♗g3xe5*** ♗g7xe5 2.♕e3xe5+ ♕d6xe5 und die Gabel 3.♘f8xg6+ holt die Dame zurück.

29. Cladouras – Gurewitsch, Biel 1992

1...♖b2xg2+ leitet den Sieg der schwarzen Springer ein: **2.♘e3xg2** [2.♔g1–h1 ♘d3–f2#; 2.♔g1–f1 ♖g2–f2+ 3.♔f1–g1 ♘e5–f3+ 4.♔g1–h1 ♖f2–h2#] **2...♘e5–f3+** Weiß war kein Spielverderber und ließ **3.♔g1–h1 ♘d3–f2#** zu, eine Variante des in der Einführung vorgestellten Motivs.

30. Euwe – Rossetto, Buenos Aires 1947

Die Drohung ♖a8# steht im Mittelpunkt der Kombination, doch ist noch etwas Vorbereitung erforderlich:
1.♘d4xb5 c6xb5 2.♕f2–c5 ♘e7–c6 3.♕c5–d6+ aufgegeben,
3...♕h7–c7 4.♖a1–a8#

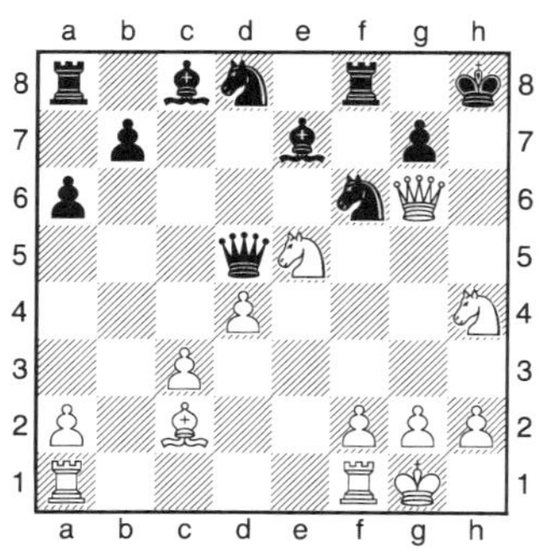

31.

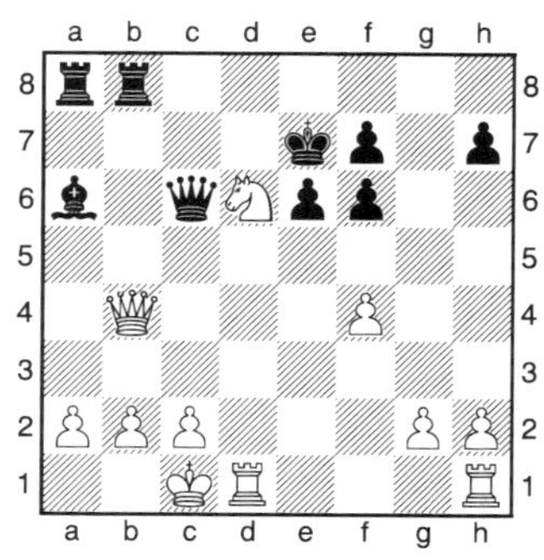

32.

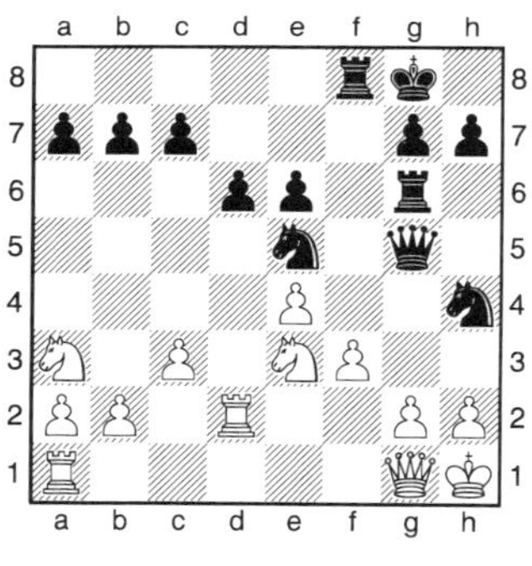

33. ■

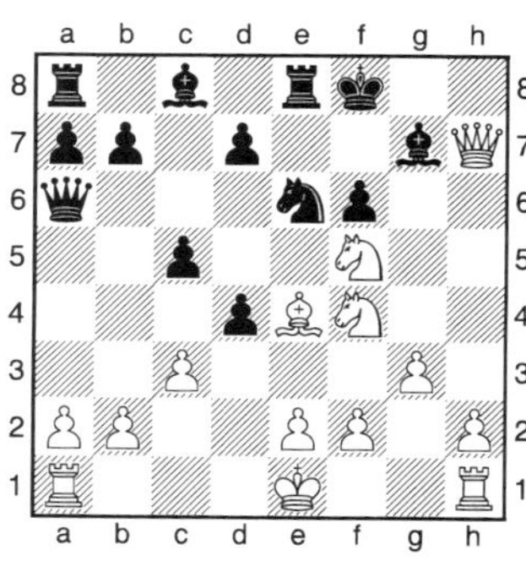

34.

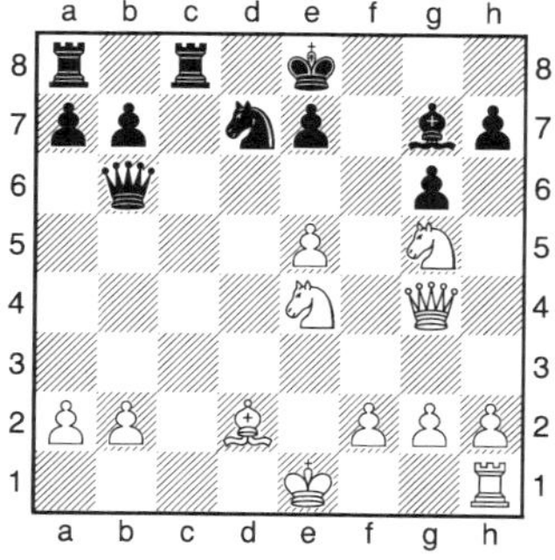

35.

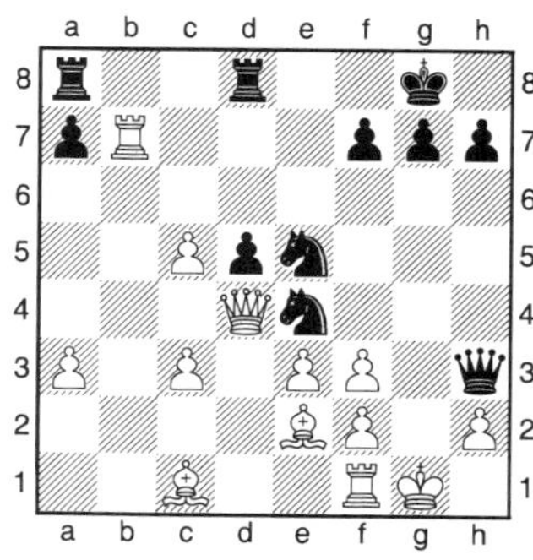

36. ■

31. Majevskaya – Kirienko, UdSSR 1974

Weiß steht deutlich besser, muss aber zum Gewinn umgruppieren oder neue Kräfte heranführen. Oder ein dickes Opfer bringen:

1.♕g6–h7+ ♘f6xh7 2.♘h4–g6+ ♔h8–g8 3.♘g6xe7+ und dieser Doppelangriff leitet zugleich das Matt ein: **3...♔g8–h8 4.♘e5–g6#**

32. Volokitin – Harikrishna, Cap d'Agde 2006

Meistens setzen Dame und Springer eher auf engem Raum Matt. Hier aber kommt das Unglück aus einiger Entfernung über Schwarz – und sogar auf zweierlei Weise: **1.♘d6–f5+** Doppelschach **1...♔e7–e8 2.♘f5–g7#**

Und ebenso ***1.♘d6–c8+*** Doppelschach 1...♔e7–e8 2.♕b4–e7#.

33. Nagorsky – Bedilo, Nowosibirsk 1982

Hier gilt es, ein wenig weiter zu rechnen, denn **1...♘h4/e5xf3** dient nur der Linienöffnung. **2.g2xf3** [Die Ablehnung 2.♕g1–d1 verliert nicht nur die Qualität durch 2...♘f3xd2, sondern droht durch 2...♘f3xh2 sogar Mattangriff]

2...♕g5xg1+ 3.♖a1xg1 ♖g6xg1+ 4.♔h1xg1 und **♘e5xf3+** gewinnt.

34. Fernandes – Djurevic, Europameisterschaft 2009 (7)

1.♘f4–g6+ ♔f8–f7 und wegen der Fesselung des Läufers **2.♘f5–h6#**, ein hübsches Doppelspringermatt!

Wer den Gegner noch etwas quälen will, spielt dagegen ***1.♘f4xe6+*** ♔f8–f7 2.♘e6–d8+ ♖e8xd8 3.♕h7xg7+ ♔f7–e8 4.♕g7–g8#/e7#.

35. Alik – Shabalov, Bermuda 2003

Die Aussperrung der schwarzen Dame vom Schlüsselfeld e6 gewinnt:

1.♘e4–d6+ aufgegeben. **1...♔e8–d8 2.♘g5–e6#**

[1...♔e8–f8 2.♕g4–e6 und Matt auf f7 oder h7 folgt; 1...e7xd6 2.♕g4–e6+ ♔e8–d8 3.e5xd6 und nur unter Materialverlust ist das Matt zu verhindern.]

36. Sadler – Pelletier, Bundesliga 2003

Beide Springer sind angegriffen, aber das braucht Schwarz nicht zu stören:

1...♘e5–g6 aufgegeben, **2.f3xe4** [2.♔g1–h1 ♘g6–h4 3.♖f1–g1 kann diesen Mattangriff stoppen, aber nun geht 3...♘e4xf2#]

2...♘g6–h4 und Matt ist nicht zu verhindern.

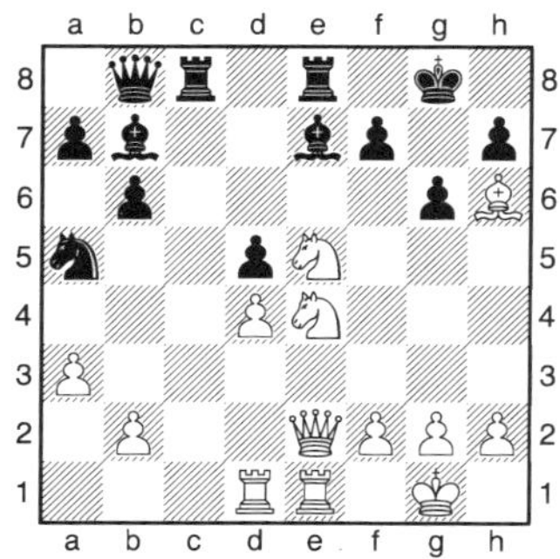

37

Birtwistle – Hegarty,
Britische Meisterschaft 2009 (1)

Der weiße Springer ist angegriffen und, falls er sich zurückzieht, hat Weiß keinen Vorteil mehr. Aber man soll ja bekanntlich nicht automatisch reagieren, sondern sich erst nach anderen Möglichkeiten auf dem Brett umschauen, was Weiß auch mit bestem Erfolg tat.

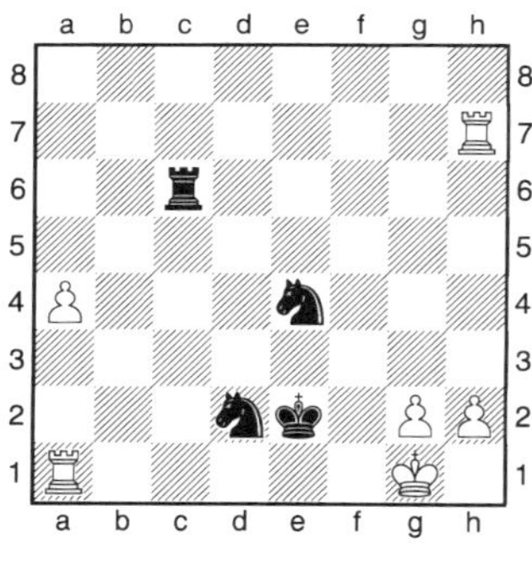

38 ■

Kortschnoi – Karpow
WM-Match Baguio 1978 (17)

Das WM-Match 1978 auf den Philippinen war besonders emotionsgeladen. Der junge Anatoli Karpow hatte 1975 den Weltmeistertitel kampflos von Bobby Fischer übernommen und musste sich beweisen. Viktor Kortschnoi war aus der UdSSR in den Westen geflohen und war mit Karpow verfeindet. Da kam schon einiges zusammen. Die Springer waren hier ganz gewiss auf Seiten des Weltmeisters!

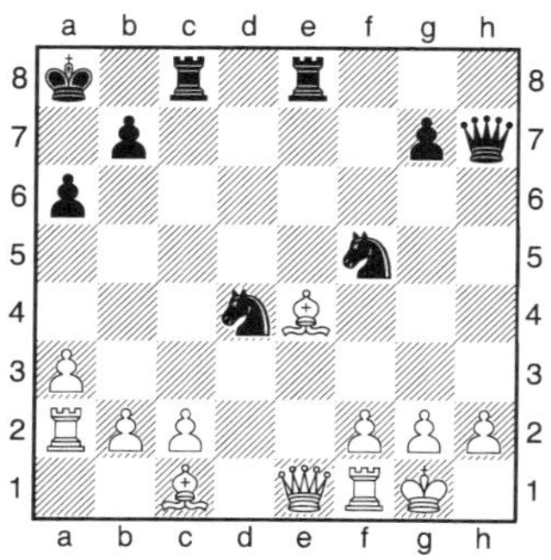

39 ■

N.N. – Morphy, New York 1859

Nach der üblichen Faustregel wäre hier das weiße Läuferpaar stärker als das Springerpaar, denn bei viel Raum auf dem Brett könnten die Läufer die langen Diagonalen kontrollieren und einen Angriff auf den schwarzen König wirksam unterstützen. Aber über diese Annahme können die Springer nur verächtlich wiehern!

Angriff der Kavallerie ist das richtige Rezept:

1.♘e5–d7 ♕b8–c7 2.♘d7–f6+ *(D)*

2...♔g8–h8

[Ganz schlecht ist 2...♗e7xf6?? 3.♘e4xf6+ ♔g8–h8 4.♕e2xe8+ ♖c8xe8 5.♖e1xe8#]

3.♘f6xe8 ♖c8xe8 4.♘e4–f6

vertreibt den Verteidiger und gewinnt den Läufer – und das reicht allemal zum Gewinn!

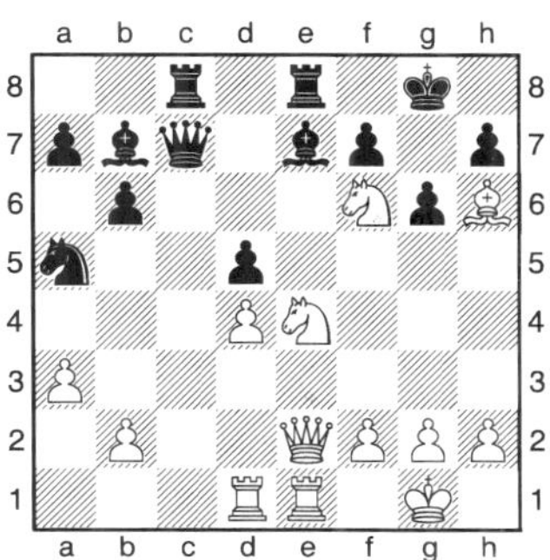

37 B

Drei Mehrbauern sollten eigentlich mehr als genug Kompensation für die beiden Springer gegen den Turm bieten. Aber der König in der Ecke ist ein gefundenes Fressen für die Pferde:

1...♘d2–f3+ aufgegeben, **2.g2xf3**

[2.♔g1–h1 ♘e4–f2#]

2...♖c6–g6+

3.♔g1–h1 *(D)* **♘e4–f2#**

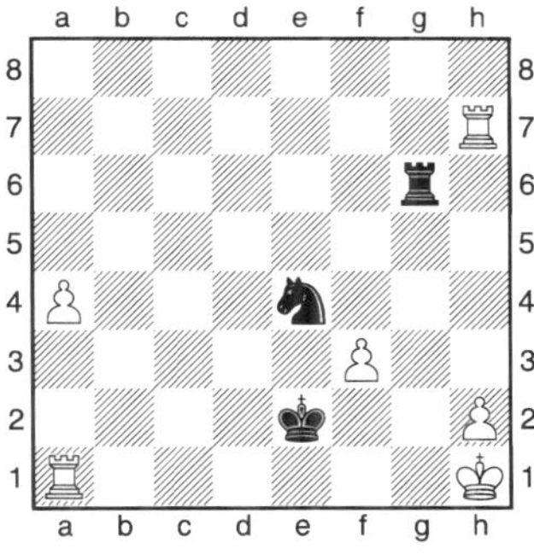

38 B ■

1...♖e8xe4 leitet den Angriff ein – aber nicht, um das Läuferpaar zu eliminieren, sondern einen wichtigen Verteidiger auszuschalten.

2.♕e1xe4 f5–g3 *(D)* und dieser Abzug hat es in sich.

3.♕e4xd4 [3.♕e4xh7?? ♘d4–e2#]

3...♘g3–e2+

und das ist nicht nur Materialgewinn, sondern zugleich auch die Ausgangsstellung eines Anastasia-Matt, an dem der Springer ja stets entscheidenden Anteil hat:

4.♔g1–h1 ♕h7xh2+ 5.♔h1xh2 ♖c8–h8+ 6.♕d4–h4 ♖h8xh4#

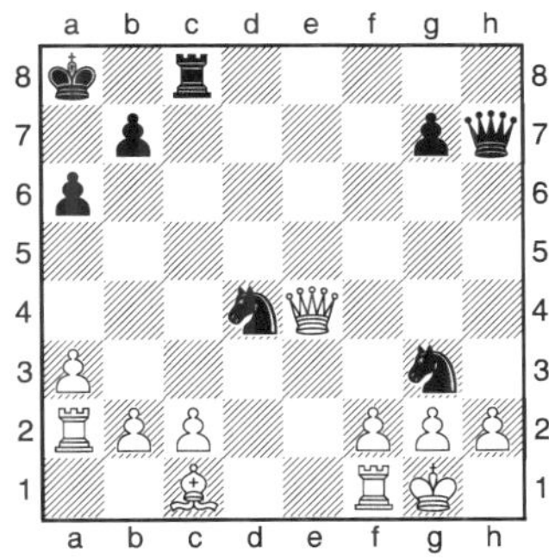

39 B

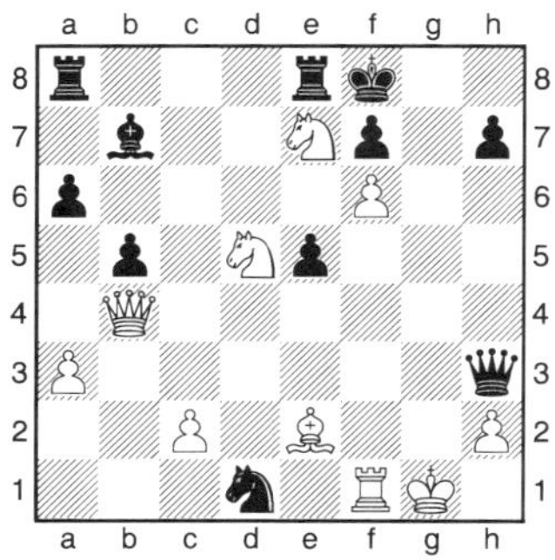

40.

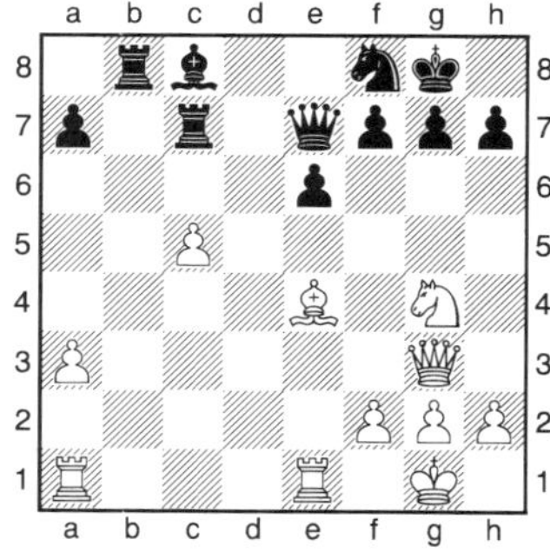

41.

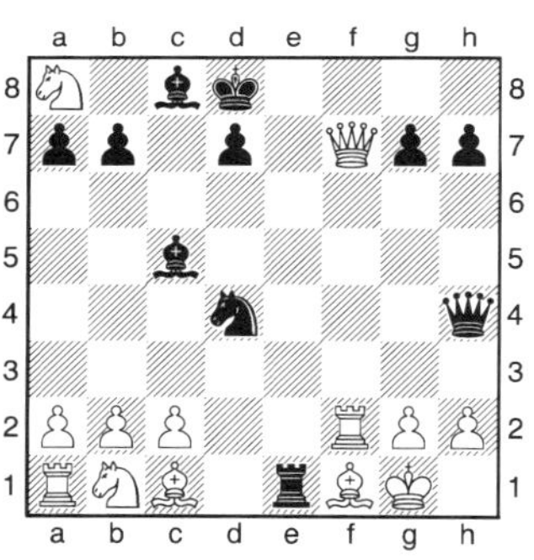

42. ■

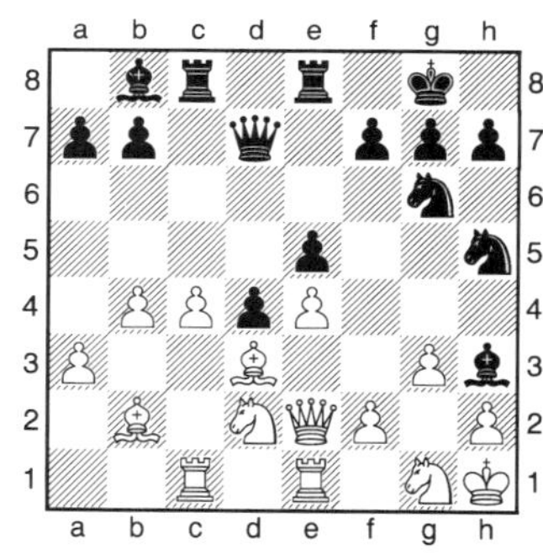

43. ■

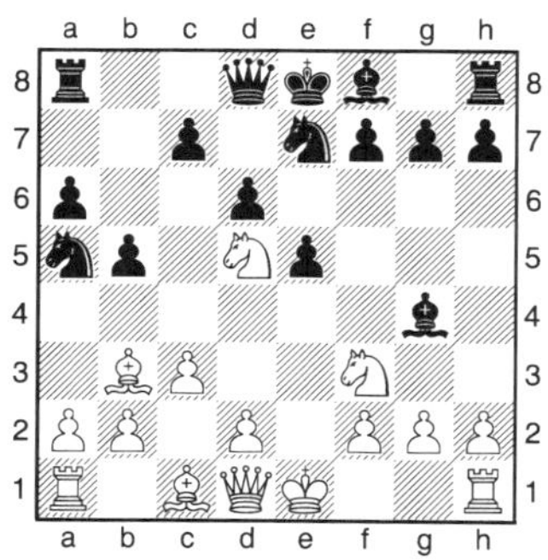

44.

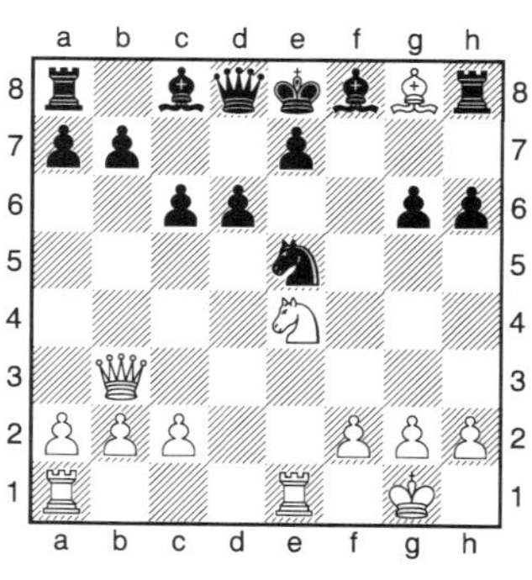

45.

40. Lengyel – Farago, Budapest 1981

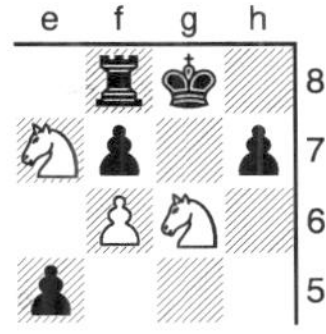

Weiß hat kein direktes Ziel für den Springerabzug, könnte aber mit ♗g4 die Dame auf ein entsprechendes Feld treiben. Aber es geht gar nicht um Material:

1.♘e7–g6+ Doppelschach **1...♔f8–g8 2.♕b4–f8+** erzwingt **2...♖e8xf8** und nun **3.♘d5–e7#** *(D)*

41. Botwinnik – Sarow, UdSSR 1929

1.♘g4–f6+ ♔g8–h8 [1...♕e7xf6? 2.♕g3xc7]

2.♘f6–e8 Doppelangriff auf Turm c7 und das Mattfeld g7! Diesmal muss Schwarz den Springer schlagen.

2...♕e7xe8 3.♕g3xc7 ♖b8–b2 4.♖a1–d1 aufgegeben.

42. N.N. – Bird, 1878

Sowohl der Turm als auch der Läufer des Weißen sind gefesselt. Das gibt dem Springer natürlich gute Karten:

1...♘d4–e2+ 2.♔g1–h1 ♖e1xf1+ [2...♘e2–g3+ 3.♔h1–g1 ♖e1xf1#] **3.♖f2xf1 ♘e2–g3#**

43. Cranmer – Jackson, 4NCL 3.Div. 2008 (1)

1...♘g6–f4 [oder auch 1...♘h5–f4] greift die Dame an und droht ♗g2#.

2.g3xf4 verhindert dies zunächst, aber **2...♘h5xf4** (Nachlademotiv) droht das erneut und kostet Weiß nach **3.♕e2–f3 ♗h3–g2+** die Dame.

44. Berger – Fröhlich, Graz 1888

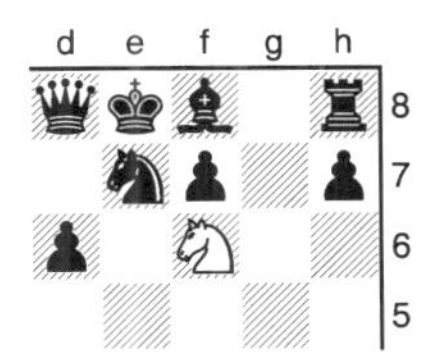

1.♘f3xe5 bietet die Dame an für eine Abart des Legal-Matt: ***1...♗g4xd1??*** 2.♘d5–f6+ g7xf6 3.♗b3xf7#.

Natürlich lässt sich das viel besser als in der Partie spielen: **1...♘a5xb3 2.♘e5xg4** Wird Schwarz einsichtig und verzichtet auf Material, kann er sich retten:

2...♘e7xd5 3.♕d1/a2xb3 mit Ausgleich. Andernfalls folgt wieder ein Matt: ***2...♘b3xa1?*** 3.♘g4/♘d5–f6+ g7xf6 4.♘d5xf6# *(D)*

45. Geleta – Borsos, Senta 2005

Dem Angriff 1.♕b3–f7+ kann Schwarz mit 1...♔e8–d7 [Auf 1...♘e5xf7?? folgt das Stickmatt 2.♘e4–f6#] leicht entfliehen und steht dann besser.

1.♘e4–f6+ aber versperrt das Fluchtfeld, **1...e7xf6 2.♕b3–f7#**

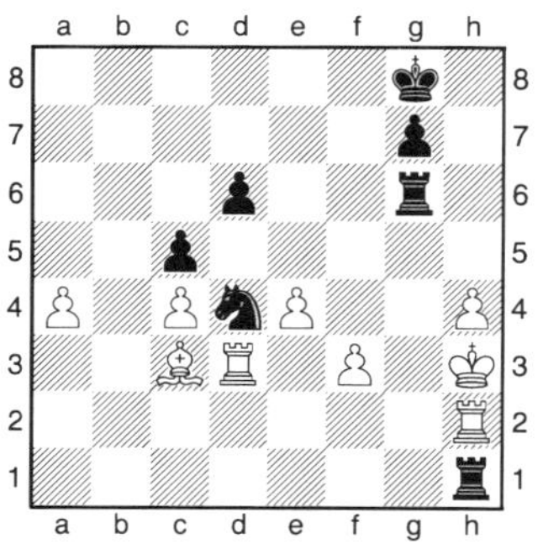

46. ■

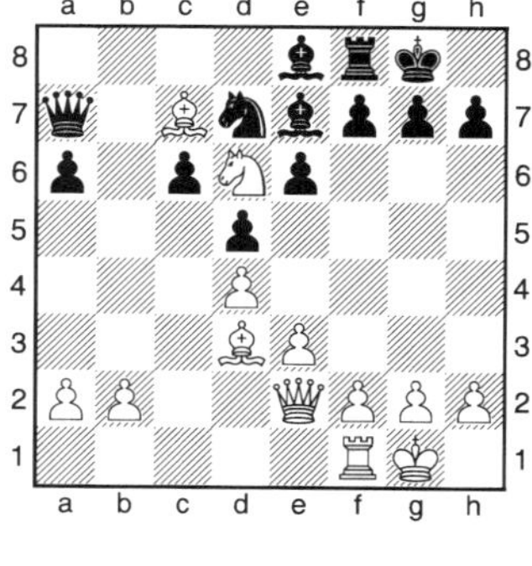

47.

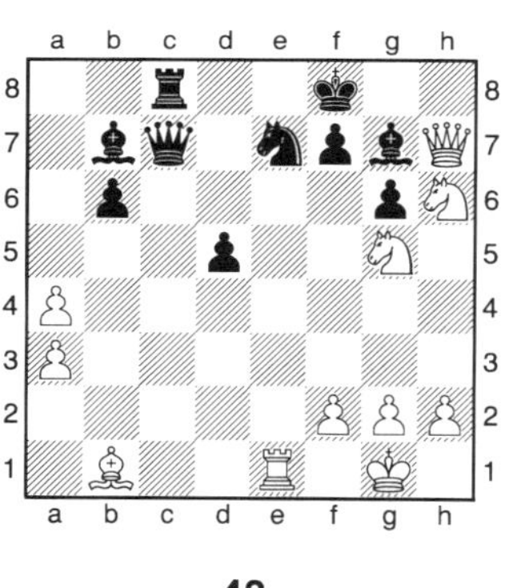

48.

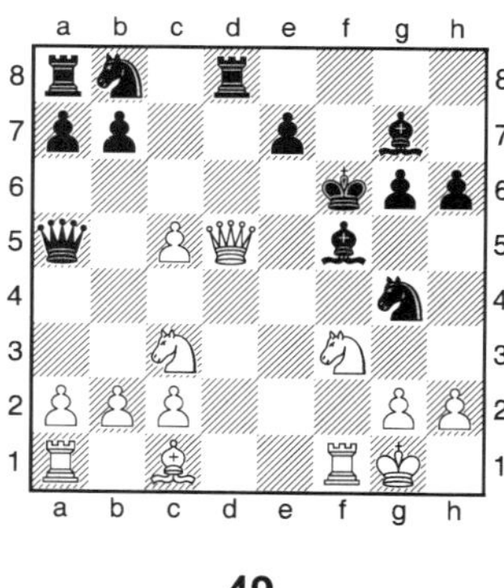

49.

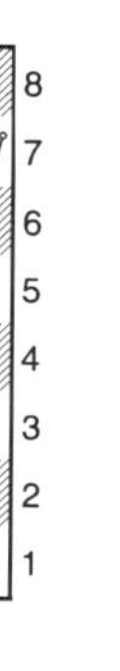

50.

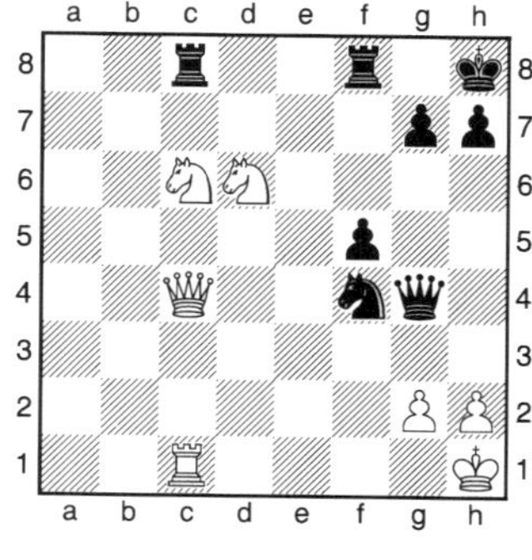

51.

46. Löffler – Zelchic, Österreichische. Bundesliga 2004

Man könnte meinen, **1...♘d4–e2** [1...♘d4–e6 2.♗c3–d2 und Weiß kann den Springer auf Distanz halten] verfolge die Absicht, auf **2.♖h2xh1** [2.♗c3–d2? ♖g6–g3# / ♘e2–g1#] mit der Gabel **2...♘e2–f4+** den Turm zurück zu bekommen. Das würde aber angesichts der weißen Bauern kaum reichen. Zum Glück findet sich ein rettendes Matt: **3.♔h3–h2 ♖g6–g2#**

47. Blatny – Bakalar (Variante), Meisterschaft der CSSR 1990

Ein Läuferopfer auf h7 und eine Gabel führen zum "Anastasia-Matt"

1.♗d3xh7+ ♔g8xh7 Das echte Läuferopfer auf h7 ist hier nicht möglich, denn Schwarz kann mit ♘f6 verteidigen und kontrolliert auch die schwarzfeldrige Diagonale. **2.♘d6–c8 ♕a7xc7 3.♕e2–h5+ ♔h7–g8 4.♘c8xe7#**

48. Jorczik – Strunski, Deutsche Jugendmeisterschaft U18 Oberhof 2010 (4)

Das Damenopfer **1.♕h7–g8+** räumt das Feld h7 für den Springer und erzwingt zugleich die Öffnung der e–Linie, über die sonst der König flüchten könnte. Ein seltenes Matt der beiden Springer schließt die Kombi ab:

1...♘e7xg8 2.♘g5–h7#

49. Aw Wai Onn – Goh, Kuala Lumpur Open 2005

Die Springer spielen hier eine überragende Rolle beim Mattangriff:

1.♘c3–e4+ [Ähnlich gewinnt 1.♗c1–g5+ h6xg5 2.♘c3–e4+ ♗f5xe4 und nun gibt es gleich vier Mal Matt in 2 Zügen, je gewähltem Springerabzug]

1...♗f5xe4 2.♘f3–g5+ ♗e4–f5 3.♕d5–e6# [3.♘g5–e4#/h7#]

50. Kyi Thein – Thibeault, Bangkok Open 2002

1.♕h7–h8+ ♔f8–e7 Weiß steht auf Gewinn und hat nun verschiedene Wege zur Wahl, so 2.♕h8–h4 oder sogar 2.♘g5–f7, z. B. 2...♔e7xf7 3.♕h8xd8 usw. Doch am Besten ist die bewährte Hinlenkung

3.♕h8xd8 ♔e7xd8 3.♘g5–f7+ mit Rückgewinn der Dame.

51. Ercole del Rio, 1750

Eine Verbindung von Ersticktem Matt und Grundreihenmatt sehen wir in dieser alten, aber schwierigen Aufgabe aus dem 18. Jahrhundert:

1.♕c4–g8+ ♔h8xg8 [Falls 1...♖f8xg8?? 2.♘d6–f7#] **2.♘c6–e7+ ♔g8–h8 3.♘d6–f7+** Nutzt das Motiv des Zwei-Springer-Matts zu einer Weglenkung des Turms. **3...♖f8xf7 4.♖c1xc8+ ♖f7–f8 5.♖c8xf8#**

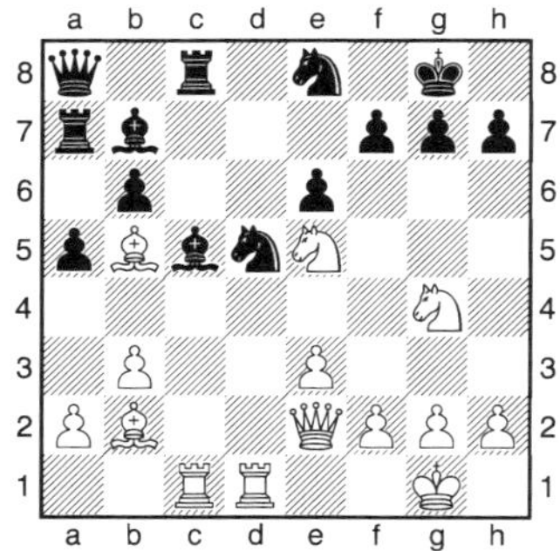

52 ■

Buhmann – Saeheng, Olympiade Dresden 2008 (5), Deutschland III – Thailand

Wer würde hier an ein Ersticktes Matt denken? Die gut postierten weißen Springer können allerdings die Königsstellung öffnen und einen starken Angriff herbeiführen:

1.♘g4–h6+ g7xh6 [1...♔g8–h8? 2.♘e5xf7#; 1...♔g8–f8 2.♘h6xf7 *(2.♘e5–d7+ ♔f8–e7 3.♘d7xc5 b6xc5* mit gutem Vorteil*)*]

2.♕e2–g4+ ♘e8–g7

und es führt jetzt nur ein Weg zum Sieg, andernfalls kann Schwarz seine Stellung wieder konsolidieren. ➔

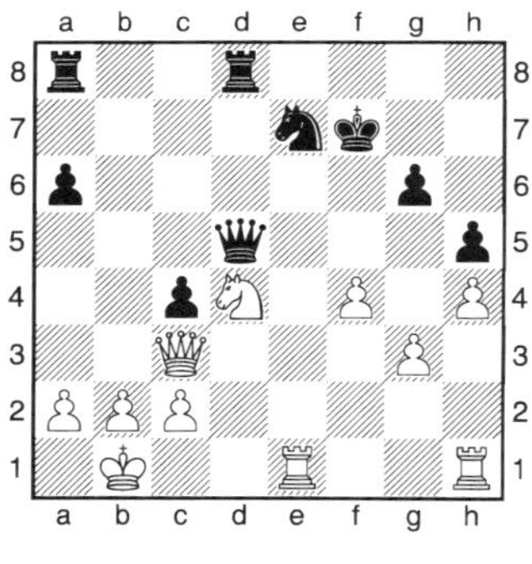

53

Borgmeyer – Jussupow jun., Deutsche Jugendmeisterschaft U18 Oberhof 2010 (5)

1.♘d4–e6 greift den Turm an und droht eine Gabel auf c7, was Schwarz aber beides leicht abwehren kann. ♘g5+ ist zwar unangenehm, scheint aber dennoch nicht entscheidend zu sein. Aber tatsächlich gewinnt Weiß zumindest die Qualität. Die scheinbar einfachste Verteidigung scheitert fürchterlich:

1...♖d8–d7? 2.♕c3–g7+ ♔f7–e8 3.♕g7–f8#

Aber Schwarz hat ja auch noch andere Möglichkeiten, oder?

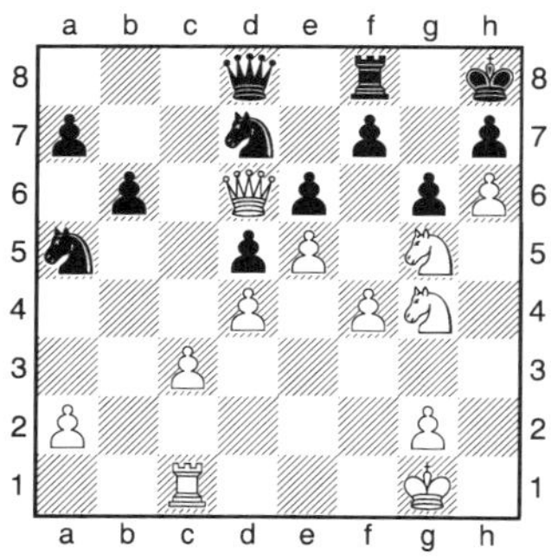

54

Hort – Seirawan, Lone Pine 1979

Das weiße Springerpaar ist zwar angriffslustig postiert, doch nur ein Plan führt zum Gewinn – und an dem wird sich mancher Leser die Zähne ausbeißen!

3.♘e5xf7 [Ein völlig gefahrloses Opfer, denn Schwarz kann nicht annehmen: 3...♔g8xf7?? 4.♕g4xg7#] mit Öffnung der langen Diagonalen ist der Schlüssel zum Sieg. Und allmählich werden auch die Konturen eines möglichen Stickmatts sichtbar!

3...♗c5–f8 4.♘f7xh6+ ♔g8–h8

5.♕g4xe6 und Matt in allen Varianten;

5...♘d5–e7

[5...♗f8–c5 6.♕e6–g8+ ♖c8xg8 7.♘h6–f7#]

6.♕e6–g8+ aufgegeben, **♘e7xg8**

7.♘h6–f7#

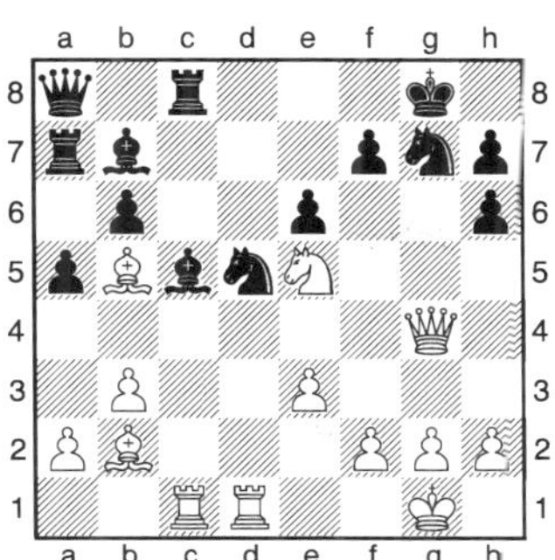

52 B

1...♖d8–c8 **2.♕c3–g7+ ♔f7–e8**

3.♕g7–f8+ ♔e8–d7 *(D)* **4.♕f8–f7**

Plan B des Weißen, droht ♖d1 mit ebenso wie den Abzug des eigenen Springers.

[Sogar 4.♘e6–c5+ ist möglich: 4...♕d5xc5 5.♖e1xe7+ ♕c5xe7? 6.♖h1–d1+ usw.

Selbst wenn Schwarz freiwillig die Qualität gibt, hilft ihm das nicht, im Gegenteil:

1...♖d8–g8 2.♘e6–g5+ (stärker als direkt 2.♘e6–c7) 2...♔f7–e8 3.♕c3–b4 ♖g8–g7 4.♘g5–e6, wieder mit Gabeldrohung auf c7 und Fesselung des ♘e7.

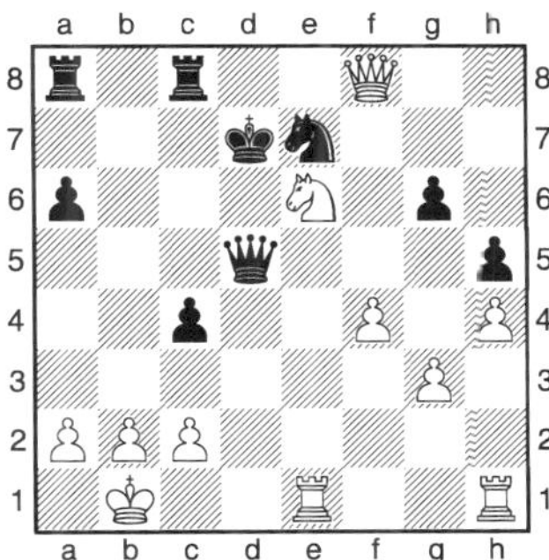

53 B

Das passende elementartaktische Motiv hilft bei der Lösung: **1.♘g4–f6** beabsichtigt die Weglenkung des Springers. **1...♘d7xf6**

[Gleich doppelt zum Matt führt

1...♘d7–b8 *(D)* 2.♕d6xd8 (und ebenso *2.♘g5xf7+ ♖f8xf7 3.♕d6xd8+ ♖f7–f8 4.♕d8xf8#*) 2...♖f8xd8 3.♘g5xf7#]

2.♘g5xf7+ Entweder Weglenkung des Turms oder "Gabelgewinn".

2...♔h8–g8 3.♘f7xd8

[2...♖f8xf7 3.♕d6xd8+ ♖f7–f8

4.♕d8xf8+ ♘f6–g8 5.♕f8–g7#]

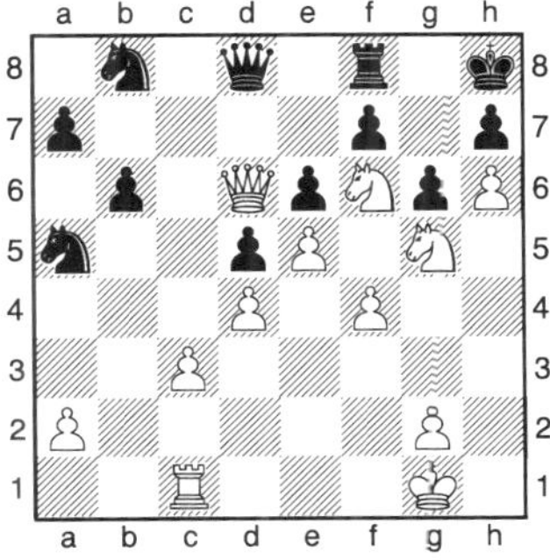

54 B ■

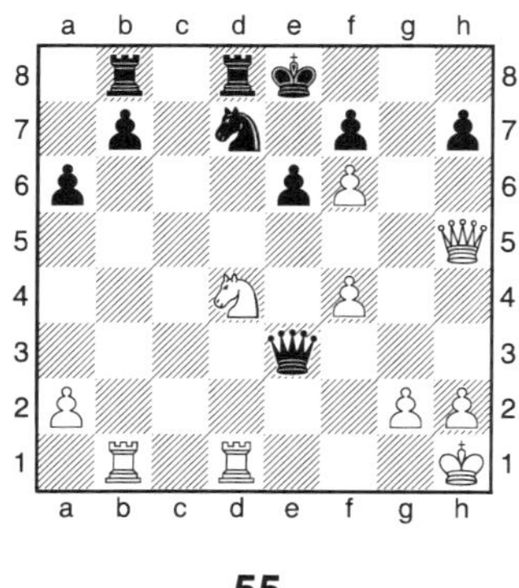

55.

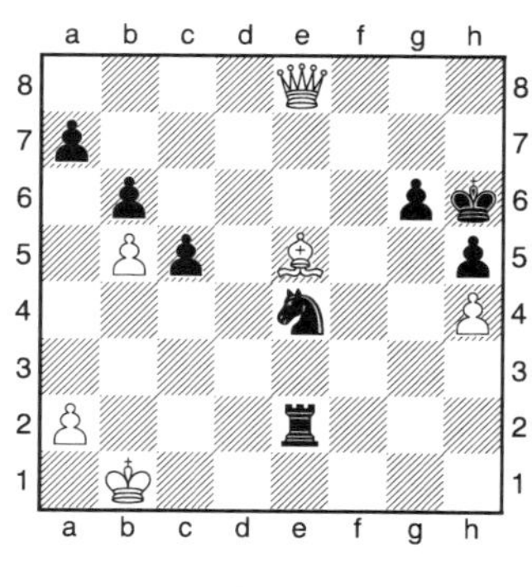

56. ■

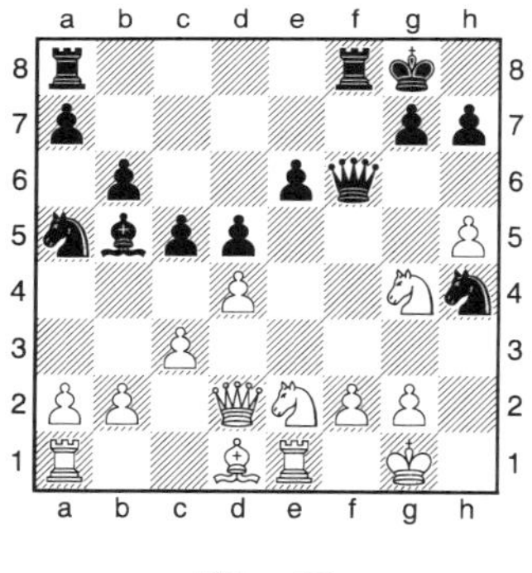

57. ■

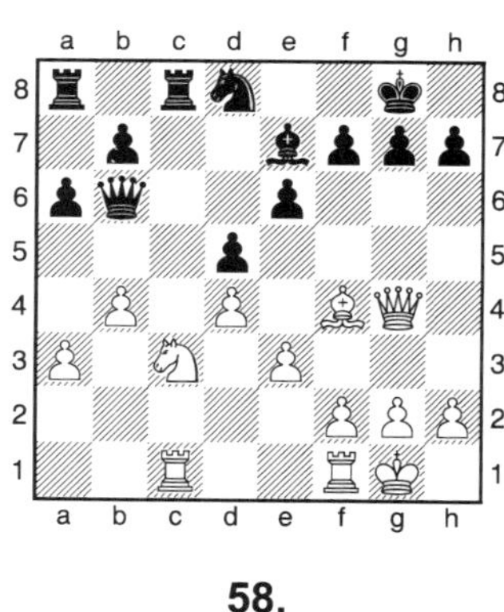

58.

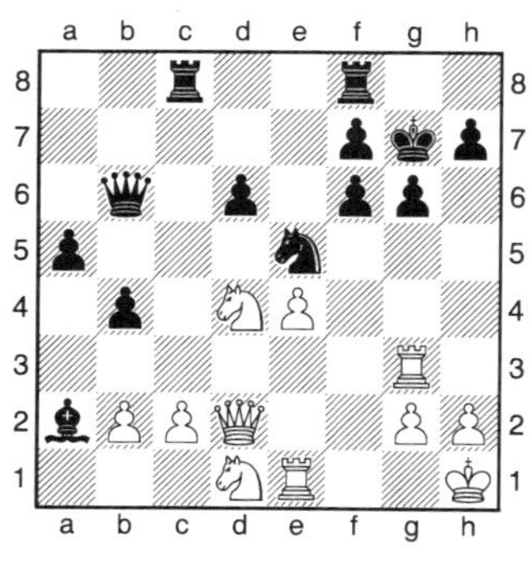

59.

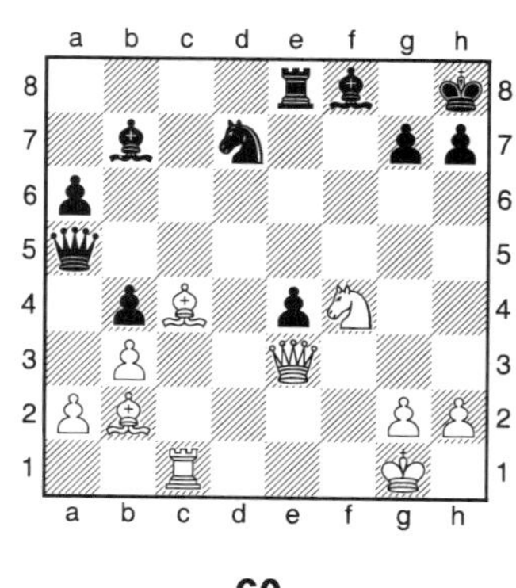

60.

55. Gustafsson – Naiditsch, GM–Turnier Dortmund 2008 (2)

Eine überraschende Linienöffnung kann Schwarz nicht verkraften:
1.♘d4xe6 ♘d7xf6 [1...♕e3xe6? 2.♖d1–e1] **2.♘e6–c7+ ♔e8–e7** [2...♔e8–f8 3.♕h5–h6+ ♔f8–g8 4.♕h6–g5+ Figurengewinn] **3.♕h5–h4** aufgegeben. Der ♘f6 ist gefesselt, es droht ♖e1 mit Damengewinn und eventuell auch ♘d5.

56. Quelle leider unbekannt

Weiß könnte im nächsten Zug Matt setzen, doch die Fesselung des Läufers gegen die Dame ermöglicht ihm, die Remisschaukel von Turm und Springer einzusetzen, wie das Diagramm vereinfacht zeigt:

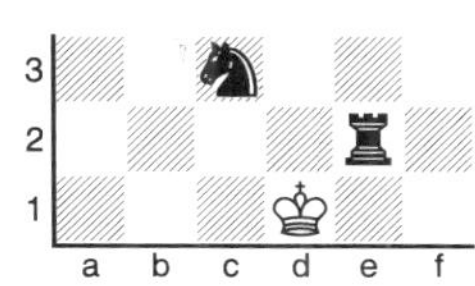

1...♘e4–c3+ 2.♔b1–c1
[2.♔b1–a1?? ♖e2xa2#; oder 2.♗e5xc3? ♖e2xe8 mit verlorenem Endspiel]
2...♘c3xa2+ 3.♔c1–d1 ♘a2–c3+ *(D)* usw., Remis!

57. King – Hall,J Bundesliga 1998/99 Castrop Rauxel – Wattenscheid

1...♕f6–f3 Dieser überraschende "Mattangriff" führte zum Familienschach, denn wegen der Drohung ♕xg2# muss Weiß schlagen:
2.g2xf3 ♘h4xf3+ 3.♔g1–g2 ♘f3xd2 – nur ein Bauer, aber das reichte.

58. Rajesh – Sharma, New Delhi 2007

1.♘c3xd5, Abzug und Gabel zugleich, bringt Weiß immer in Vorteil:
1...e6xd5 2.♖c1xc8 ♖a8xc8 3.♕g4xc8; oder ***1...♖c8xc1*** 2.♘d5xb6;
1...f7–f5 2.♘d5xe7+ *(2.♘d5xb6 f5xg4 3.♘b6xc8)* 2...♔g8–f8 3.♘e7xc8;
1...♕b6–a7 2.♘d5xe7+ ♔g8–f8 3.♘e7xc8

59. Edvardsen – Savchenko (Variante), Norwegische Rapid-Meisterschaft 2009

Die Fesselung des g-Bauern macht einen Vorstoß des Springers möglich:
1.♘d4–f5+ ♔g7–h8 2.♕d2–h6 erzwingt **♖f8–g8** zur Abwehr des Matt auf g7. Aber nun ist eine neue Mattposition entstanden:
3.♕h6xh7+ ♔h8xh7 4.♖g3–h3#

60. Schirov – Spragett, Gibraltar 2005

1.♘f4–g6+ öffnet die h-Linie und der Dame die Diagonale. Und das führt durch die Fesselung des Bg7 sofort zum Matt:
1...h7xg6 2.♕e3–h6#

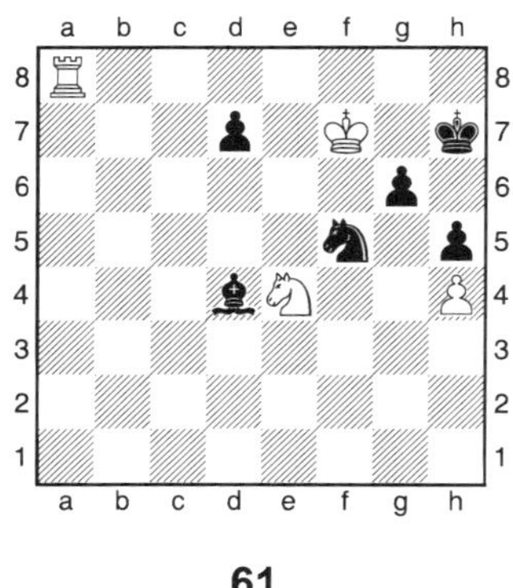

61.

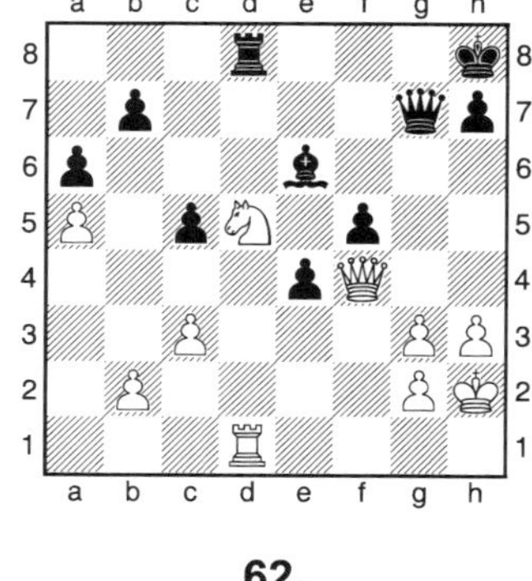

62.

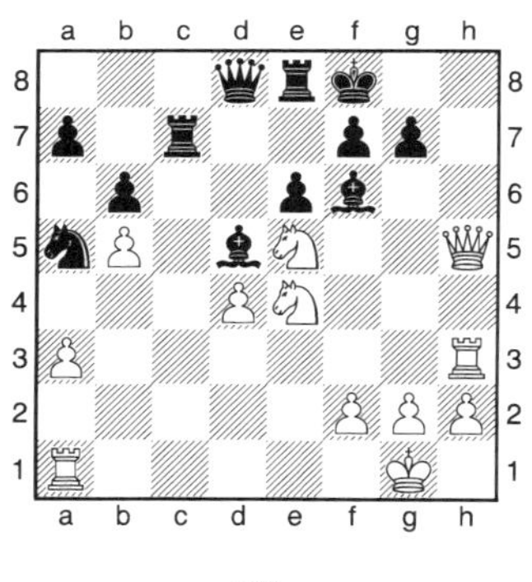

63.

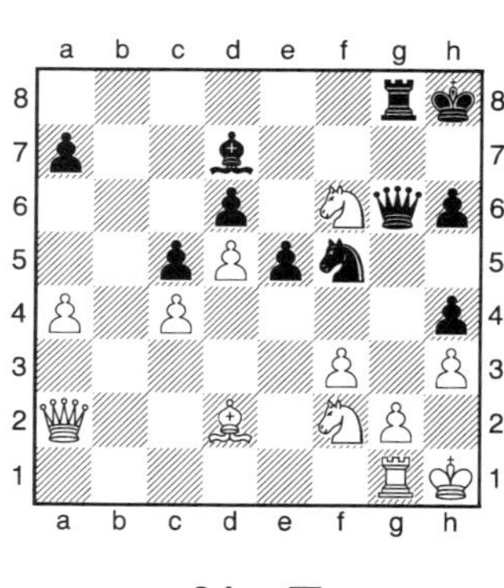

64. ■

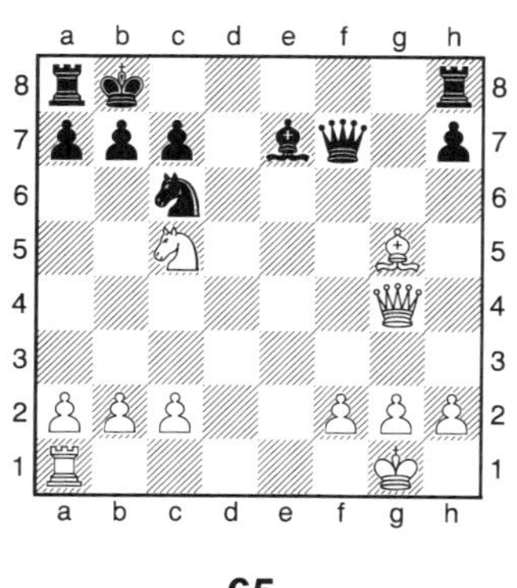

65.

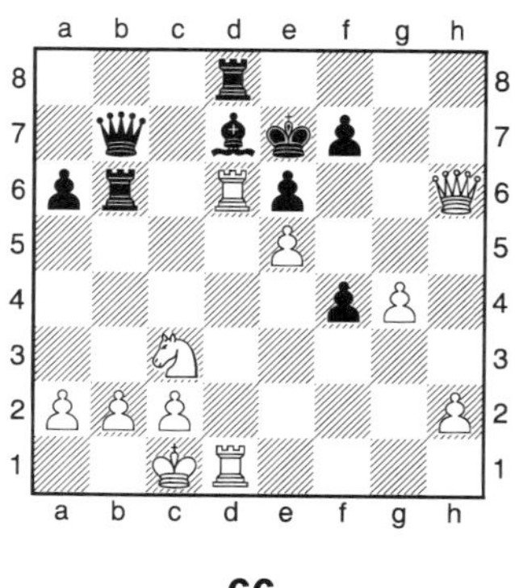

66.

61. Petroff, Studie 1845

Diese Stellung ist in fast allen Varianten Remis, wie soll Weiß auch weiter kommen, oder?

1.♘e4–g5+ ♔h7–h6 und nun leitet ein Opfer eine Kombination ein, die durch Zugzwang gewinnt:

2.♖a8–h8+ ♗d4xh8 3.♔f7–g8 ♘f5–d6

[3...♘f5–e7+ 4.♔g8xh8 nebst Matt]

4.♔g8xh8 *(D)* und Schwarz ist in Zugzwang. Nur sein Springer, der das Mattfeld deckt, kann noch ziehen. Auf jeden beliebigen Zug folgt **5.♘g5–f7#**

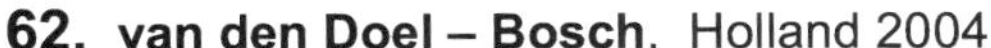

62. van den Doel – Bosch, Holland 2004

Das clevere Springermanöver in scheinbar ausgewogener Stellung ist schwer zu sehen: **1.♘d5–c7 ♖d8xd1** [1...♗e6–d7 2.♘c7–e6 Gabel mit Qualitäts-Gewinn] **2.♘c7xe6 ♕g7–e7 3.♕f4–b8+ ♖d1–d8 4.♕b8xd8+**

63. Kaidanov – Anand, Moskau 1987

Nur einer der beiden Springer kann sich in den Angriff einschalten:

1.♕h5xf7+ ♖c7xf7 2.♘e5–g6+ sperrt das Fluchtfeld e7 und sichert das Mattfeld. **2...♔f8–g8 3.♖h3–h8#**

64. Fedder – Westerinen, Roskilde 1978

1...♕g6xf6 2.♘f2–e4 führt bloß zum Ausgleich. Aber die Anbindung des Turms an das Mattfeld g2 gibt dem Springer Spielraum:

1...♘f5–g3+ 2.♔h1–h2 ♘g3–f1+ 3.♔h2–h1 ♕g6–g3 aufgegeben,

4.♘f2–g4 [ebenso 4.♗d2–f4 e5xf4 5.♘f2–g4]

4...♕g3–h2+ 5.♘g4xh2 und nun das Stickmatt **5...♘f1–g3#**

65. Morphy – Amateur, Paris 1859

Diese Stellung zeigt nicht sofort die Konturen des Erstickten Matts. So ist die c-Linie nicht geöffnet, doch kontrolliert Weiß das Feld c8, was auch reicht:

1.♘c5–d7+ ♔b8–c8 2.♘d7–b6+ ♔c8–b8 3.♕g4–c8+ ♖h8xc8 4.♘b6–d7#

66. Lovik – Hansen, Gibraltar 2010 (3)

An und für sich harmlose Springergabeln können durch besondere Umstände gefährlich werden. Hier ist eine Hinlenkung in die Fesselung der entscheidende Umstand: **1.♖d6xb6** aufgegeben, denn **1...♕b7xb6 2.♘c3–d5+** und Schwarz verliert auf jeden Fall die Dame, da der Bauer auf e6 gefesselt ist, also **2...e6xd5 3.♕h6xb6**

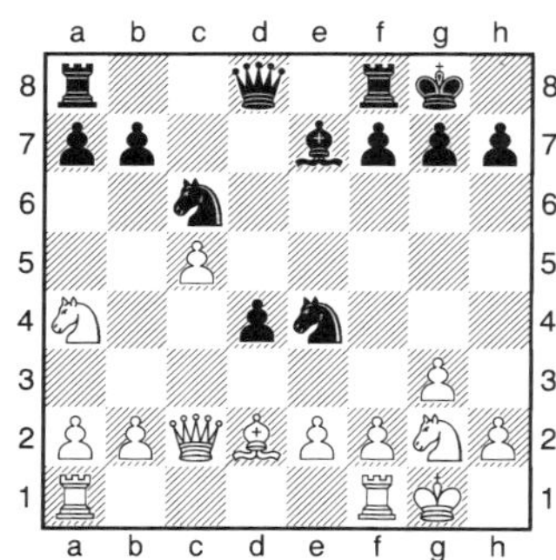

67 ■

Demetriescu – Nagy, Budapest 1936

Springerpaar ist nicht gleich Springerpaar. Das zeigt diese Stellung sehr deutlich. Die weißen Springer leisten nichts, der ♘a4 steht sogar auf recht unsicherem Terrain.

Die schwarzen Springer dagegen fressen sich buchstäblich in die gegnerische Stellung hinein!

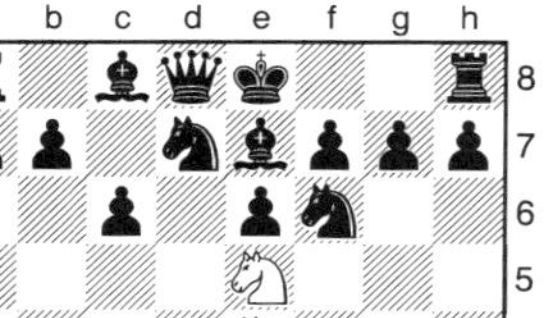

68

Herzog – Jaques, Schweiz 1962

Ist die schwarze Stellung solide oder (zu) passiv? Weiß mit seinen vorgepreschten Springern war letzterer Meinung und machte sich sogleich daran, durch ein Opfer die Stellung aufzurollen:

1.♘e5xf7 ♔e8xf7
2.♘e4–g5+ ♔f7–g8
3.♘g5xe6

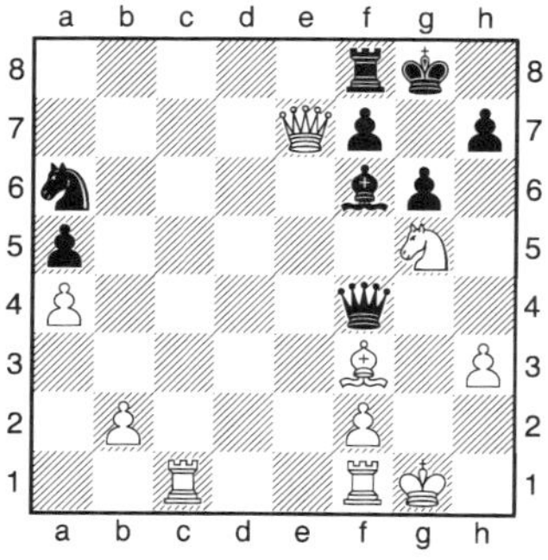

69

Euwe – Smylow.
WM Turnier Den Haag/Moskau 1948 (14)

1948 organisierte die FIDE ein Turnier, das den Nachfolger des verstorbenen Weltmeisters Aljechin ausspielen sollte.

In dieser Stellung scheint die Karriere des Springers beendet zu sein, tatsächlich folgte auch 1.♕e7–e3 ♕f4xe3 2.f2xe3 ♗f6xg5 und Schwarz gewann auf Dauer. Dabei hätte der Springer zum Helden werden können, wenn Weiß gesehen hätte, dass ...

Das Bauernopfer **1...d4–d3** macht Platz für den Springer, der dann zusammen mit seinem Kollegen die gegnerische Stellung unsicher macht:

2.e2xd3 [oder 2.♕c2xd3 ♕d8xd3 3.e2xd3 ♘e4xd2 4.♖f1–d1 ♘d2–f3+ usw.]

2...♘c6–d4 3.♕c2–d1 *(D)* **3...♘e4xd2** und **4.♕d1xd2??** scheitert an der vernichtenden Gabel **4...♘d4–f3+**

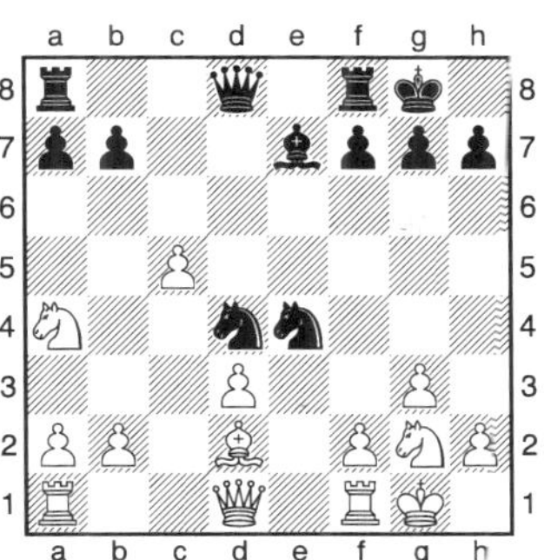

67 B ■

Die normale Fortsetzung wäre 3...♕d8–a5+ 4.♗c1–d2 ♗e7–b4 5.c2–c3 z. B. 5...♗b4–d6 6.♗f1–e2 ♘d7–b6 und Weiß hat nichts für die geopferte Figur.

Doch Schwarz stellte eine Falle, die der Idee der bekannten Kurzpartie Réti – Tartakower, Wien 1910 entsprach:

3...♕d8–e8 4.♘e6–c7 ♗e7–b4+ Ein tödliches Doppelschach! **5.♔e1–d1 ♕e8–e1#**

So wurde ein verfrühter Angriff bestraft! Auch dem Springer sind Grenzen gesetzt und die gilt es richtig einzuschätzen.

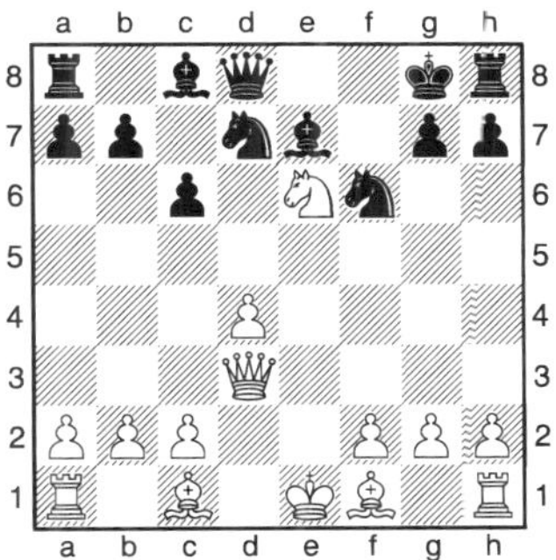

68 B ■

... die Stellung das Potential für eine Springergabel hat. **1.♕e7xf7+** *(D)*

1...♖f8xf7 2.♖c1–c8+ und gleich was Schwarz zieht, findet er sich stets als Opfer einer Gabel wieder:

2...♖f7–f8 [2...♔g8–g7 3.♘g5–e6+]

3.♖c8xf8+ ♔g8xf8 [3...♔g8–g7 4.♘g5–e6+]

4.♘g5–e6+

und diese Gabel hätte die Dame zurück gewonnen und so einen ganzen Turm Vorteil gebracht.

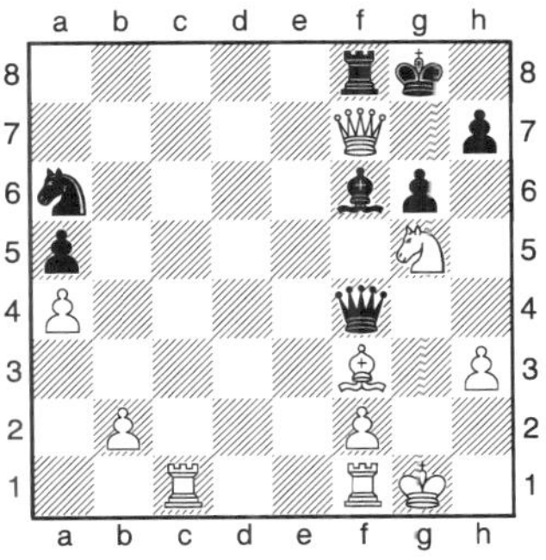

69 B

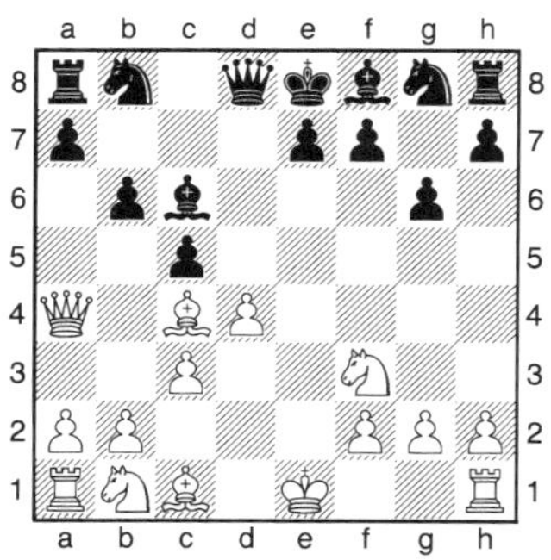

70.

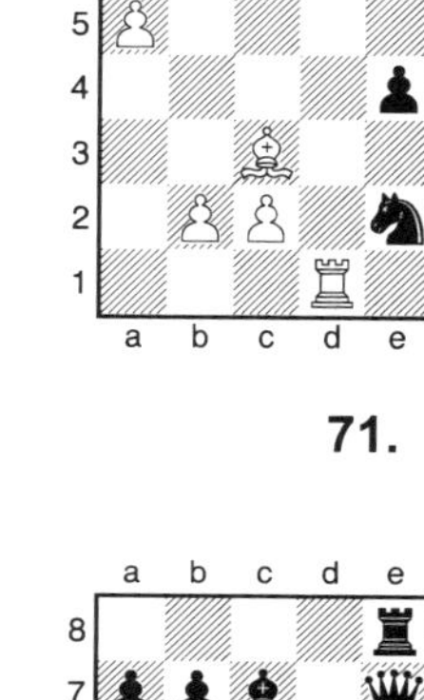

71.

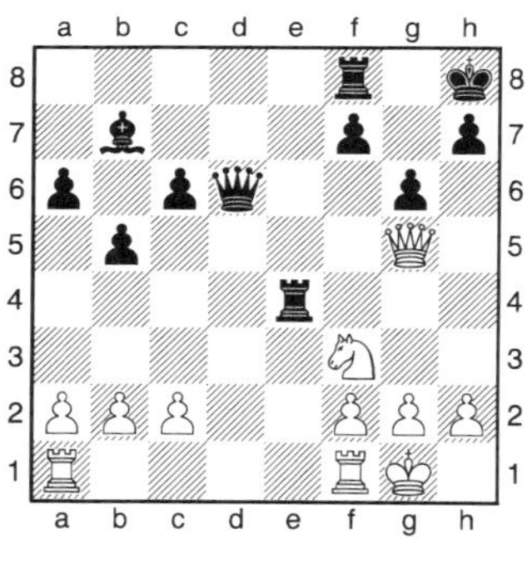

72.

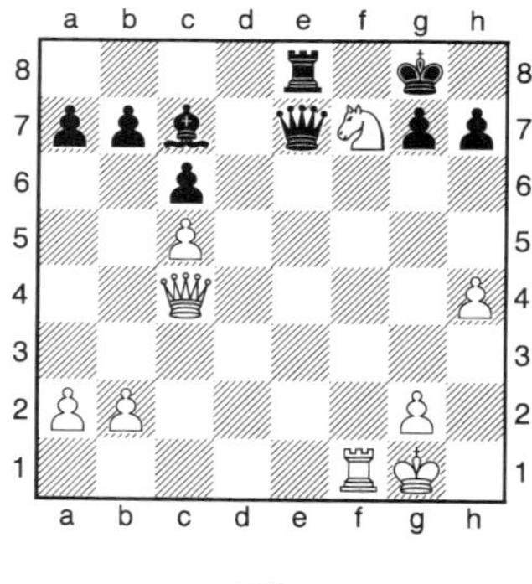

73.

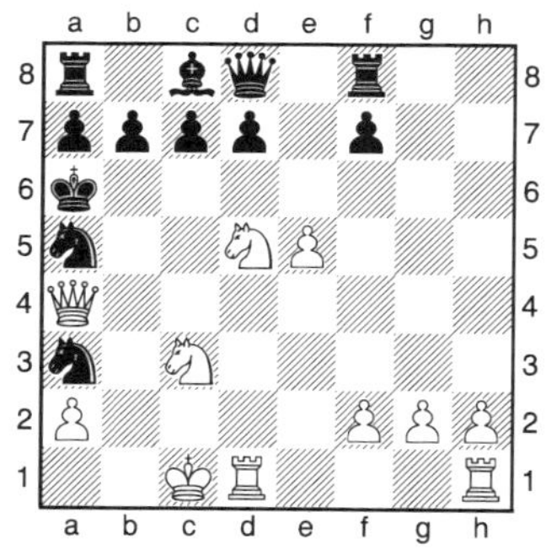

74.

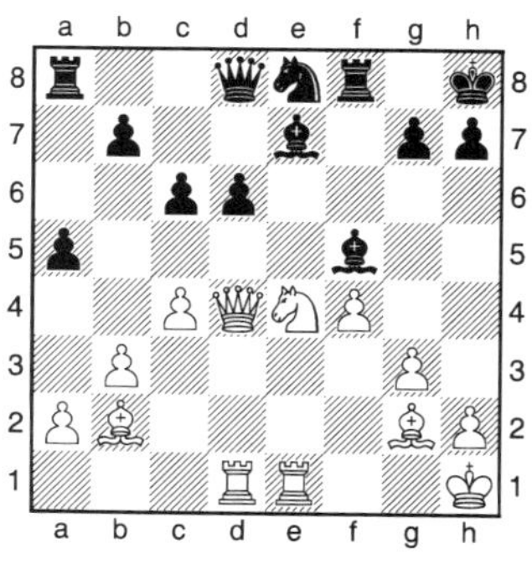

75.

70. Aronin – Kantarovich, Moskau 1960

Wer sich an die Eröffnungstricks des Springers erinnert, hat sicher **1.♘f3–e5** gesehen. **1...♕d8–d6** [1...♗c6xa4?? 2.♗c4xf7# wie bei Legal–Matt & Co,] **2.♘e5xc6 ♘b8xc6** [Noch schlimmer wäre 2...♕d6xc6 3.♗c4–b5] und nun gewinnt **3.d4–d5** die gefesselte Figur..

71. Bologan – Lautier, 4NCL 2005 Wood Green - Guildford

Mit zuletzt ♘f4–e2 hatte Schwarz dem Gegner Probleme stellen wollen, jedoch **1.♘g3xf5** nicht berücksichtigt. **1...♕h4xf2** [1...♕h4–g5 2.♖d1–d8+ ♖f7–f8 3.h3–h4 und nur ein Damenopfer kann Matt noch abwenden; auf 3...♕g5–h5 folgt 4.♘f5–e7# *(oder 3...♕g5–g4 4.♘f5–h6#)*]

2.♖d1–d8+ ♖f7–f8 3.♘f5–h6#

72. Sandu – Sirisena, 4NCL 2010 (8)

1.♕g5–h6 macht Platz für eine Gabel gegen den ♖e4 und das Mattfeld h7. **1...♕d6–e7** [1...f7–f5 2.♘f3–g5 ist Zugumstellung; 1...♕d6–b4 mit der Idee ♖h4 scheitert an 2.c2–c3] **2.♘f3–g5 f7–f5** kann Matt abwehren, verliert aber die Qualität. Mit **3.♘g5xh7** nimmt Weiß noch einen Bauern mit und gewinnt anschließend die Qualität gegen den anderen Turm.

73. Gronau – Fischer, Biel 1976

Zum Ersticken Matt reicht die Stellung nicht und so lenkte Weiß ins Dauerschach 1.♘f7–h6+ ♔g8–h8 2.♘h6–f7+ ein. Doch es gibt einen Gewinnweg: **1.♘f7–d6+ ♕e7–e6** und **2.♖f1–e1** greift die gefesselte Dame an. Auf schlagen oder wegziehen folgt **2...♕e6xc4/–d5 3.♖e1xe8#**

74. Zaitsev – Storoshenko, Fernpartie 1971

Das Vier–Springer–Matt aus dem 13.Jahrh. ist keineswegs nur eine gestellte theoretische Möglichkeit, sondern kommt tatsächlich vor, wie wir hier sehen:

1.♕a4–b5+ [1.♘d5–b4+ ist Zugumstellung]

1...♘a3xb5 2.♘d5–b4+ ♔a6–b6 3.♘c3–a4#

75. Zlochevskij – Drachev, UdSSR 1986

Durch die Mattdrohung auf g7 ist **1.♘e4xd6** möglich und Schwarz verliert zumindest einen Bauern: **1...♗e7–f6** [1...♗e7xd6? 2.♖e1xe8 mit Figurengewinn; oder 1...♕d8xd6 2.♕d4–e3 und Rückgewinn der Figur]

2.♘d6–f7+ ♖f8xf7 3.♕d4xd8 ♖a8xd8 4.♖d1xd8 ♗f6xd8

5.♖e1xe8+ und gerade noch rechtzeitig vor dem Matt aufgegeben.

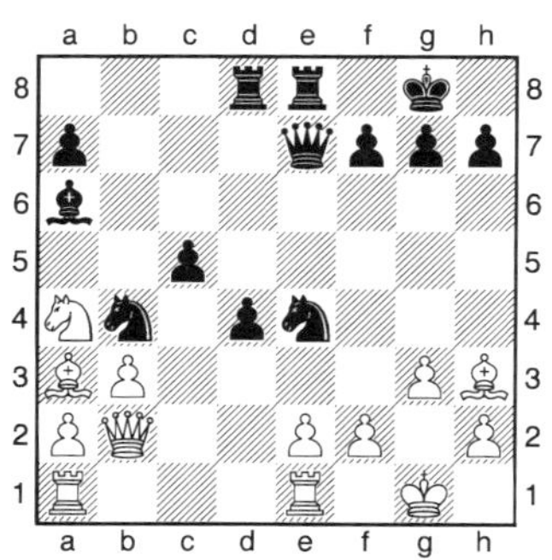

76. ■

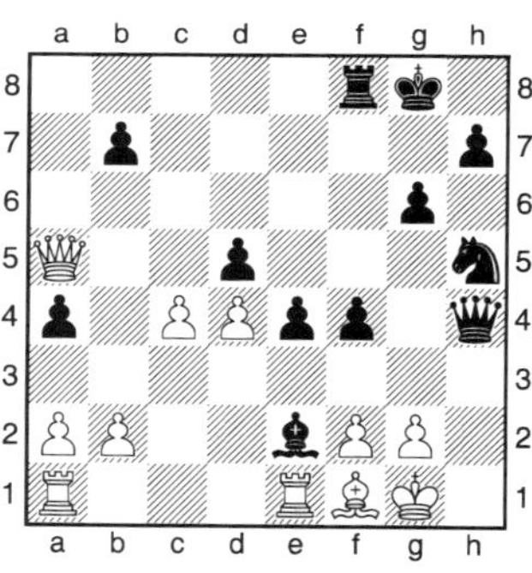

77.

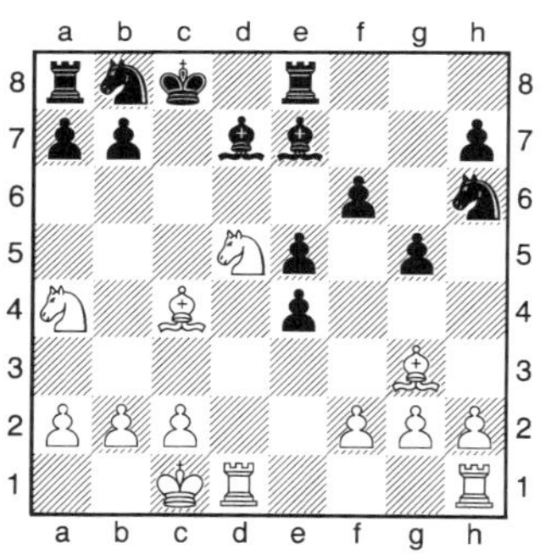

78.

79. ■

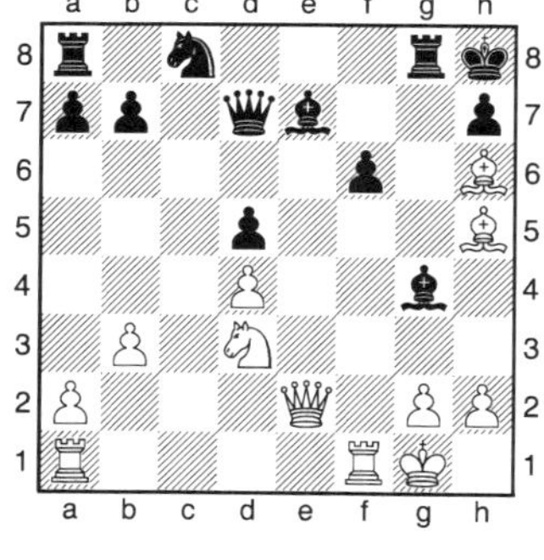

80.

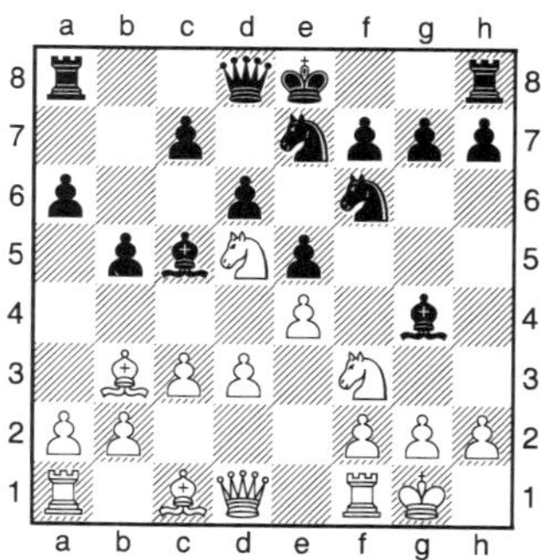

81.

76. Farago,I – Cao, Budapest 1997

Die weißen Offiziere stehen zu weit abseits, um nach **1...♘e4xf2** ihrem König helfen zu können:

2.♗h3–g2 [2.♔g1xf2 ♕e7–e3+ 3.♔f2–f1 *(3.♔f2–g2 ♗a6–b7+ 4.♔g2–f1 ♖d8–d6* und Matt folgt) 3...d4–d3 mit vielen Drohungen]

2...♕e7–e3 aufgegeben, **3.♔g1–f1 ♘f2–g4** droht ♘h2# wie auch ♕f2#.

77. Mortensen – Von Bahr, Schweden 2003

1.♘b3–d4 bringt den Springer näher an den gegnerischen König heran:

1...♕b5–a4 2.♕f7–f8+ [Direktes 2.♘d4–e6? lässt Schwarz entwischen: 2...♕a4–e4+ 3.♖f1–f3 ♕e4–e1+ und Dauerschach *(3.♕f7–f3 ♕e4xf3+ 4.♖f1xf3* ist Ausgleich)]

2...♖e8xf8 3.♖f1xf8+ ♚h8–g7 und **4.♘d4–e6#** *(D)* sichert Turm und Sieg.

78. Gupta – Neelakantan, Commonwealth Meisterschaft Bombay 2004

Hatte Schwarz hier das Nachlade–Motiv übersehen? Es ermöglicht nun Weiß eine Gabel, die Qualität und Bauer gewinnt:

1.♘a4–b6+ a7xb6 2.♘d5xb6+ ♔c8–d8 3.♘b6xa8

79. Nijboer – Bosboom, Leeuwarden 2004

1...♘h5–g3 droht Matt auf h1, was durch **2.f2xg3** leicht abgewehrt wird.

Aber nach **2...f4xg3** hat das Springeropfer eine neue Mattdrohung herbeigeführt. **3.♕a5xd5+ ♖f8–f7** und **♕h4–h2#** ist nicht zu verhindern.

80. Fernandes,D – Giaccio, Santa Clara 2005

Schwarz hatte wohl mit Abtausch gerechnet, aber der Springer erweist sich als Spielverderber: **1.♘d3–e5** aufgegeben, **1...♗g4xe2?? 2.♘e5–f7#**

[Oder ***1...f6xe5*** 2.♕e2xe5+ und wieder folgt Matt: 2...♗e7–f6 3.♖f1xf6 ♕d7–e7 4.♖f6–e6+ ♖g8–g7 5.♖e6xe7 und Matt mit ♕xg7 oder ♖e8.]

81. Tarrasch – Tschigorin, St. Petersburg 1893

Als harmloser Abtausch begonnen, als Eröffnungsfalle geendet:

1.♘d5xf6+ g7xf6 2.♘f3xe5 ♗g4xd1? 3.♗b3xf7+ ♔e8–f8 4.♗c1–h6#

[Besser natürlich 2...f6xe5 3.♕d1xg4; oder 2...♗g4–e6 3.♘e5–g4 *(3.♗b3xe6 f6xe5 4.♕d1–h5)* mit jeweils einem Mehrbauern bei besserer Stellung]

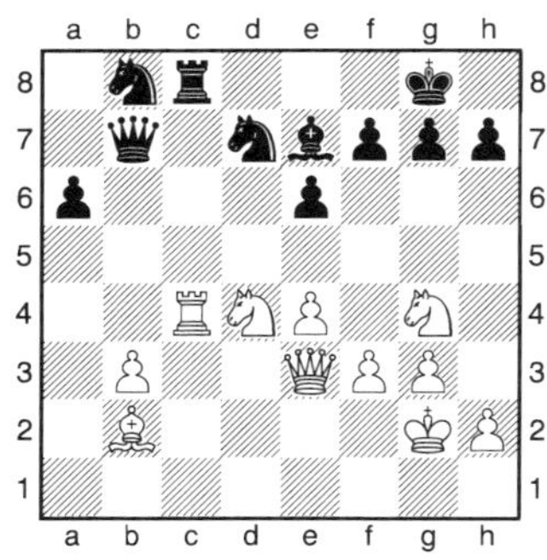

82

Larsen – Matanovic, Zagreb 1965

Weiß opferte hier **1.♘d4xe6**, was lediglich ein Räumungsopfer ist.

Auf 1...f7xe6? würde 2.♕e3–c3 folgen mit Doppelangriff auf ♖c8 und Mattfeld g7. Doch dies lässt sich natürlich leicht abwehren mit

1...♖c8xc4

Hat sich Weiß etwa veropfert?

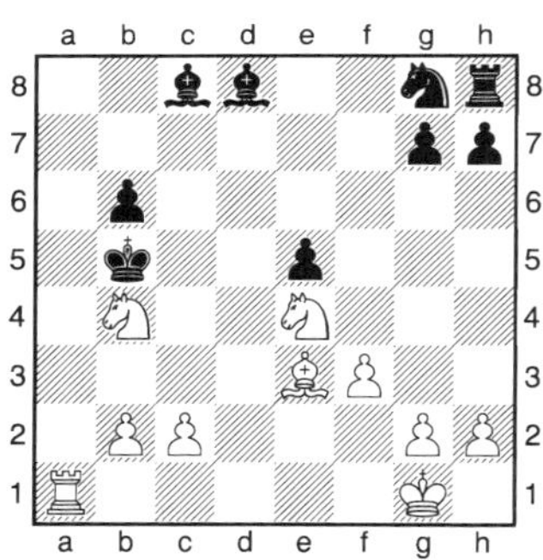

83

Fischer – Spasski (Variante)
WM–Revanche Match 1992

Mancher Schachfreund würde hier vielleicht ohne großes Nachdenken ***1.c2–c3*** ♗d8–e7 2.♘b4–d5 ♗c8–b7 usw. spielen, wonach Weiß deutlich besser steht.

Deutlich besser ist schon ***1.♘b4–d3*** ♘g8–f6 (1...♗d8–c7? 2.♖a1–a7) 2.♘e4–d6+ mit Figurengewinn. Ein Schachgenie aber hält sich nicht mit Kleinkram auf:

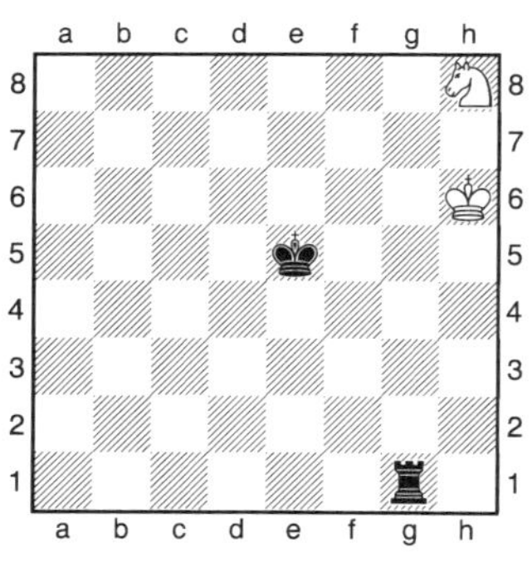

84

Dolmatov – Bologan, Kalkutta 1999

Stehen König und Springer beieinander und können dies aufrechterhalten, endet die Partie Remis. Werden die beiden getrennt, z.B. durch Zugzwang, kann das Ende schnell kommen:

1.♘h8–g6+ ♔e5–f6

In der Partie folgte hier – vermutlich in Zeitnot – der schwere Fehler **2.♘g6–f4? ♖g1–h1+ 3.♘f4–h5+ ♔f6–f5** Zugzwang, der König muss von Springer ablassen und das Ende ist abzusehen.

Wie hätte Weiß besser fortsetzen können?

Keineswegs. **2.♘g4–h6+** *(D)* aufgegeben.

Das zweite Opferangebot reißt die Stellung auf und sichert den Sieg, auch wenn dies nicht offensichtlich ist:

2...g7xh6 [2...♔g8–h8? 3.♗b2xg7#]

3.♕e3xh6 ♖c4–c2+

4.♔g2–h3 und Matt in allen Varianten, z. B.

4...♗e7–f6 [4...f7xe6 5.♕h6–g7#]

5.♗b2xf6 ♘d7xf6

6.♕h6–g7#/f8#

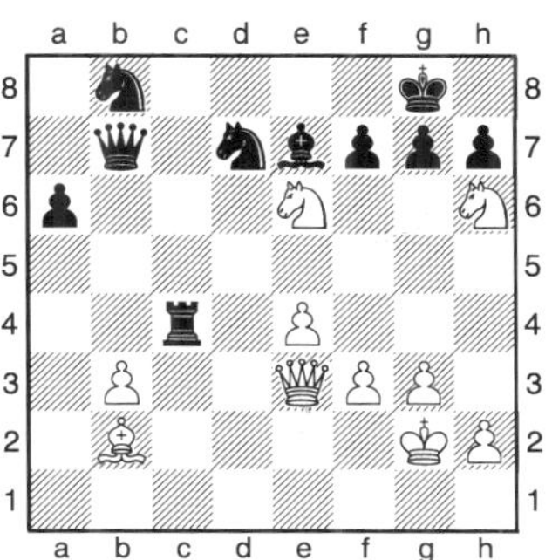

82 B

Weiß braucht den angegriffenen Springer nicht zu decken, denn dessen Kollege und die übrigen weißen Offiziere kommen leicht zum Matt:

1.♘e4–d6+ ♔b5xb4 2.♖a1–a3 Schwarz beliebig und **3.c2–c3#**

[Ebenso gewinnt ***1.♘e4–c3+*** *(D)* ♔b5–c4 *(1...♔b5xb4 2.♖a1–a4#)*

2.♘c3–d5 *(oder 2.♘b4–d5/a2 -- 3.b2–b3#)*

2...♔c4–b5 3.b2–b3 Schwarz beliebig und c2–c4#]

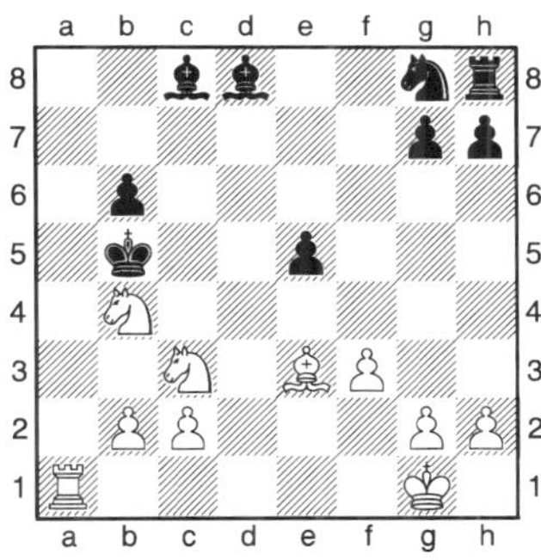

83 B ■

Die richtige Fortsetzung wäre gewesen

2.♘g6–h4 *(D)* **♖g1–h1 3.♔h6–h5 ♖h1–g1**

Der schwarze König kann nicht nach f5 und kommt daher nicht weiter:

4.♘h4–f3 ♖g1–g3

5.♘f3–h4 ♖g3–g5+

6.♔h5–h6 usw., Remis

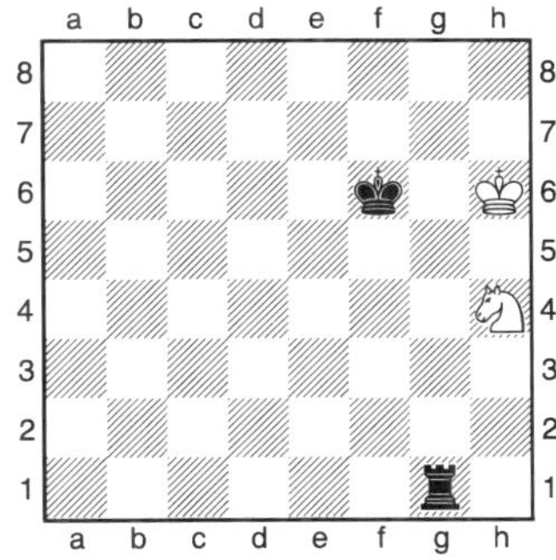

84 B

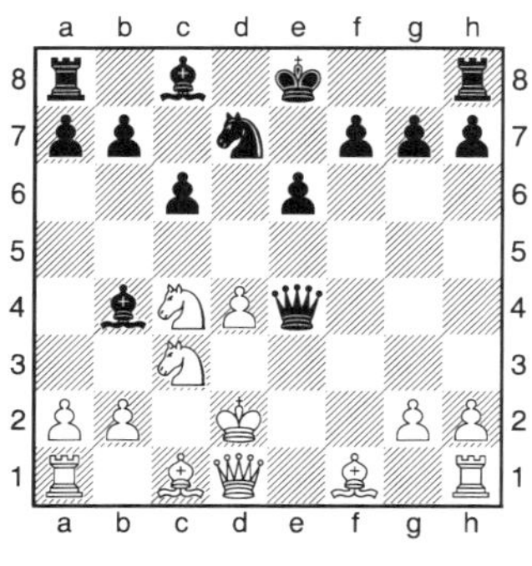

85.

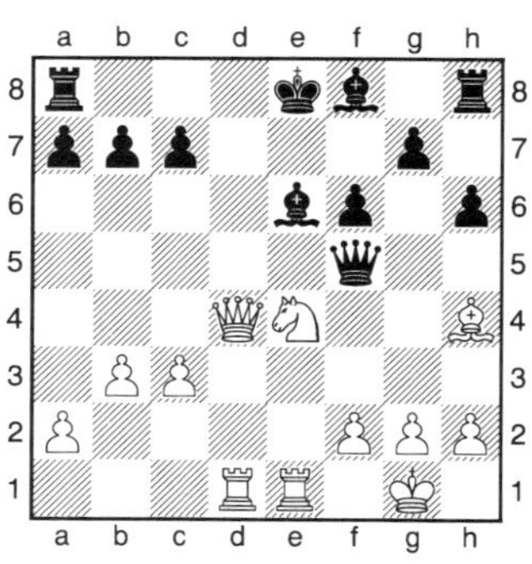

86.

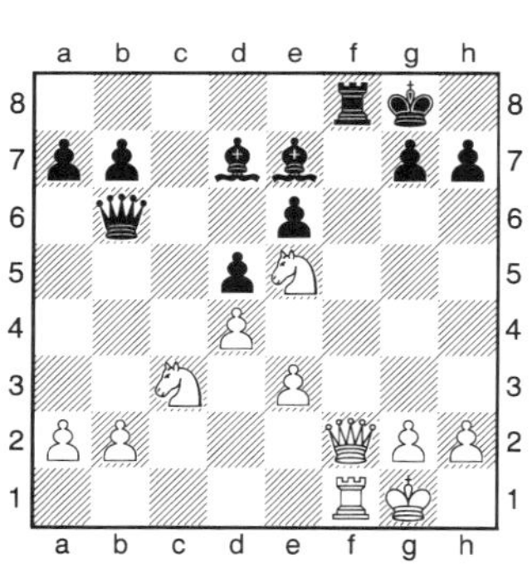

87.

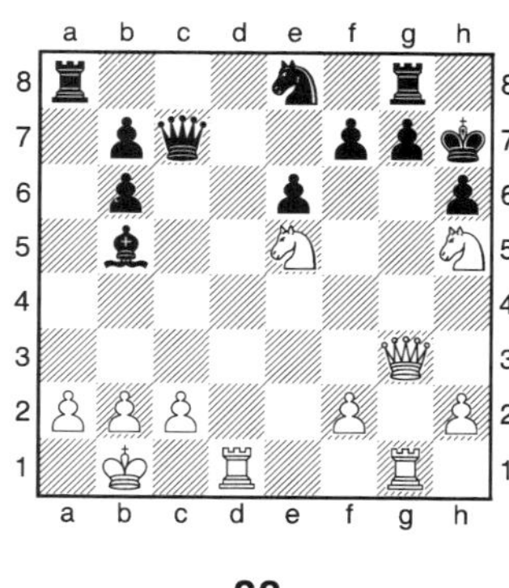

88.

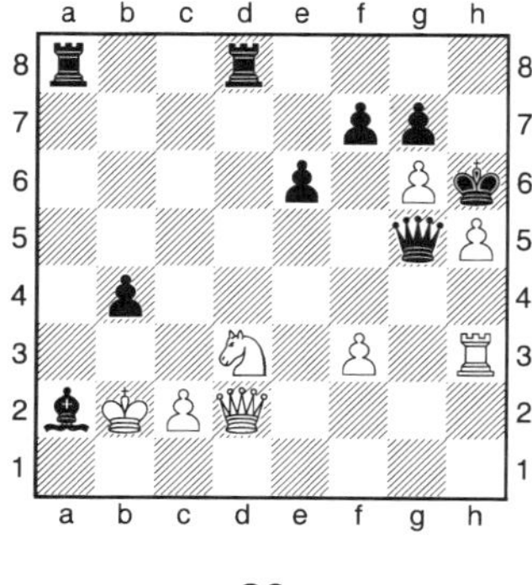

89.

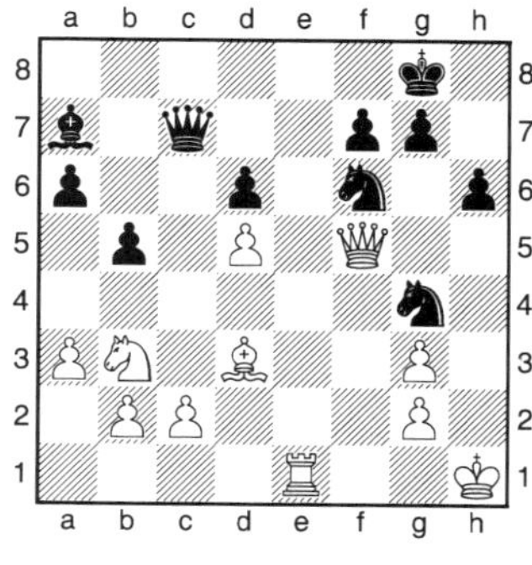

90. ■

85. Panow – Grekow, Moskau 1928

Wer gegen das Springerpaar spielt, kann gar nicht vorsichtig genug sein! Hier lenkt der erste Springer mit der Gabel **1.♘c4–d6+ ♗b4xd6** den Läufer weg, der den anderen Springer gefesselt hat. **2.♘c3xe4** gewinnt nun die Dame.

86. Post – N.N., Berlin 1931 Simultan

Nach dem Damenopfer, das mittels Doppelschach den Springer ins Spiel bringt, entfacht dieser ungeahnte Aktivitäten:

1.♕d4–d7+ ♗e6xd7 2.♘e4–d6+ ♔e8–d8 und jetzt nicht etwa bloß Damen Rückgewinn, sondern **3.♘d6–f7+ ♔d8–c8 4.♖e1–e8+ ♗d7xe8 5.♖d1–d8#**

87. Malhotra – Ashbury, 4NCL 2010 (10)

Dame und König stehen weit auseinander, aber mit einem Doppelopfer bringt Weiß seinen zentral postierten Springer zum Einsatz:

1.♕f2xf8+ ♗e7xf8 2.♖f1xf8+ ♔g8xf8 3.♘e5xd7+ aufgegeben, Dame und Endspiel gehen verloren.

88. Rakic – Govedarica, Belgrad 1975

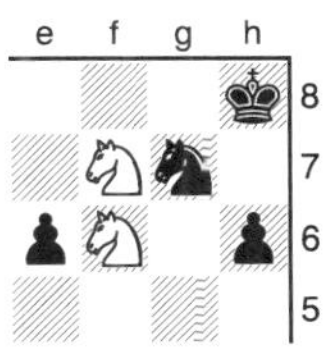

1.♖d1–d7 ♗b5xd7 schließt die 7.Reihe, wodurch f7 ungedeckt ist. Das ist der Ansatz zum Zwei-Springer-Matt:

2.♕g3xg7+ ♖g8xg7 [2...♘e8xg7 3.♘h5–f6+ ♔h7–h8 4.♘e5xf7#] **3.♖g1xg7+ ♘e8xg7** [3...♔h7–h8 4.♘e5xf7#] **4.♘h5–f6+ ♔h7–h8 5.♘e5xf7#** *(D)*

89. Battsetsey – Mora, Danzig 1980

Die mongolische Spielerin mit Weiß hätte man natürlich nicht zu einem Angriff zu Pferde kommen lassen dürfen:

1.♘d3–e5 ist ein vernichtender Schlag, nichts hilft gegen **2.♘e5xf7#**

90. Alvarez – Karpow, Olympiade Skopje 1972

1...♘g4–f2+ 2.♔h1–h2 ♘f6–g4+ 3.♔h2–g1 Karpow, aufstrebender Jungstar auf dem Weg zur Weltmeisterschaft, begnügte sich natürlich nicht mit schnödem Materialgewinn, sondern setzte das Springerpaar konsequent ein: **3...♘f2–e4+** aufgegeben, **4.♔g1–h1/f1** und **4...♘e4xg3#**

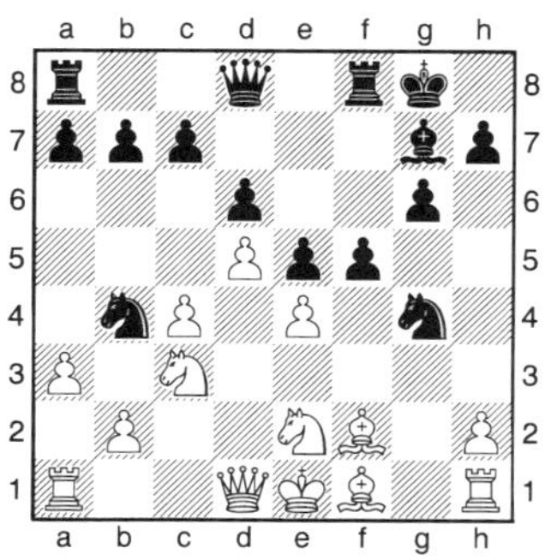

91. ■

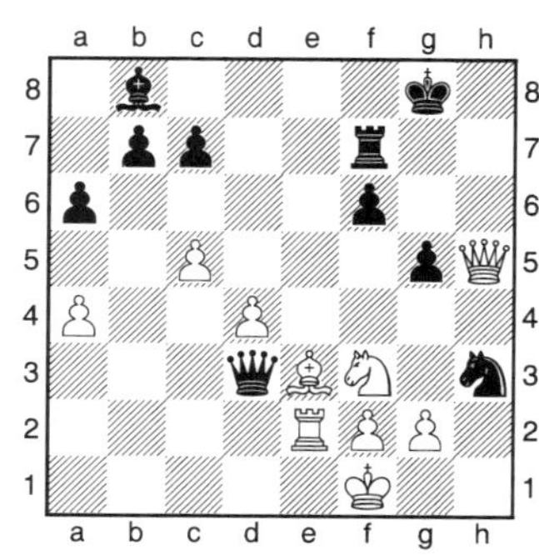

92. ■

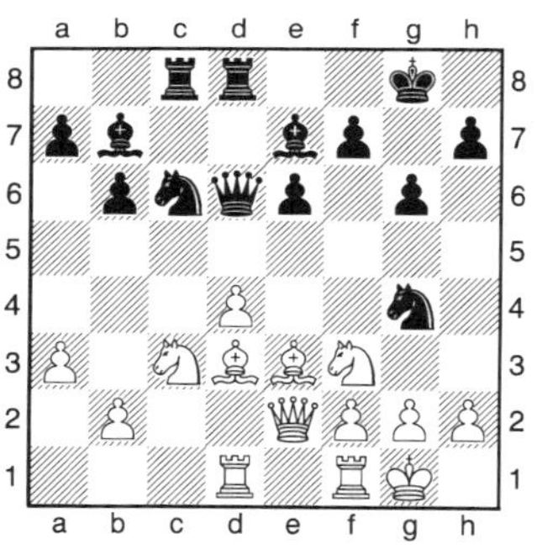

93. ■

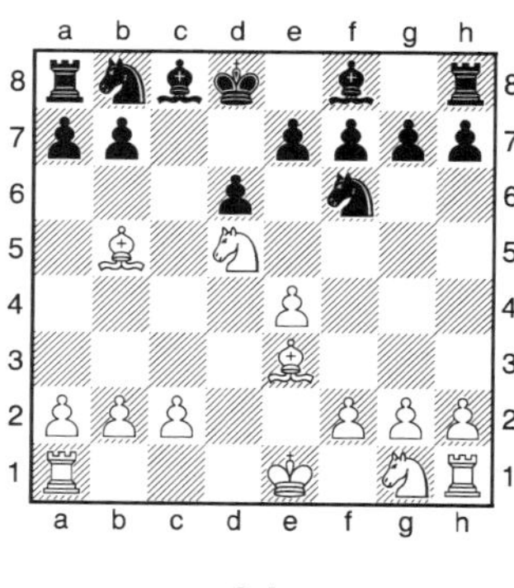

94.

95.

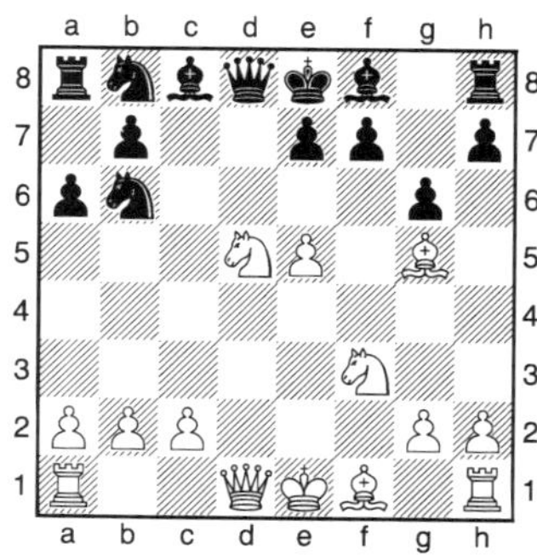

96.

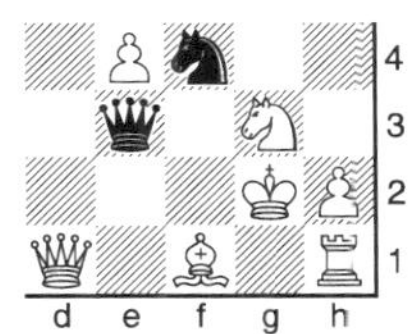

91. Müller,P – Gereben, Trainingsturnier Birseck (CH) 1970

Durch ungenaue Eröffnungsbehandlung des Weißen sind auf beiden Flügeln schwarze Springer im Angriff. In der Partie folgte **1...♞g4xf2** [Auch der andere Springer kann gewinnen: 1...♘b4-d3+ 2.♕d1xd3 ♘g4xf2 3.♕d3-e3 ♘f2xh1 *(3.♔e1xf2 f5xe4+)*]

2.♔e1xf2 ♞b4-d3+ aufgegeben, **3.♔f2-g1** [3.♕d1xd3 f5xe4+]

3...♛d8-g5+ 4.♘e2-g3 [4.♗f1-g2 ♕g5-e3+ 5.♔g1-f1 ♕e3-f2#]

4...♛g5-e3+ 5.♔g1-g2 ♞d3-f4# *(D)*

92. Züger – Kharlov, Zürich 1996

1...♞h3-g1 soll den König weglenken – oder den ♘f3, was zu einem weniger offensichtlichen Gewinn führt: **2.♔f1xg1 ♛d3xe2** [2.♘f3xg1 ♕d3-d1+ erzwingt 3.♖e2-e1 und so gewinnt 3...♕d1xh5 die Dame.]

93. Adamson – Dlugy, Las Vegas Blitz 1995

Der ♘f3 deckt das drohende Matt auf h2. Ihn wegzulenken oder zu eliminieren ist das Ziel des Schwarzen:

1...♞c6xd4 2.♗e3xd4 [oder ebenso 2.♕e2-e1 ♘d4xf3+ 3.g2xf3 ♕d6xh2#]

2...♝b7xf3 3.♕e2xf3 ♛d6xh2#

94. Fedder – Petersen, Kopenhagen 1973

1.♘d5-b6 gewinnt die Qualität, denn **1...a7xb6?** scheitert an **2.♗e3xb6#**

Zäher ist natürlich ***1...♝c8-d7*** 2.♘b6xa8 ♗d7xb5 3.♗e3xa7, z.B. 3...♘b8-c6 4.♗a7-b6+ ♔d8-d7 (4...♔d8-e8? 5.♘a8-c7+) und der Springer entkommt, Weiß behält die Mehrqualität.

95. Tunstall – Payne, 4NCL 2010 (10)

Den Springervorstoß **1.♘f4-g6** [1.♘f4xh5 ♔h7-g8 2.♕d2-e2 ist auch gut] kann Schwarz nicht einmal parieren, indem er die Qualität gibt: ***1...♚h7-g8*** 2.♘g6xh8 ♔g8xh8 3.♖h4xh5+ ♔h8-g8 und Weiß steht überlegen.]

1...♜h8-b8 wählt das schnelle Ende: **2.♖h4xh5+ ♚h7-g8 3.♖h5-h8+ ♝g7xh8 4.♖h1xh8+ ♚g8-g7** und **5.♗e3-h6#**

96. Sherzer – Chiong, Washington 2002

1.♘d5-f6+ ist nicht etwa der Beginn einer Eröffnungsfalle, sondern bereitet eine Läufergabel vor:

1...e7xf6 2.♕d1xd8+ ♚e8xd8 und nun **3.♗g5xf6+ ♝f8-e7 4.♗f6xh8** mit Qualitätsgewinn.

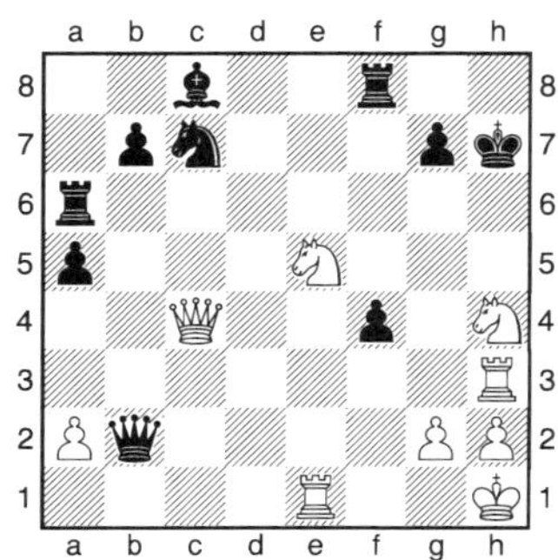

97 ■

Lloyd – Dr. Moore, USA 19.Jahrh.

Weiß könnte recht einfach gewinnen durch
1.♘h4–f5+ ♖a6–h6
2.♖h3xh6+ g7xh6
3.♕c4xc7+ ♔h7–g8
4.♕c7–g7#,
zog aber eine elegante Lösung vor, die eine ganze Reihe von Matts ermöglicht:

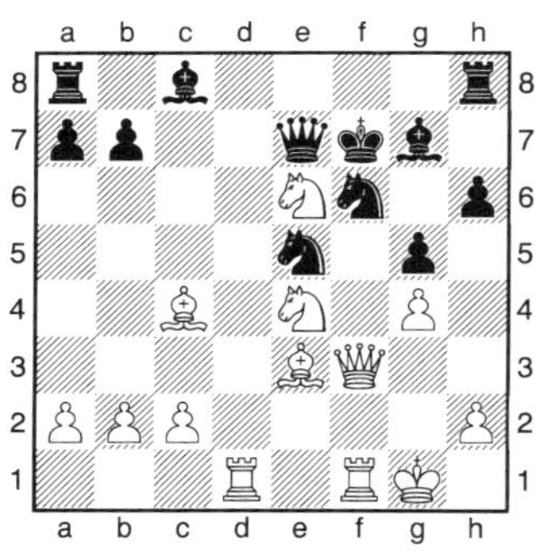

98

Begun – Vakulienko, UdSSR 1968

Weiß steht im Angriff und die schwarze Stellung ist löchrig. Dennoch ist der Sieg nicht leicht. Der Abzug des Springers ist auf das Doppelschach **1.♘e6xg5+** beschränkt, da der ♗c4 angegriffen ist. **1...♔f7–g6** (andere Königszüge verlieren Material).

Nun bringt ***2.♗c4–f7+*** nur wenig Vorteil:
2...♘e5xf7 *(2...♕e7xf7 3.♘g5xf7 ♘e5xf3+ 4.♖f1xf3 ♘f6xe4 5.♘f7xh8 + ♗g7xh8)*
3.♘g5xf7 ♕e7xe4 4.♘f7xh8+ ♗g7xh8 5.♕f3xe4+ ♘f6xe4 6.♖d1–d8 usw.

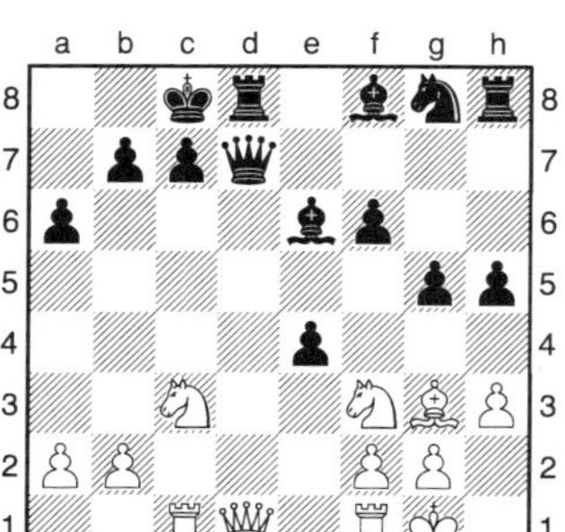

99

Krivonosov – Grants, UdSSR 1972

Weiß bringt nicht etwa seinen bedrohten Springer in Sicherheit, sondern reitet mit dem anderen eine Attacke. Und die hat es in sich:

1.♘c3–a4 Droht ♘b6+ und öffnet die Linie für den Turm mit der Drohung ♖xc7+.

Der Abtausch **1...♕d7xd1** [oder 1...♕d7–e7 2.♘a4–b6+ ♔c8–b8 3.♘f3–d4 und wie den c7 verteidigen?] braucht Weiß nicht zu kümmern: **2.♖c1xc7+ ♔c8–b8** und gleich was Schwarz auch zieht, immer bringt der Springer, mit dem die Kombi anfing, die Sache auch persönlich zum Ende:

1.♕c4–e6 *(D)* sperrt die 6.Reihe für den Turm, und was Schwarz auch zieht, stets folgt Matt auf dem Fuße:

1...♗c8xe6

[*1...♘c7xe6* führt zum gleichen Matt und zusätzlich auch noch zu 2.♘h4–g6+ ♔h7–g8 3.♖h3–h8#; oder

1...♖f8–f6 2.♘h4–g6#; oder

1...♖a6xe6 2.♘h4–g6+ ♔h7–g8 3.♖h3–h8#]

2.♘h4–f5+ ♔h7–g8

3.♘f5–e7#

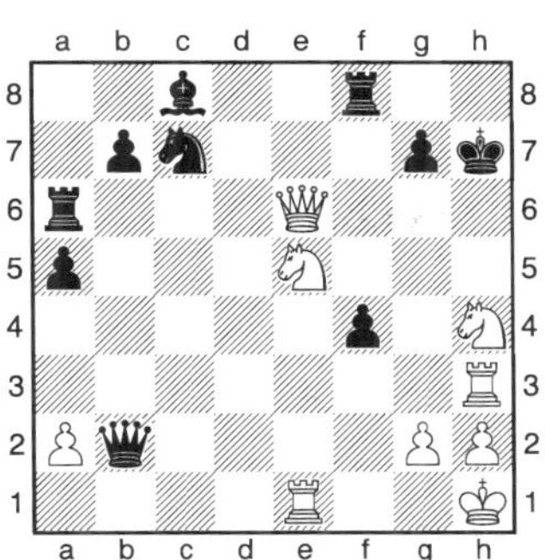

97 B ■

Das Damenopfer **2.♕f3–f5+** *(D)* zwingt den König in ein Dickicht, aus dem er auf Dauer nicht entkommen kann:

2...♗c8xf5

3.g4xf5+ ♔g6–h5 4.♘e4–g3+ ♔h5–h4

5.♖f1–f4+ aufgegeben,

5...♘e5–g4

[5...♘f6–g4 6.♖f4xg4+ ♘e5xg4 *(6...♔h4xg4 7.♖d1–d4#)* 7.♘g5–f3+ ♔h4–h3 8.♗c4–f1#]

6.♘g5–f3+ ♔h4–h3 7.♗c4–f1#

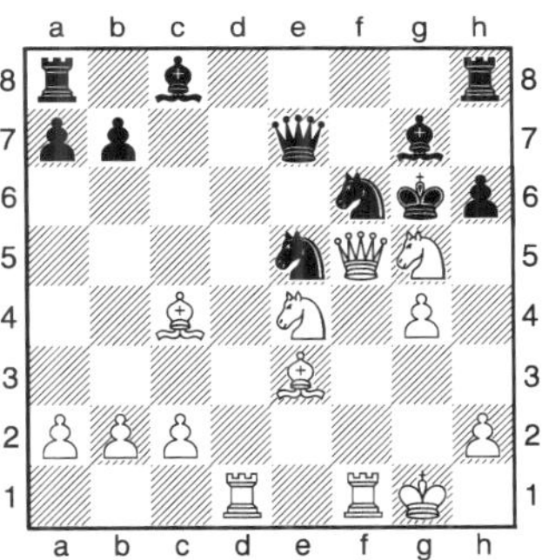

98 B ■

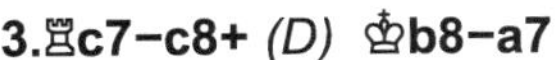

3.♖c7–c8+ *(D)* **♔b8–a7**

[3...♔b8xc8? 4.♘a4–b6#, das Mattmotiv mit Läufer und Springer]

4.♗g3–b8+ ♔a7–a8

5.♘a4–b6#

Wieder ein Läufer und Turm Matt, diesmal in etwas ungewöhnlicher Form.

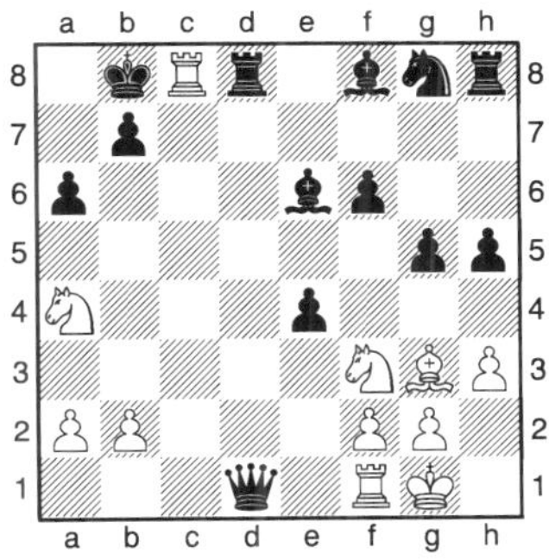

99 B ■

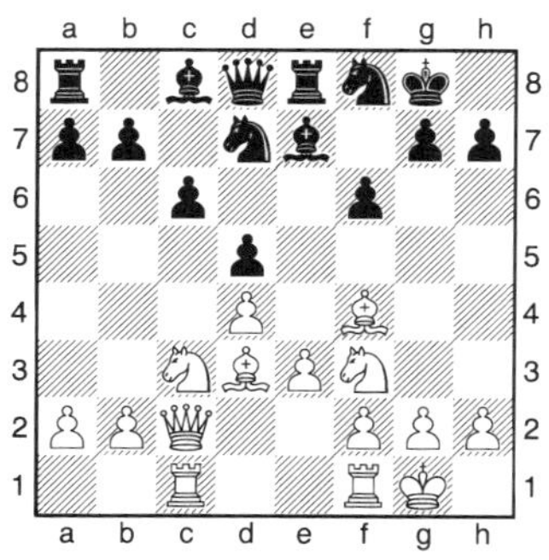

100.

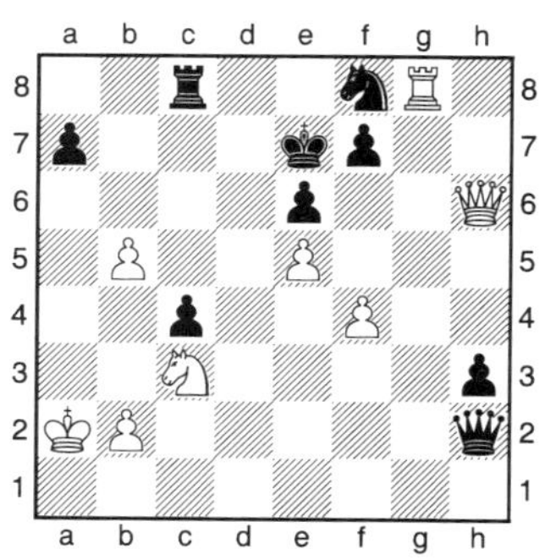

101.

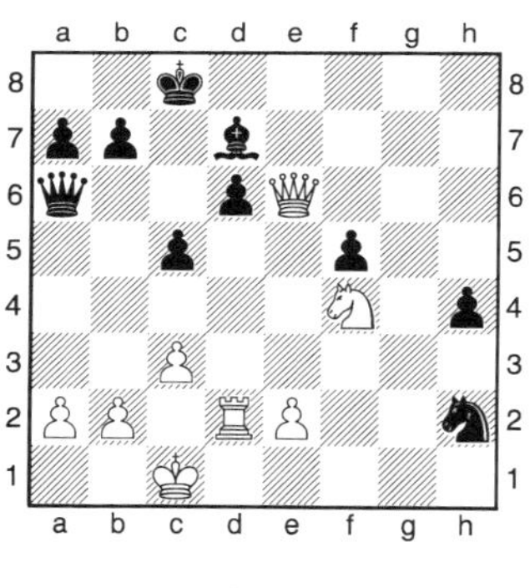

102.

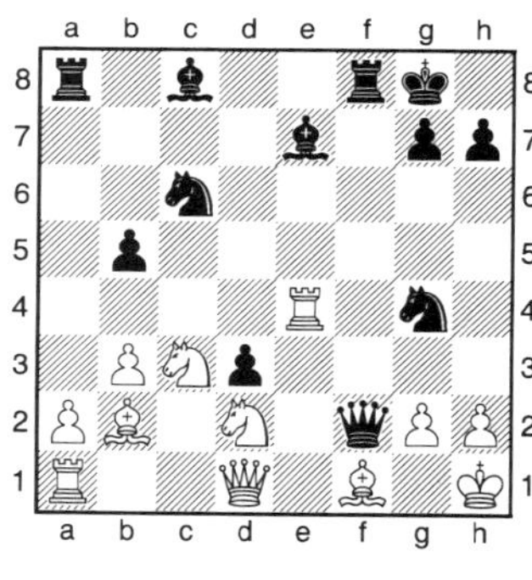

103. ■

104. ■

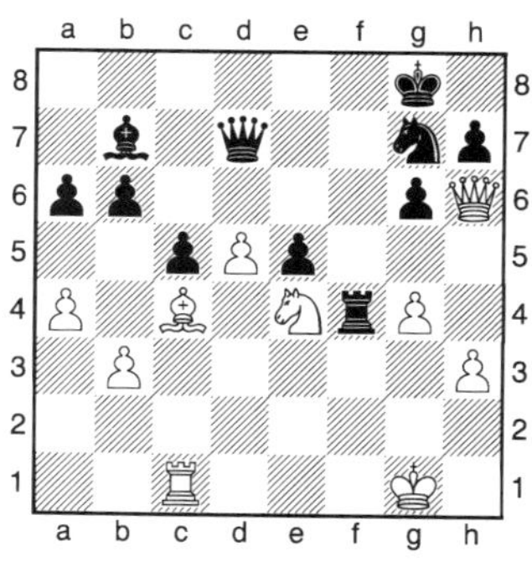

105.

100. Eröffnungsreinfall, kam schon / wird noch öfter vorkommen!

Wer denkt, hier ist nichts los, irrt. Schwarz ist immer etwas los:

1.♘c3xd5 c6xd5? 2.♗f4–c7 Damenverlust [1...♘f8–e6 2.♗d3xh7+ ♔g8–f8 3.♘d5xe7 *(3.♗h7/♕c2–f5)*; 1...♗e7–d6 2.♕c2–c4/b3 c6xd5 3.♕b3xd5+]

[Etwas schwächer ist ***1.♘c3–b5*** ♘d7–e5 2.d4xe5 c6xb5 3.e5xf6 ♗e7xf6 4.♗d3xb5 usw., was aber wohl auch reichen sollte.]

101. Cramling – Johansson,G Rilton Cup Stockholm 2002

Der Springer bedrängt den König oder öffnet durch sein Opfer Linien. Beides gewinnt schnell:

1.♘c3–d5+ ♔e7–d7 [1...e6xd5 2.♕h6–d6+ ♔e7–e8 3.♖g8xf8#]

2.♕h6–f6 ♖c8–e8 3.♕f6xf7+ ♔d7–d8 (oder ♔c8) **4.♕f7–c7#**

102. Schneider,Ilja – Nanu, Österreichische Bundesliga 2009/10 (1)

Dame und Springer treiben den König in einen potentiellen Abzug:

1.♕e6–g8+ ♔c8–c7 2.♘f4–d5+ ♔c7–c6 3.♕g8–g2 aufgegeben. Die Dame muss ziehen, um sich vor dem drohenden Abzug zu retten, **3...♕a6–a4/c4** und so bleibt keine Zeit, den Springer zu retten. **4.♕g2xh2** usw.

103. Dr. Jahr – Werk, Mühlrose 1979

Ein Damenopfer erweist sich als äußerst profitable Investition für Schwarz, denn es entsteht eine selten schöne Zwickmühle, die Weiß völlig zerstört:

1...♕f2–g1+ 2.♔h1xg1 ♗e7–c5+ 3.♔g1–h1 ♘g4–f2+ 4.♔h1–g1 ♘f2xe4+ 5.♔g1–h1 ♘e4–f2+ 6.♔h1–g1 ♘f2xd1+ 7.♔g1–h1 ♘d1xb2 usw.

104. Ulberg – Meschgailis, München 1936

Nur zwei Springerzüge bringen die weiße Stellung zum Zusammenbruch:

1...♘f4xh3+ 2.g2xh3 und dank der Fesselung folgt gleich eine Gabel:

2...♘c6–d4 3.♕c2–d3/d1 ♘d4–f3+ Gabel und Mattdrohung auf h2, was **4.♕d3xf3** erzwingt und nach **4...♖f7xf3** Weiß keine Chance mehr lässt.

105. Podzielny – Kniest, Solingen 2003

Der schwarze Turm deckt das Feld f6, auf dem eine Springergabel möglich wäre. Und nach **1.♕h6xf4 e5xf4** ist diese auch auf dem Brett und gewinnt die Dame zurück. **2.♘e4–f6+ ♔g8–f8** [2...♔g8–f7]

3.♘f6xd7(+) und der Springer gewinnt gleich noch einen Bauern dazu.

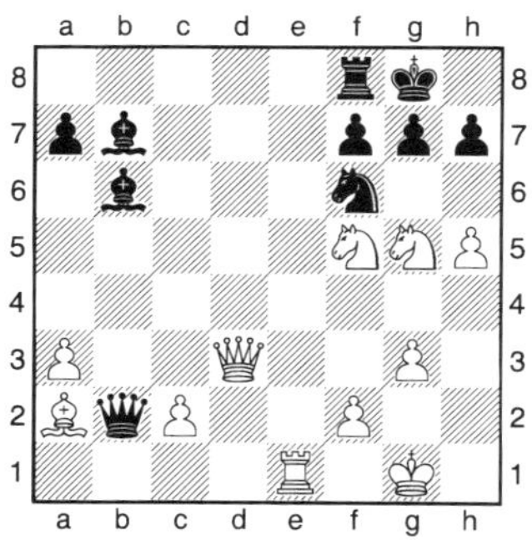

106.

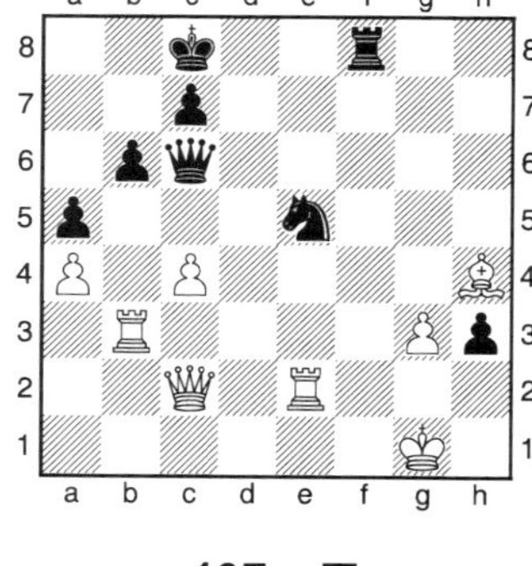

107. ■

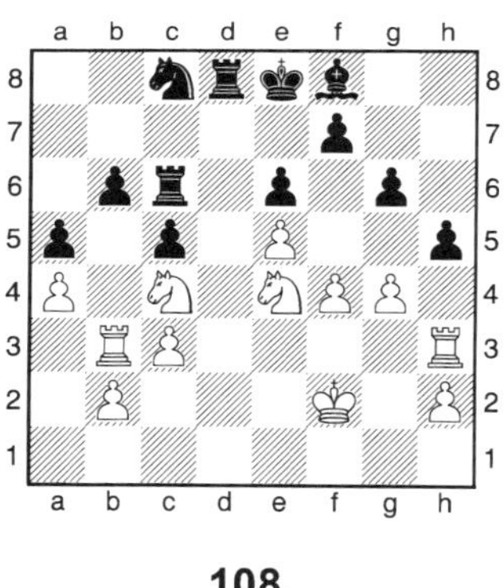

108.

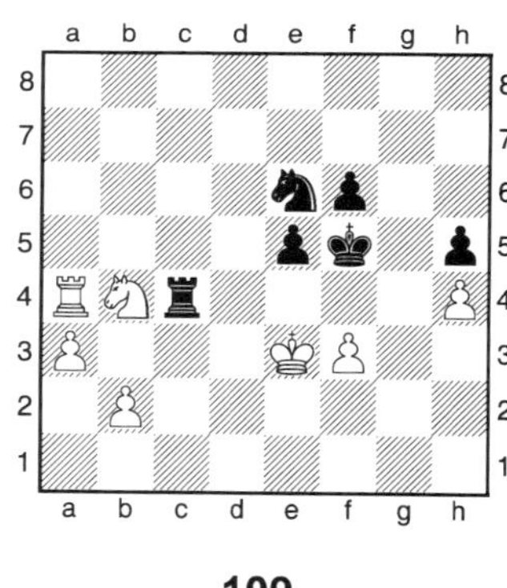

109.

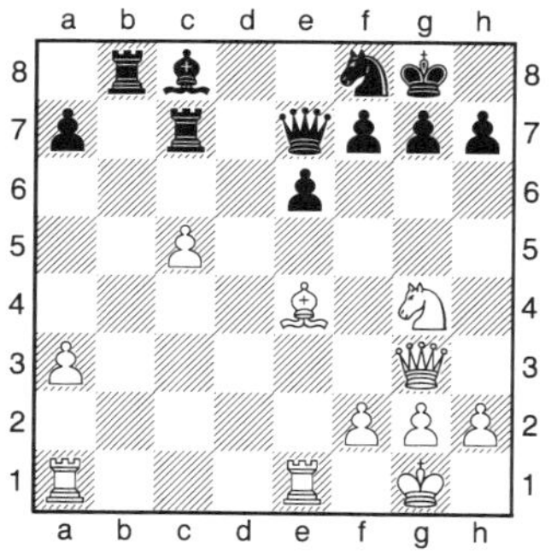

110.

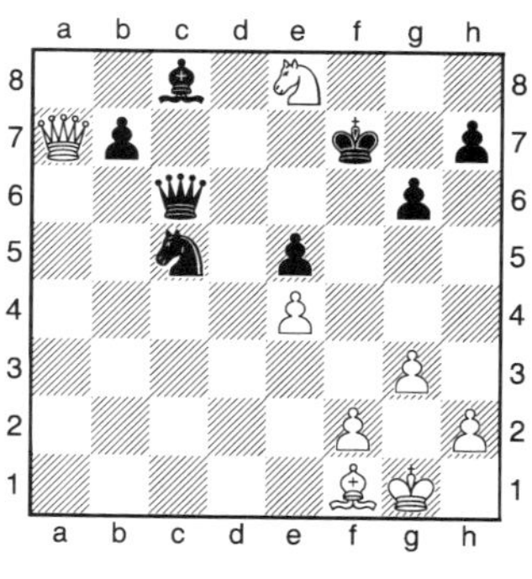

111.

106. Snyder – Craig (rapid), Los Angeles 2007

Bedrohlich haben sich die Springer aufgebaut. Mit Hin- und Weglenkungsopfern wird Weiß zum Matt kommen:

1.♘f5–e7+ ♔g8–h8 2.♕d3xh7+ Weglenkung des Springers. **2...♘f6xh7 3.♘g5xf7+** Weglenkung des Turms/später Hinlenkung in die Fesselung. **3...♖f8xf7 4.♘e7–g6+ ♔h8–g8 5.♖e1–e8+ ♘h7–f8** und der mittlerweile gefesselte Turm kann **6.♖e8xf8+ ♔g8–h7 7.♖f8–h8#** nicht verhindern.

107. Bogoljubow – Monticelli, San Remo 1930

1...♘e5–f3+ 2.♖b3xf3 *(2.♔g1–h1? ♘f3–d4+)* 2...♖f8xf3 fällt dem Leser vermutlich gleich auf, was aber nicht reicht. Die Lösung ist nicht leicht zu sehen:

1...♖f8–f1+ 2.♔g1xf1 ♕c6–h1+ 3.♔f1–f2 ♘e5–g4#

108. Bobby Fischer – Durao, Havanna 1966

Ein Springer öffnet die b–Linie, der andere jagt den König:

1.♘c4xa5 b6xa5 2.♘e4–f6+ ♔e8–e7 3.♖b3–b7+ und Matt folgt.

109. Tal – Awerkin, Moskau 1973

1.♘b4–d5 aufgegeben, Schachzauberer Tal hatte kein Kaninchen, sondern ein Pferd aus dem Hut gezogen! Und dieses droht nach **1...♖c4xa4** mit **2.♘d5–e7#** Alle anderen Züge verlieren Material.

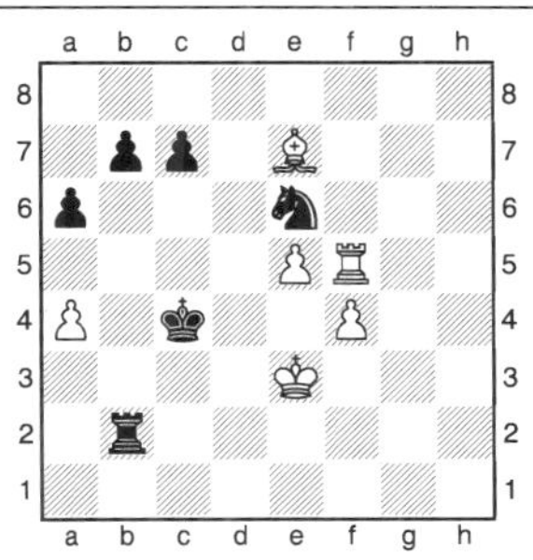

109a. Ähnliches geschah in **IM Sobolevsky - Barmbold**, IM–Turnier Cuxhaven 2001 *(D)*:

1...♘e6–d4 2.♖f5–f7 [oder 2.♔e3–e4] **♖b2–e2#**

110. Botwinnik – Sarow, UdSSR 1929

Durch Weglenkungs- und Mattdrohungen gewinnt Weiß die Qualität:

1.♘g4–f6+ ♔g8–h8 [1...♕e7xf6? 2.♕g3xc7] **2.♘f6–e8** Doppelangriff auf Turm c7 und das Mattfeld g7! Diesmal muss Schwarz den Springer schlagen. **2...♕e7xe8 3.♕g3xc7** Es folgte **3...♖b8–b2 4.♖a1–d1** und aufgegeben.

111. Spiridonov – Popow, Bulgarien 1970

Schwarz glaubte wohl, den Springer gefangen zu haben. Denkste! **1.♗f1–b5 ♕c6xb5** scheitert an der Gabel **2.♘e8–d6+** Wo kann die Dame überhaupt hin? ***1...♕c6–e6*** gibt nicht nur den Springer auf, sondern ermöglicht auch das freche 2.♗b5–c4. Auf 2...♕e6xc4 gewinnt wieder 3.♘e8–d6+. Es gibt kein Feld, auf dem die Dame sicher wäre und den ♘c5 decken kann.

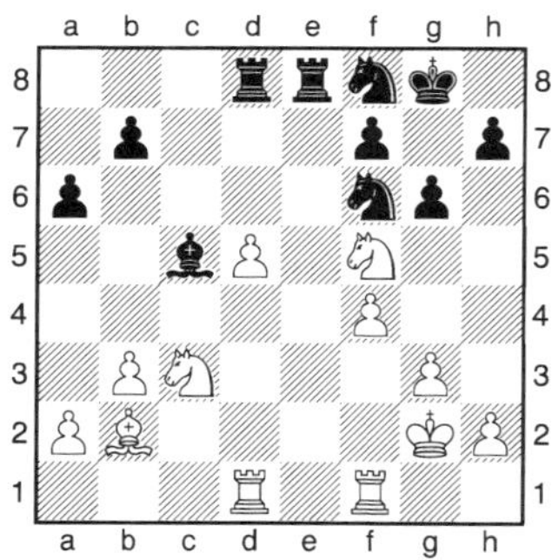

112

Dworetzki – Szilagyi,Gy, Budapest 1978

Mit seinem letzten Zug g7–g6? wollte Schwarz den Springer vertreiben, schuf allerdings die Voraussetzung für ein Matt mit Springer und Läufer. Dies ließ sich Supertrainer Dworetzki natürlich nicht entgehen:

1.♘c3–e4 ♖e8xe4

[1...♘f6xe4?? 2.♘f5–h6#; interessant ist 1...♘f6–g4 2.♘f5–h6+ ♘g4xh6 und nun ... **?**

2.♗b2xf6 (wieder droht ♘h6#)

2...g6xf5 3.♗f6xd8 und Weiß gewinnt.

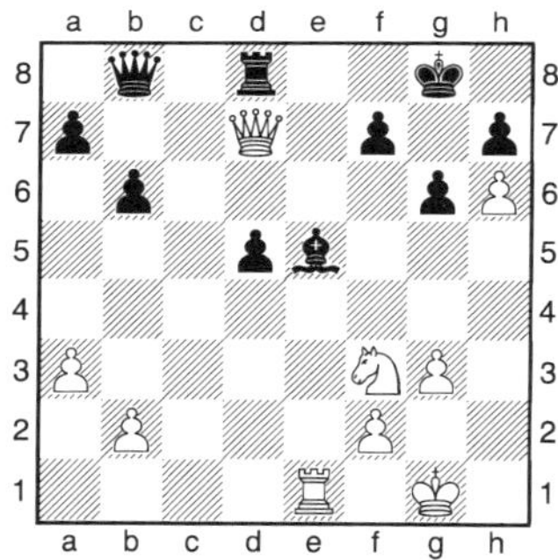

113

Cebalo – Hulak, Zagreb 1990

Sehr optimistisch scheint das Opfer

1.♘f3xe5 ♖d8xd7

Nicht zu schlagen gibt Weiß beste Chancen für Mattangriff oder zumindest Materialgewinn, schauen Sie selber, wie sich die Stellung nach 1...♖d8–f8 entwickeln würde!

2.♘e5xd7 ♕b8–d8 und Weiß kann nun zwar die Dame gewinnen, ist danach aber im verlorenen Bauernendspiel. Doch ein tieferer Blick in die Stellung lohnt sich!

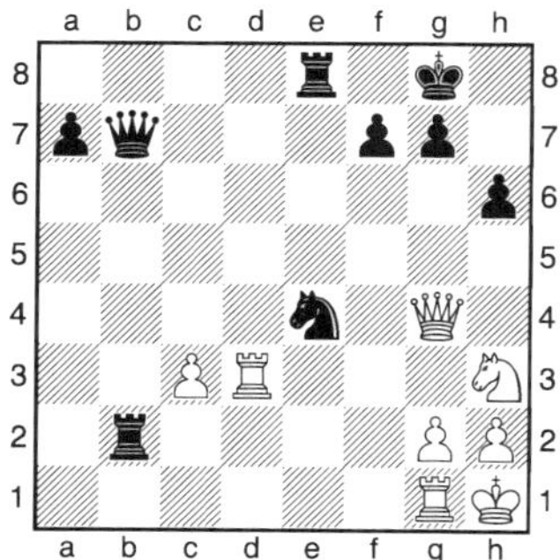

114

Heydebeck – E. Lasker (Variante)
Berlin, Café Kaiserhof 1889

Der schwarze Springer steht ideal für ein vernichtendes Familienschach (und auch für ein Matt gegen den eingesperrten König), doch verhindert das sein Gegenspieler auf h3.

So machte sich Weiß daran, mit **1.♖d3–d7** Gegenspiel zu versuchen. Doch Schwarz ignorierte den Angriff auf seine Dame und zog das überraschende **1...♖b2–b1**

Was war wohl sein Plan?

Nach (vom Ausgangsdiagramm)
1.♘c3-e4 ♘f6-g4 2.♘f5-h6+ ♘g4xh6
3.♘e4-f6+ *(D)* ist eine Zwickmühle mit dem Springer entstanden:

3...♔g8-g7 4.♘f6xe8+ ♔g7-g8 5.♘e8-f6+ ♔g8-g7 und **6.♘f6-e4+/d7+** gewinnt auch noch den Läufer, womit Weiß bereits einen Turm mehr hat.

Solche "Shoping-Touren" erlebt - anders als der Turm auf der 7.Reihe - ein Springer nur selten.

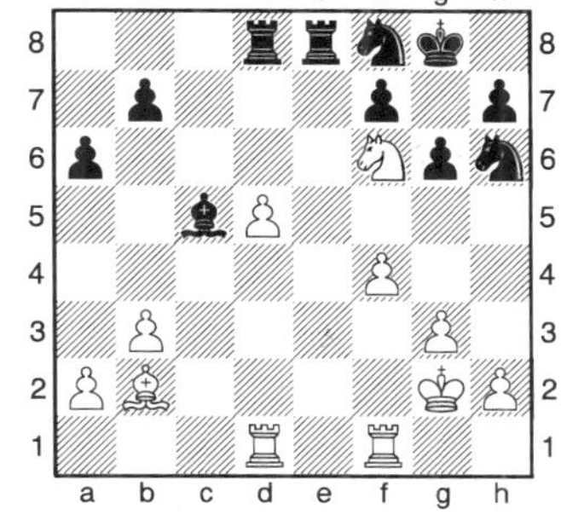

112 B ■

Schwarz gab nach **3.♘d7-f6+** *(D)* auf.

Nicht Matt war nämlich das Ziel der Springerattacke, sondern Umwandlung!

3...♔g8-f8 4.♘f6xh7+ ♔f8-g8 5.♘h7-f6+ ♔g8-f8 6.♖e1-e8+ ♕d8xe8 7.♘f6xe8 ♔f8xe8

[7...♔f8-g8 8.♘e8-f6+ ♔g8-h8 macht den König völlig bewegungsunfähig.]

8.h6-h7 und gewinnt.

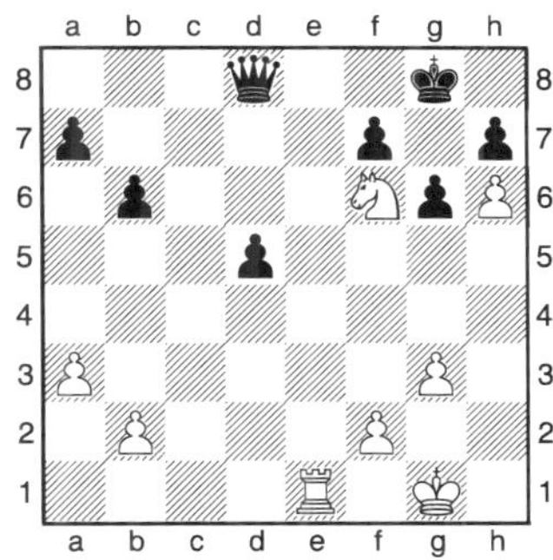

113 B ■

In der Partie geschah hier 2.♖d7-d1 ♘e4xc3 und mit den beiden Mehrbauern ist der Endspielsieg gesichert.

2.♖d7xb7 *(D)* hätte zu einer interessanteren Fortsetzung geführt:

2...♘e4-f2+ Buchstäblich der springende Punkt der Kombination! Weglenkung des Springers von der Deckung des Feldes g1.

3.♘h3xf2 ♖b1xg1+ 4.♔h1xg1 ♖e8-e1#

Der weggelenkte Springer verstellt auch das Fluchtfeld des Königs, ein entscheidender weiterer Aspekt des Springeropfers.

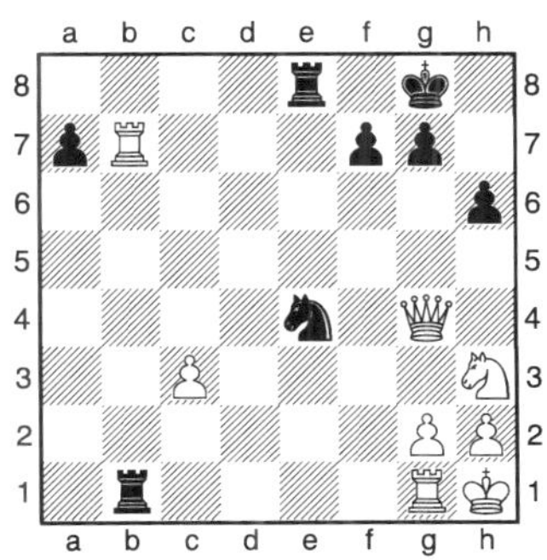

114 B

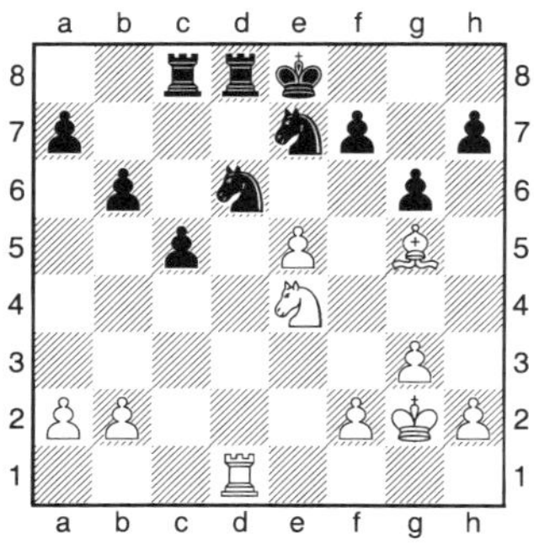

115.

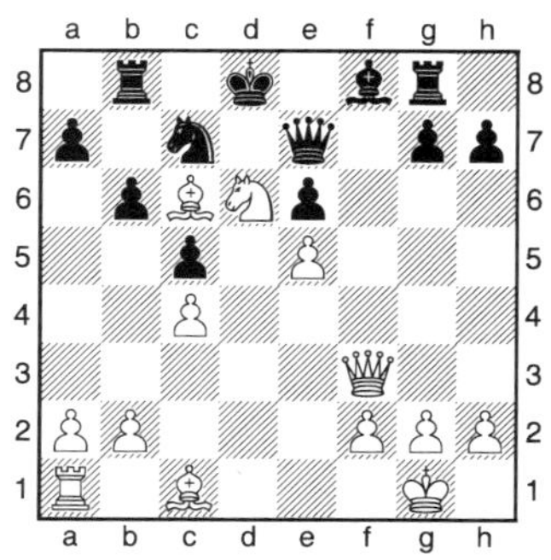

116.

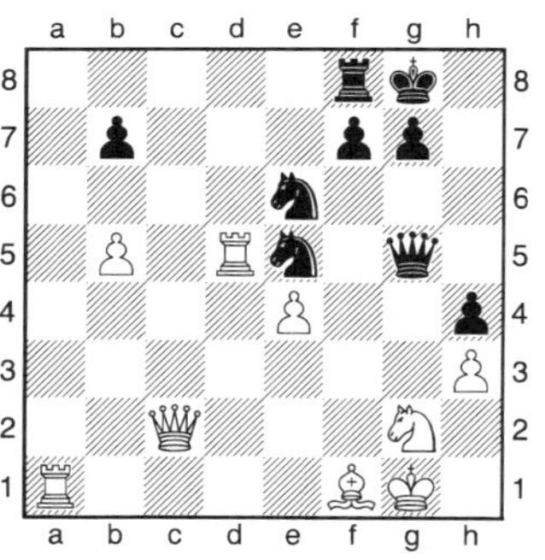

117. ■

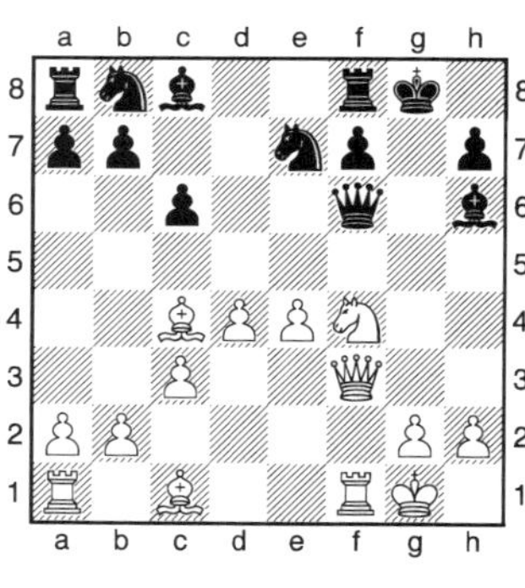

118.

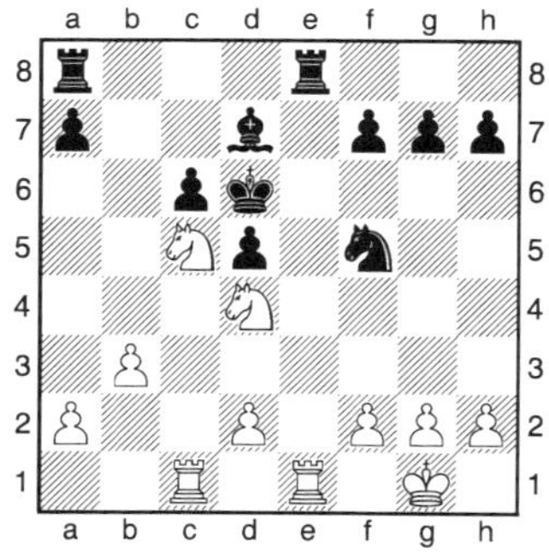

119.

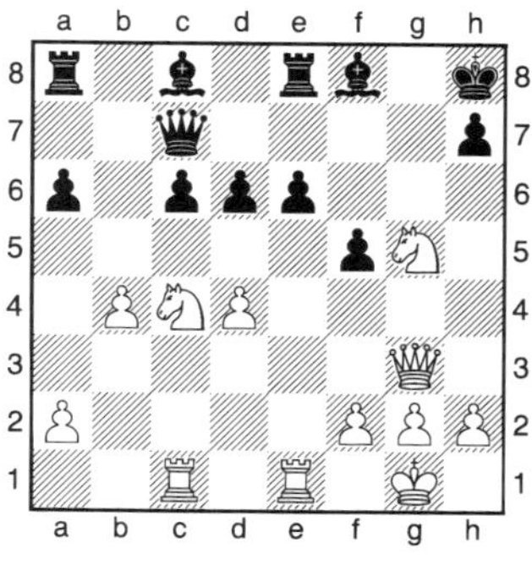

120.

115. Schukowa – Peptan, Olympiade Frauen Dresden 2009 (9)

Das offensichtliche 1.e5xd6 bringt Weiß nichts ein: 1...♘e7–g8 (*1...♘e7–f5? 2.d6–d7+ ♖d8xd7 3.♘e4–f6+* mit Figurengewinn) 2.♗g5xd8 ♖c8xd8 Ausgleich] Doch Weiß hat einen ganz einfachen Gewinnweg:
1.♘e4–f6+ ♔e8–f8 2.♗g5–h6#

116. Quelle leider unbekannt.
Zwar steht Weiß schon klar besser, aber es kann nie schaden, die Partie durch einen entscheidenden Schlag abzukürzen. Dies ist hier **1.♗c1–g5**. Der ungedeckte Läufer spießt Dame und König auf, ein Motiv, das auch in Skandinavisch am anderen Flügel vorkommt. Nach **1...♕e7xg5** gewinnt die Gabel **2.♘d6–f7+ ♔d8–c8 3.♘f7xg5** die Dame.

117. Paoli – Smyslow, Venedig 1950
Nur ein Zug gewinnt für Schwarz: **1...♘e5–f3+** [Auf 1...♕g5–g3? wehrt 2.♖d5xe5 alle Drohungen ab] **2.♔g1–f2** [2.♔g1–h1?? ♕g5–g3 und Matt auf h2 oder, falls der Springer zieht, auf g1] **2...♕g5–g3+ 3.♔f2–e2 ♘e6/f3–d4+** Durch die Hintertür ist Schwarz zu einer Nachladegabel gekommen und gewinnt nun die Dame: **4.♖d5xd4 ♘f3xd4+** usw.

118. Marshall – Maroczy, Wien 1903
1.♘f4–d5 Abzug gegen die ungedeckte Dame und den Springer. **1...♘e7xd5** [1...♕f6xf3 und das Zwischenschach 2.♘d5xe7+ gewinnt die Figur]
2.♕f3xf6 ♘d5xf6 3.♗c1xh6 ♘b8–d7 4.♗h6xf8 ♔g8xf8 5.e4–e5
mit klar besserem weißem Spiel.

119. Lokasto – Sakrewski, Augustown 1974
Der schwarze König scheint sicher zu stehen, doch eine Linienöffnung durch ein Springeropfer verändert die Stellung in einem einzigen Zug:
1.♘d4–b5+ aufgegeben, **1...c6xb5 2.♘c5–b7#**

120. Palac – Halvax, Österreichische Bundesliga 2009/10 (4)
Ob vor Jahrhunderten oder vor kurzem - immer wieder kommt das Hinlenkungsopfer in die Springergabel vor.
1.♘c4xd6 ♗f8xd6 2.♕g3xd6 ♕c7xd6 3.♘g5–f7+
und Rückgewinn der Dame mit Mehrbauer und deutlich besserer Stellung.

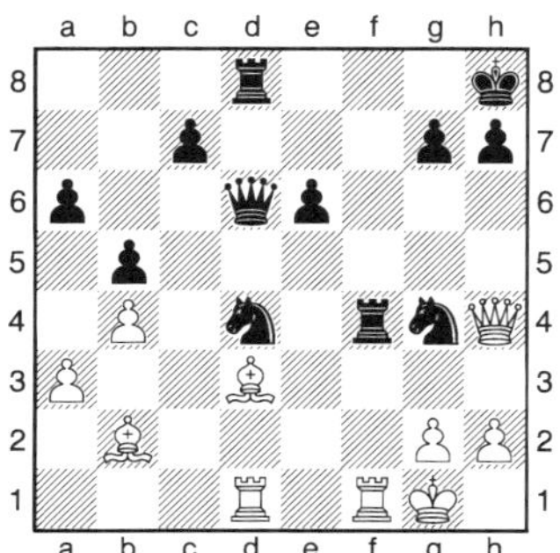

121. ■

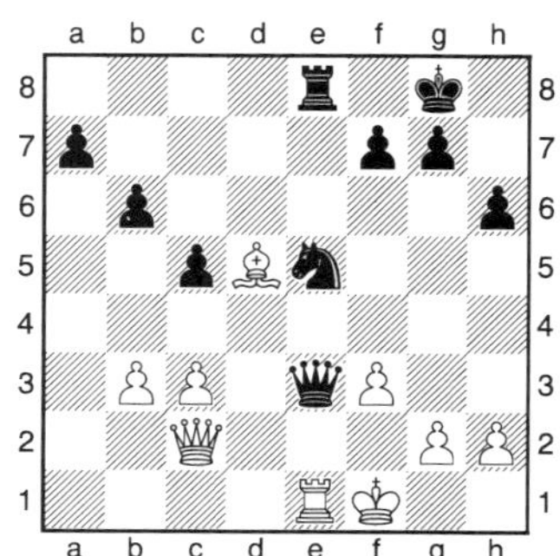

122. ■

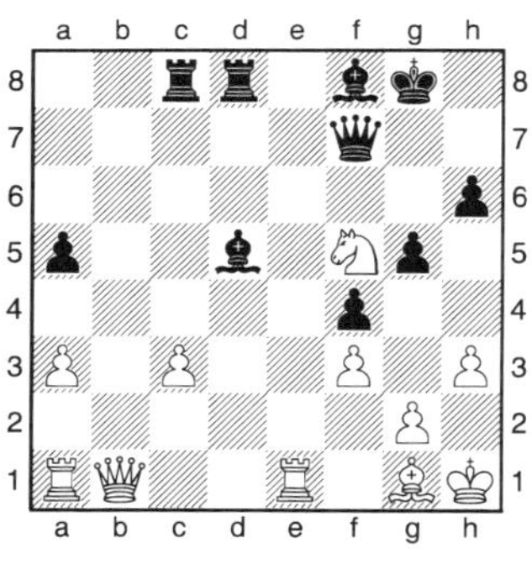

123.

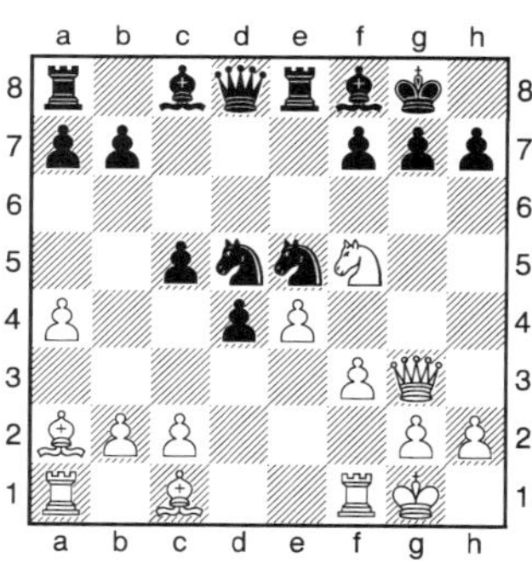

124.

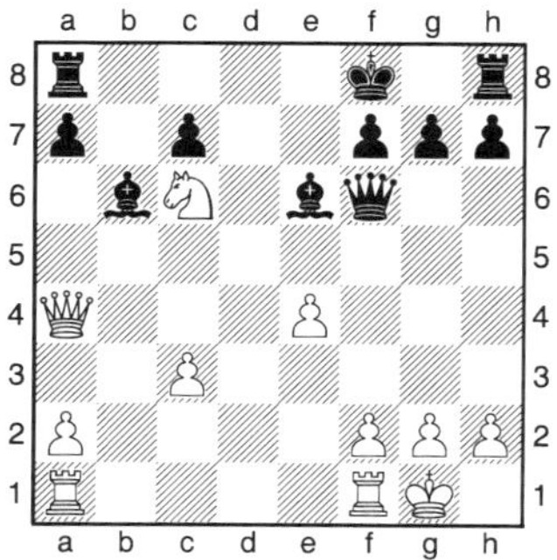

125.

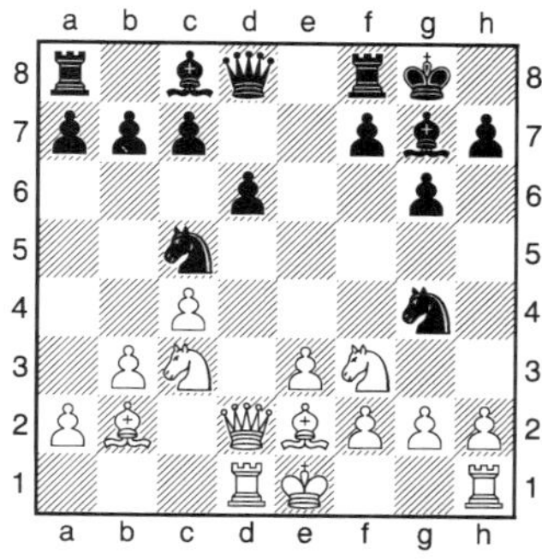

126. ■

121. Ljubojevic – Gunawan, Djakarta 1983

Das drohende Matt auf h7 wehrt das Springerpaar wehrt ab – und mehr:
1...♘d4–e2+ 2.♗d3xe2 [2.♔g1–h1 ♘g4–f2+ *(2...♖f4xf1+ 3.♖d1xf1 ♕d6xd3 4.♕h4xg4 ♘e2–g3+ 5.h2xg3 ♕d3xf1+)* 3.♕h4xf2 ♖f4xf2]

2...♕d6–b6+ 3.♔g1–h1 ♖d8xd1 4.♖f1xd1 ♘g4–f2+ 5.♔h1–g1 (Stickmatt ist hier nicht möglich) **5...♘f2xd1+ 6.♔g1–h1 ♖f4xh4 7.♗e2xd1** usw.

122. Simutowe – Sokolov,I Tripoli 2004

1...♘e5–g4 Mattdrohung auf h2, Linienöffnung mit Mattdrohung auf e1. Und Gewalt ist auch keine Lösung:

2.♖e1xe3 ♘g4xe3+ mit gewonnenem Endspiel! Weiß gab noch ein Racheschach auf f7 und nach ♔f8 auf.

123. Kosten,A – Pytel,K Aix-les-Bains 1991

Ein Opferangebot des Turms eröffnet dem Springer ungeahnte Möglichkeiten:
1.♖e1–e7! ♕f7–f6 [1...♗f8xe7? 2.♘f5xh6+; 1...♕f7–g6 2.♖e7–g7+ ♗f8xg7 3.♘f5–e7+; 1...♕f7–h5 2.♘f5–g3! und jeweils verliert Schwarz Material.]

2.♗g1–d4 ♕f6–a6 3.♘f5–d6 Linienöffnung für die Dame, die mit ♗ + ♘Matt setzt, aufgegeben. **3...♗f8xe7 4.♕b1–g6+ ♔g8–f8 5.♕g6–g7#**

124. Savchenko – Yudin, Aeroflot Open 2010 (3)

1.♗a2xd5 wird mit 1...♗c8xf5 beantwortet, was den Be4 überlastet.

1.♘f5–h6+ aber nutzt die gute alte Springergabel zum Erfolg: **1...♔g8–h8 2.♕g3xe5** aufgegeben, **2...♖e8xe5 3.♘h6xf7+ ♔h8–g8 4.♘f7xd8** und es hängt nun auch noch der ♘d5.

125. Morphy – Brian, New York 1859

Weiß drängt die Dame von der Deckung von e7 ab und kommt so zum Erstickten Matt:

1.e4–e5 ♕f6–g5 2.h2–h4 ♕g5–g4 3.♕a4–a3+ ♔f8–g8 4.♘c6–e7+ ♔g8–f8 5.♘e7–g6+ ♔f8–g8 6.♕a3–f8+ ♖a8xf8 7.♘g6–e7#

126. Ljubojevic – Stein,L Las Palmas 1973

Der schwarze Springerausfall ist nicht etwa verfrüht, sondern gewinnt Bauer und Qualität:

1...♘g4xf2 2.0–0 ♘f2xd1 [2.♔e1xf2? verliert nach 2...♗g7xc3 3.♕d2xc3 (3.♗b2xc3) ♘c5–e4+ durch die Springergabel die Dame.]

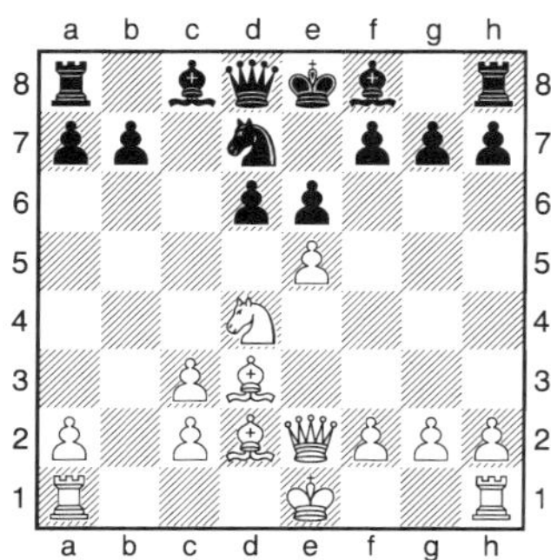

127

Kasparow – West

Telex–Länderkampf UdSSR - Australien 1977

Der noch sehr junge Kasparow zerschmetterte Schwarz mit zwei Springerzügen:

1.♘d4xe6 ♕d8–b6

Die Annahme des Opfers führt zum üblichen Angriff über h5 und gewinnt sicher:

1...f7xe6 2.♕e2–h5+ ♔e8–e7 *(2...g7–g6 3.♗d3xg6+)* 3.♗d2–g5+ ♘d7–f6 4.e5xf6+ g7xf6 5.♗g5xf6+ ♔e7xf6 und 6.♕h5–h4+ spießt König und Dame auf.

Wie ging es in der Partie wohl weiter?

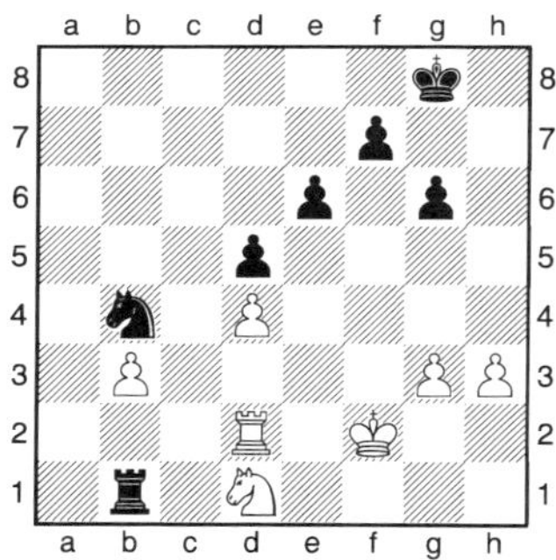

128 ■

Lasker – Capablanca, Havanna 1921

1.♘d1–b2 rettet zwar den b–Bauern, lässt dafür aber die Kombination

1...♖b1xb2 2.♖d2xb2 ♘b4–d3+ zu.

Schwarz sieht nach **3.♔f2–e2 ♘d3xb2** wie der sichere Sieger aus. Warum bringt der Autor hier eine solch simple Kombi, wird sich der Leser jetzt vielleicht fragen.

Nun, im Schach gibt es nur zu oft verborgene Überraschungen, wie auch Capablanca erfahren musste!

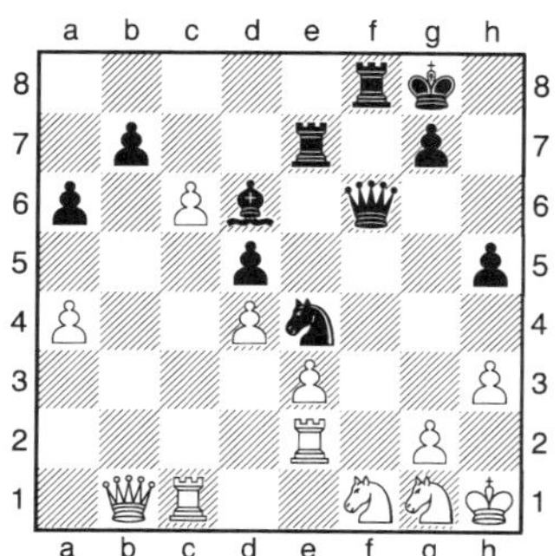

129 ■

Arnold – Fuchs, Fernpartie 1970

Das schwache Feld g3 ist eine ausdrückliche Einladung für den schwarzen Springer. Nach einem Opfer zwecks Eliminierung des Verteidigers ♘f1 startet der Gaul von dort aus eine Zwickmühle:

1...♕f6xf1 2.♖c1xf1 ♘e4–g3+ 3.♔h1–h2 ♘g3xf1+ [3...♘g3xe2+? 4.g2–g3]

4.♔h2–h1 ♘f1–g3+ 5.♔h1–h2 ♘g3xe2+ 6.♔h2–h1 ♖f8–f1 7.♕b1xf1 ♘e2–g3+

aufgegeben. Nett, aber Schwarz hätte die Sache auch gleich zu Ende bringen können, wie Nr. 130 zeigt:

Der zweite starke Springerzug ist

2.♘e6–c7+ *(D)*

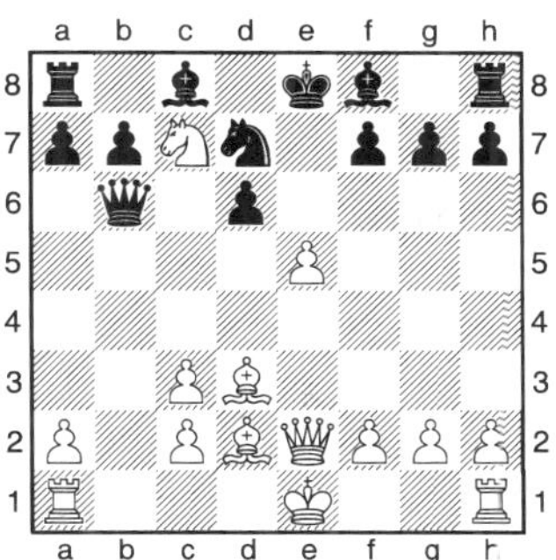

127 B ■

Schwarz gab gleich auf, denn es folgt stets Materialverlust.

Entweder ***2...♕b6xc7*** 3.e5xd6+ Abzug mit Damengewinn, 3...♔e8–d8 4.d6xc7+ ♔d8xc7 5.♗d2–f4+ usw.; oder

2...♔e8–d8 3.♘c7xa8 mit Turmgewinn.

Falls Capablanca angenommen hatte, er würde den Springer gewinnen, so sah er sich bald getäuscht:

4.♔e2–d2 *(D)* **♔g8–g7 5.♔d2–c2**

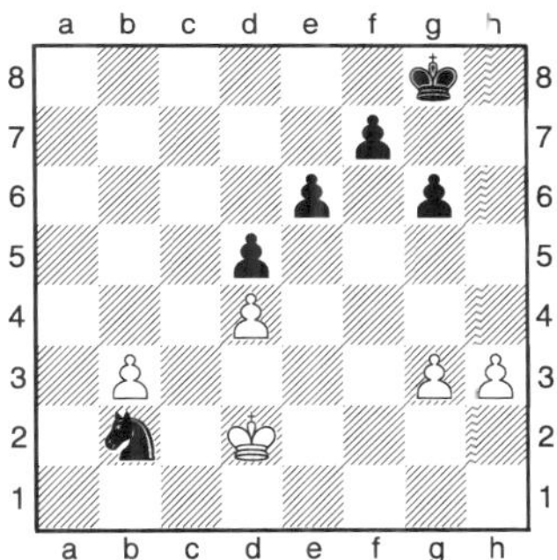

128 B ■

und wegen des c-Bauern kann der Springer nicht entkommen, bleibt nur noch

5...♘b2–c4 6.b3xc4 d5xc4 7.♔c2–c3

und die Partie endete später Remis.

Wieder ein gutes Beispiel dafür, dass ein simpler Zufall wie die Position eines Bauern ungewöhnliche taktische Möglichkeiten zulässt.

Nach **6.♔h2–h1** *(D)* hätte ein Springermanöver ein Matt herbeigeführt:

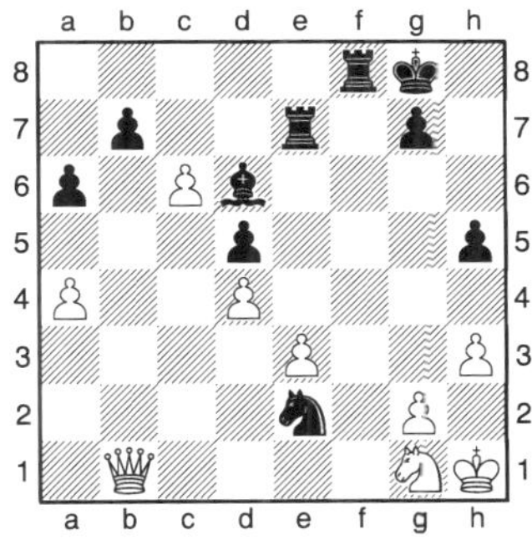

130 ■

6...♘e2–g3+ 7.♔h1–h2 ♘g3–e4+ 8.g2–g3 [8.♔h2–h1 ♘e4–f2#]

8...♖f8–f2+ 9.♔h2–h1 ♘e4xg3# *(D unten)*

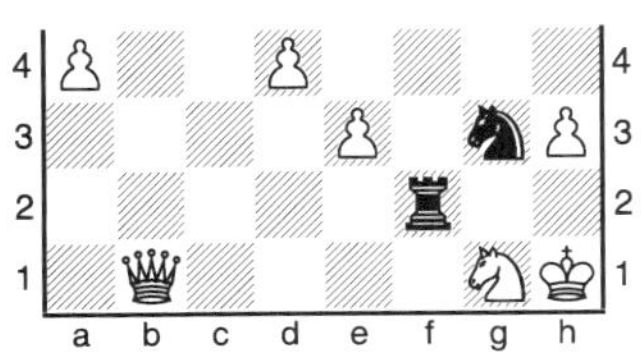

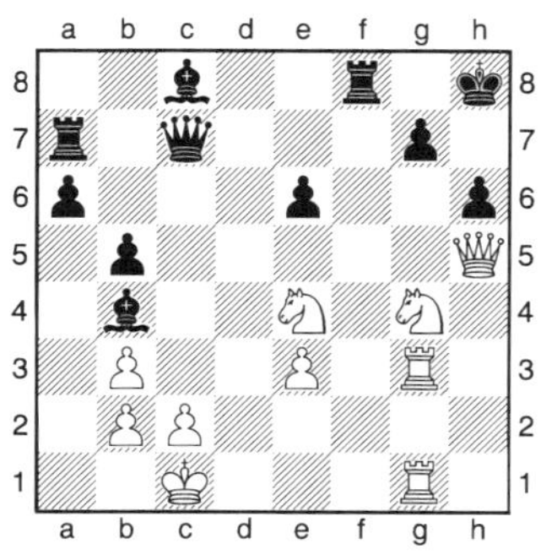

131.

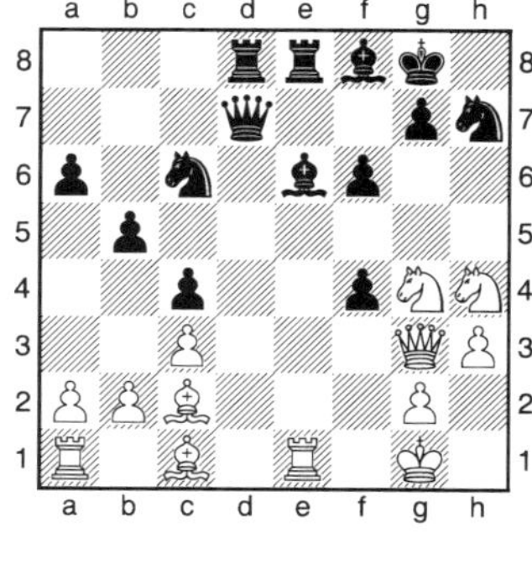

132.

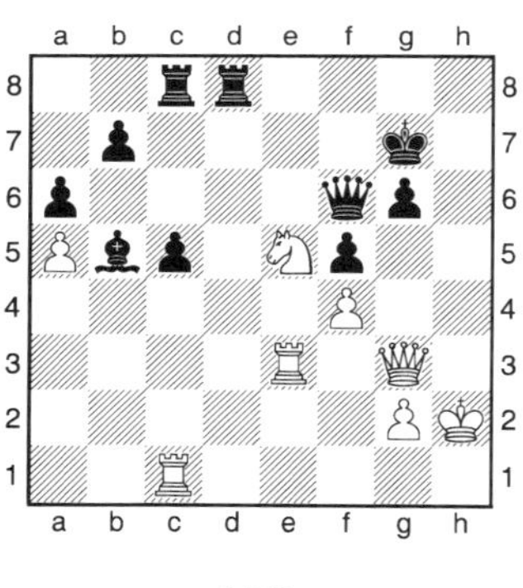

133.

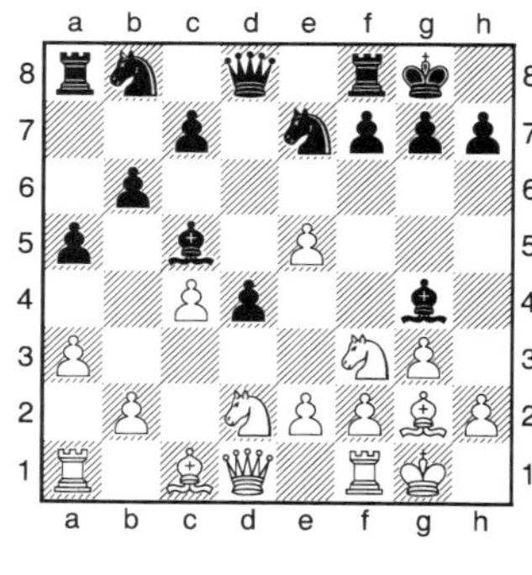

134.

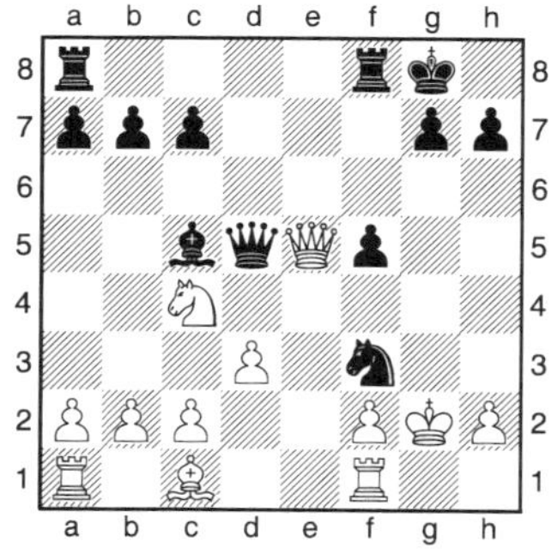

135. ■

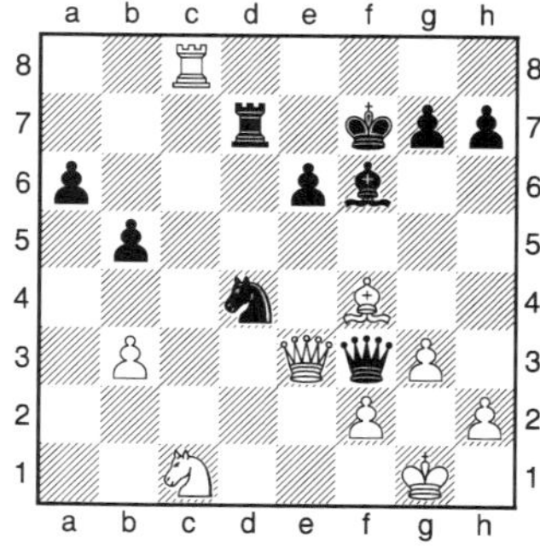

136. ■

131. Wolf – Espig, Berlin 1992

Das Springerpaar zeigt hier seine Überlegenheit über das Läuferpaar und kreiert zwei Mattmotive:

1.♘g4xh6 g7xh6 2.♕h5xh6+ ♕c7–h7 3.♘e4–f6 und nun **3...♕h7xh6 4.♖g3–g8+ ♖f8xg8 5.♖g1xg8#** oder gleich 3...♖f8xf6 4.♖g3–g8#

132. Lontoc – Naranja, Manila 1974

Wenn man die beiden weißen Springer zwei Felder vorschieben würde, wäre Schwarz Matt. Also los:

1.♘g4–h6+ ♔g8–h8 2.♘h4–g6#

133. Belenky – Mesrovich, Leningrad 1980

Nach **1.♘e5xg6** scheitert **♕f6xg6?** am Weglenkungsmanöver **2.♖e3–e7+ ♔g7–h6 3.♕g3–h4+ ♕g6–h5 4.♖e7–e6+** mit Damengewinn [Die beste Verteidigung wäre noch ***1...♖c8–c7*** 2.♖c1–e1 ♔g7–g8 3.♖e3–e6 ♕f6–g7 4.♕g3–g5 und der eingeschnürte Schwarze verliert bald Material. In der Partie folgte schwach ***1...♖d8–h8+*** 2.♘g6xh8+ ♔g7xh8 3.♖c1–e1]

134. Baberz – Döpper, Deutsche Meisterschaft U10, Willingen 2009 (1)

Der Abzug **1.♘f3xd4** gewinnt zumindest den Bauern. Schwarz sollte 1...c7–c6 spielen, glaubte aber, den Turm in Sicherheit bringen zu können.

Doch nach **1...♖a8–a7** [1...♗c5xd4? 2.♗g2xa8] **2.♘d4–b5 ♖a7–a6** greift der Läufer ein und gewinnt mit **3.♗g2–b7** die Qualität.

135. Morey – Lyell, Palma 2009

Schwarz könnte die Dame gewinnen, aber er spielt gleich auf Matt:

1...♘f3–e1+ [Oder auch 1...♘f3–h4+]

2.♔g2–g3 ♕d5–g2+/f3+ "hebelt" den König buchstäblich aus der Stellung.

3.♔g3–h4 ♕g2–g4#

136. Stohl – Schlosser, Bundesliga 2008 (14)

1...♘d4–e2+ 2.♕e3xe2 [2.♘c1xe2?? ♖d7–d1#; oder 2.♔g1–f1 ♖d7–d1#]

2...♖d7–d1+ Die schwarze Dame deckt ihren Turm über ihre Gegenspielerin hinweg, also eine Art "Röntgenangriff". Weiß blieb nur noch

3.♕e2xd1 ♕f3xd1+ und wenige Züge später gab er auf.

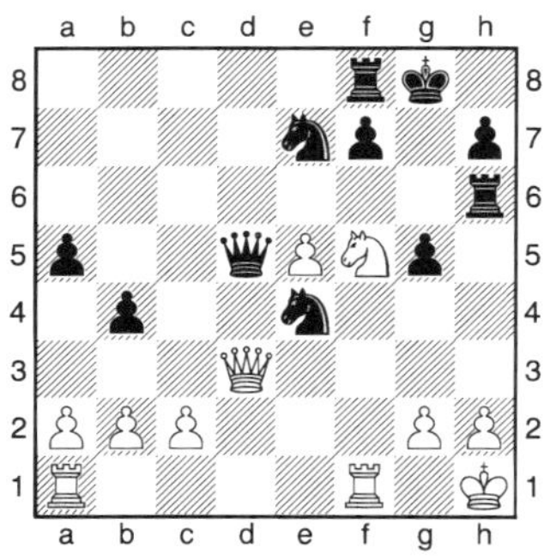

137. ■

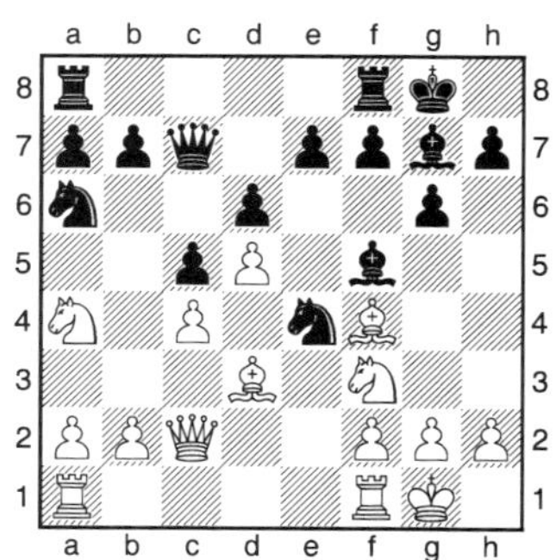

138. ■

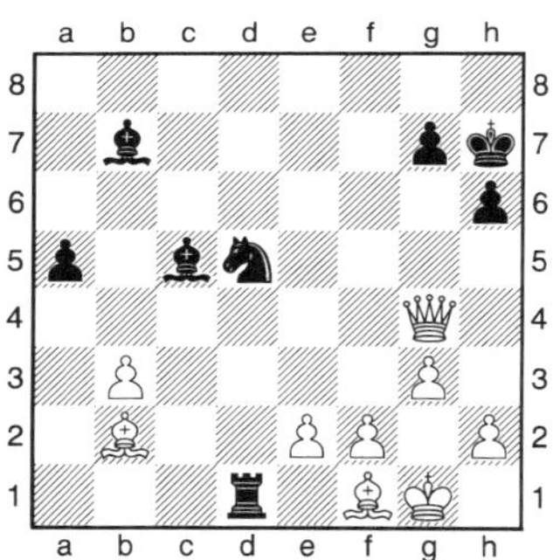

139. ■

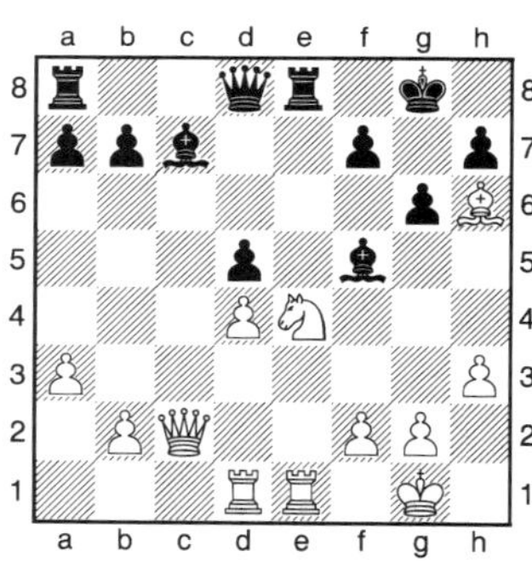

140.

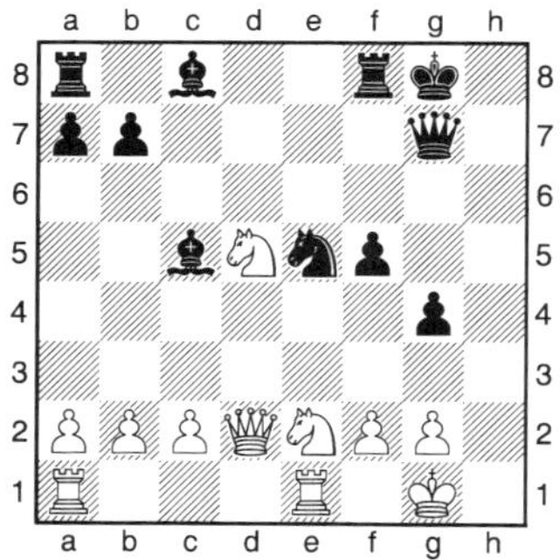

141. ■

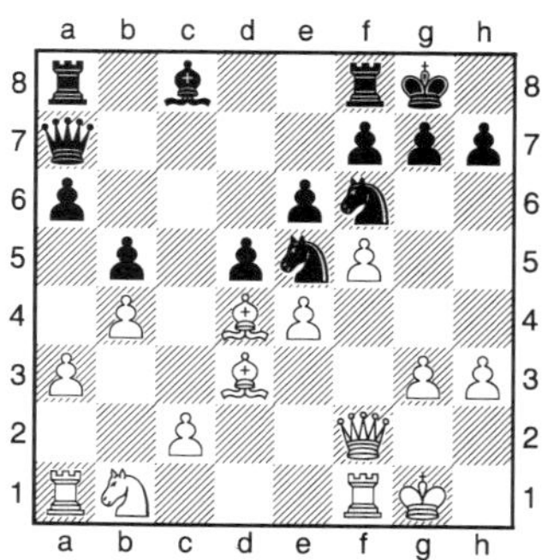

142. ■

137. Löffler – Glek, Bundesliga 1995

Schwarz opfert seine Dame für eine Springerattacke:
1...♘e7xf5 2.♕d3xd5 [2.♖f1xf5 ♕d5xd3 3.♖f5xg5+ *(3.c2xd3 ♘e4–g3+ 4.♔h1–g1 ♘g3xf5)* 3...♘e4xg5 4.c2xd3 mit zwei Mehrfiguren für Schwarz]
2...♘f5–g3+ 3.♔h1–g1 ♘g3–e2+ 4.♔g1–h1 ♘e4–g3#

138. Bauer – Kügel, Deutsche Internet Meisterschaft 2009 (3)

1...♘a6–b4 greift Dame und Läufer an. Nach **2.♕c2–d1 ♘b4xd3 3.♕d1xd3** gewinnt Schwarz durch den Abzug Material. **3...♘e4–c3**, z. B. **4.♕d3–d2 ♘c3xa4** [Der etwas schwächere Qualitätsgewinn 3...♘e4–g3 wäre auch möglich] und der Springer steht zwar am Rand, ist aber eine Mehrfigur!

139. Shepley – Arkell, Birmingham 1990

Gleich zwei Verteidiger muss sich Weiß vom Hals schaffen, bevor das Pferd zum Einsatz kommt: **1...♗c5xf2+ 2.♔g1xf2 ♖d1xf1+** und ob der König schlägt oder nicht, stets gabelt ihm der Springer die Dame weg:
3.♔f2xf1 ♘d5–e3+ und Schwarz gewinnt das Endspiel.

140. Ligterink – Pachmann, Amsterdam 1994

1.♕c2xc7 ♕d8xc7? [Der Partiezug gab Weiß Gelegenheit zu einer hübschen Kombination. Richtig war 1...♗f5xe4 2.♕c7xb7 mit geringem weißen Vorteil.]
2.♘e4–f6+ ♔g8–h8 3.♖e1xe8+ ♖a8xe8 4.♗h6–g7+ Die entscheidende Hinlenkung. **4...♔h8xg7** und **5.♘f6xe8+** gabelt die Dame zurück.

141. Huang – Tuamsang Sawapop, 9.Thailand Open Pattaya 2009 (2)

1...♘e5–f3+ lässt Weiß nur die Wahl zwischen Damenverlust oder Öffnung der g–Linie. Beides verliert sofort: **2.g2xf3 g4xf3+** Wegen der Drohung ♕g2# bleibt nur **3.♘e2–g3**, doch der gefesselte Bf2 kann den Springer nicht decken: **3...♕g7xg3+ 4.♔g1–h1 ♕g3–g2#**

142. Stawujak – Melamed, Warschau 2001

1...♘e5–f3+ ist ein Doppelangriff auf Läufer und König, der zugleich die ♕f2 überlastet, die den Läufer und das Feld f3 decken müsste und nicht kann.
2.♕f2xf3 [Noch am besten wäre 2.♔g1–g2 ♕a7xd4 3.♕f2xd4 ♘f3xd4]
2...♕a7xd4+ Diesmal Doppelangriff auf König und Turm. **3.♕f3–f2 ♕d4xa1**

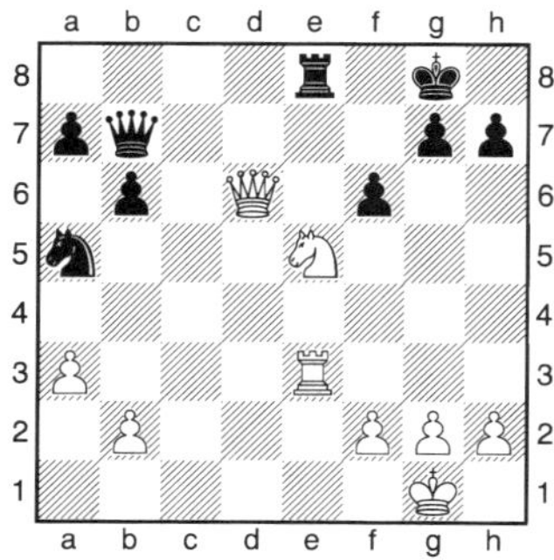

143

Speelman – Lewitt, Lloyds Bank Open 1992

Der zentrale Springer gibt Weiß die taktische Überlegenheit, doch bei zähem schwarzen Spiel dauert es noch eine Weile bis zum Sieg:

1.♘e5–g6 ♖e8–a8 [1...♖e8xe3?? 2.♕d6–f8#] **2.♘g6–e7+ ♔g8–h8** (2...♔g8–f7 *s. 143 B*) **3.♕d6–e6 h7–h6**

[es drohte 4.♘e7–g6+ h7xg6 5.♖e3–h3#] und nur Materialverlust kann die Drohung 4.♖e3–h3 -- 5.♖h3xh6+ g7xh6 6.♕e6xf6+ ♔h8–h7 7.♕f6–g6+ ♔h7–h8 8.♕g6xh6# abwehren.

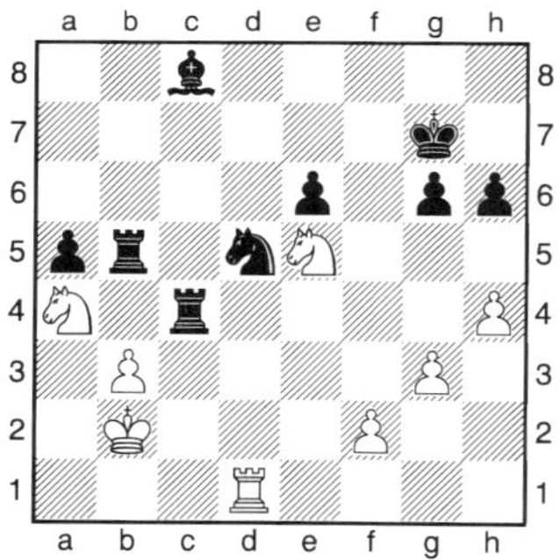

144

Capablanca – Yates, New Yorker Turnier 1924

Die vermutlich längste ununterbrochene Folge von Springerzügen kam in dieser Partie vor. Neun Mal wurde der Turm von Yates, der vergeblich versuchte, seinen a–Bauern zu verteidigen, von gegnerischen Springern attackiert, beginnend mit dem 39.Partiezug:

1.♘e5xc4 ♗c8–d7 2.♘a4–c3 ♖b5–c5 3.♘c3–e4 ♖c5–b5 4.♘e4–d6 ♖b5–c5 5.♘d6–b7 ♖c5–c7 6.♘b7xa5 ♗d7–b5 7.♘c4–d6 ♗b5–d7 8.♘a5–c4 ♖c7–a7 9.♘d6–e4 h7–h6 und endlich erbarmte sich Capablanca und ließ mit **10.f2–f4** für den Moment von weiteren Springerzügen ab, deren aber noch reichlich in der weiteren Partie folgten, bis schließlich im 78.Partiezug die Stellung von 144 B erreicht war:

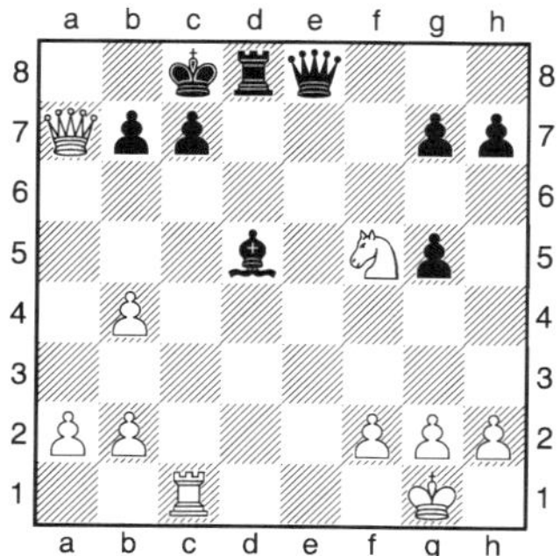

145

Miles – Knox, 1971

Zwei Weglenkungen sollten Weiß den Sieg sichern, nicht wahr?

Natürlich muss der König nicht in die Ecke ziehen, aber auch nach ***2...♔g8–f7*** *(D)* ist er auch nicht besser dran:

3.♕d6–e6+ ♔f7–e8 [3...♔f7–f8 4.♕e6–g8#] **4.♘e7–g6+ ♔e8–d8 5.♕e6–d6+ ♕b7–d7**

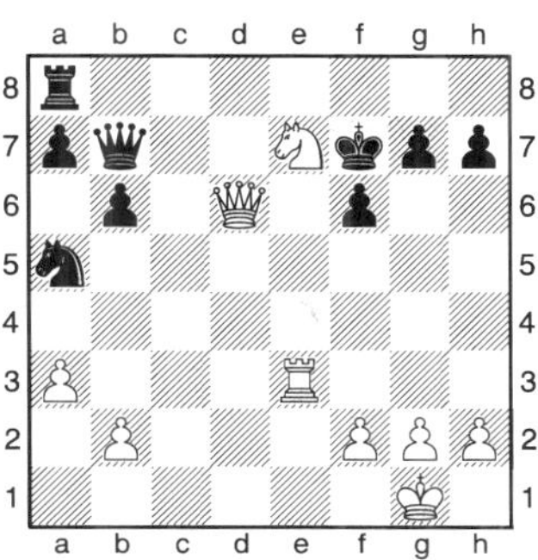

143 B

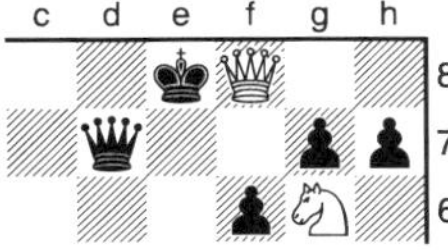

6.♖e3–e8+ Hinlenkung des Königs in die Mattstellung.

6...♔d8xe8 7.♕d6–f8# *(D)*

Capablanca - Yates (2.Teil)
New York 1924

Die beiden Springer und der Doppelbauer haben den König im eisernen Griff. Nichts hilft gegen das drohende Matt in 2 Zügen, z. B.

1...♗c8–b7 2.♘e5–g4 -- 3.♘g4–f6#/h6#

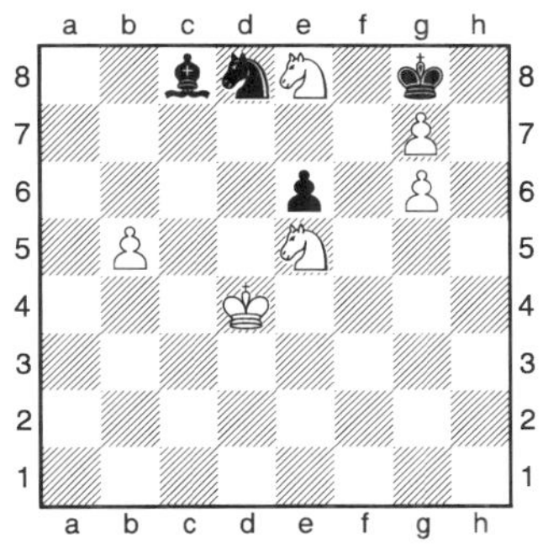

144 B ■

Die Gabel **1.♘f5–d6+** erzwingt die Weglenkung des Turms **1...♖d8xd6** und **2.♕a7–a8+ ♔c8–d7 3.♖c1xc7+** die zweite Weglenkung

3...♔d7xc7 4.♕a8xe8

Hier hat sich der Autor aber erlaubt, die nimmer nachlassende Wachsamkeit des Lesers auf die Probe zu stellen!

4...♖d6–e6 5.♕e8–f7+ ♔c7–b6 und nun gewinnt plötzlich Schwarz!

Wieder einmal ein Beispiel dafür, dass man immer noch ein wenig weiter rechnen muss:

Nach der Kombi ist vor der Kombi!

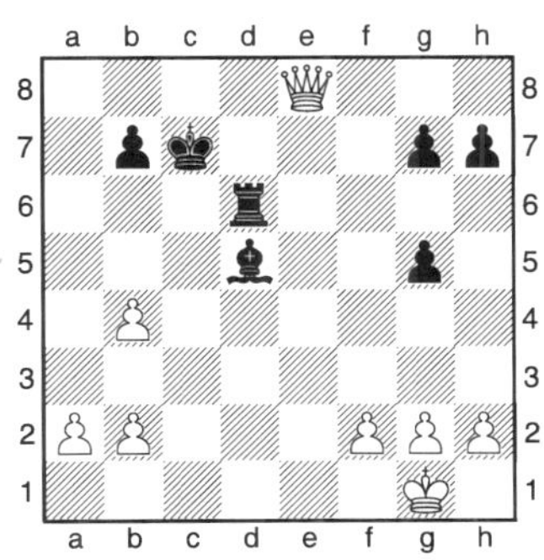

145 B ■

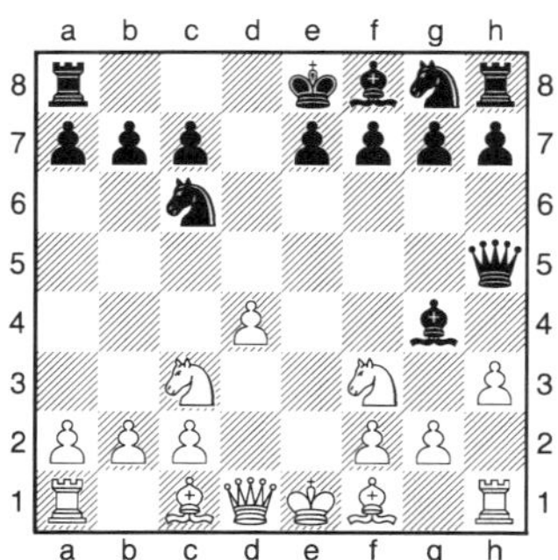

146.

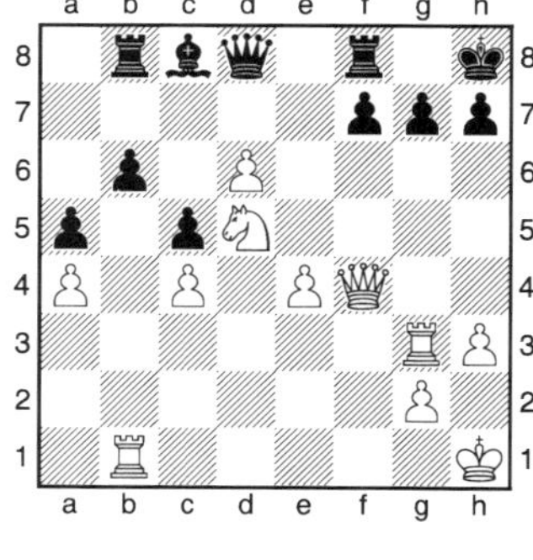

147.

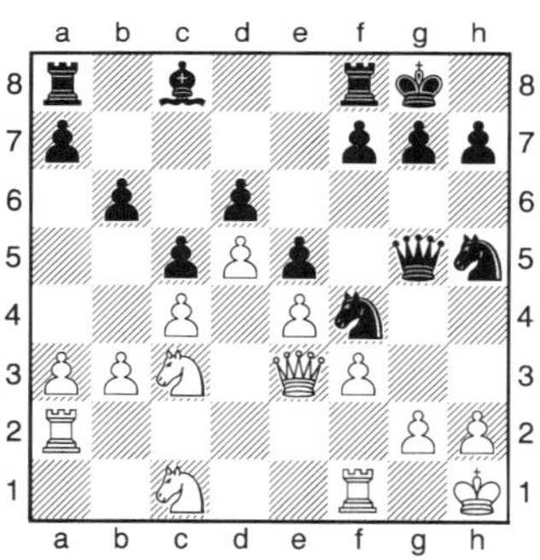

148. ■

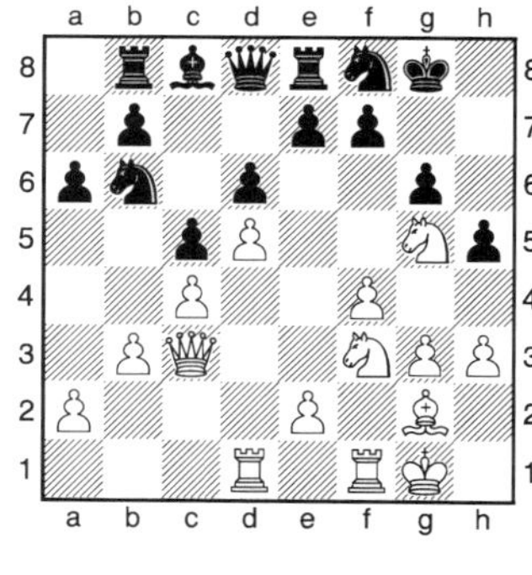

149.

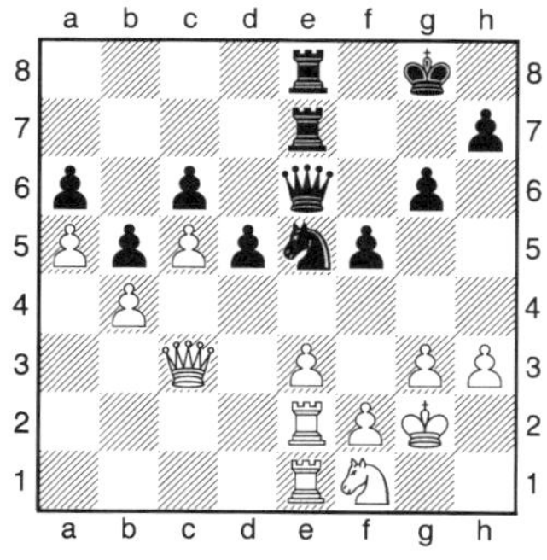

150. ■

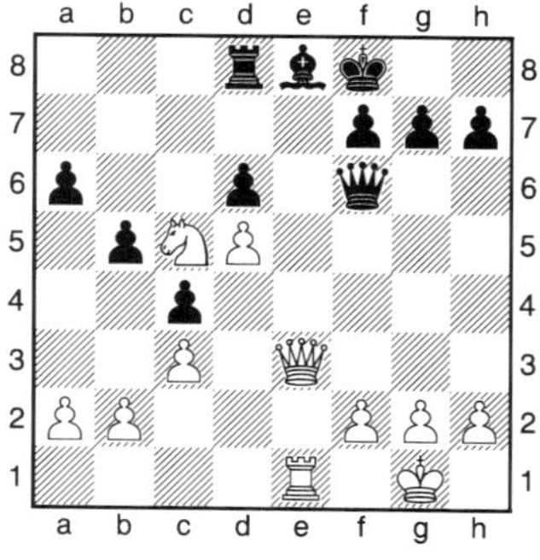

151.

146. Kaiser – N.N., Stuttgart 1924

In dieser Skandinavischen Verteidigung wollte Schwarz mit zuletzt ♕a5–h5 den Bd4 gewinnen oder zumindest die Bauernstellung schwächen. Doch er hatte nicht mit den Springern gerechnet: **1.h3xg4 ♕h5xh1 2.♘c3–e2** und nichts hilft mehr gegen den Damenfang **3.♘e2–g3** Dieser Reinfall kann übrigens auch am Damenflügel passieren!

147. Perez – Arturo, Panamerikanische Jugendmeisterschaft 2008

Löcher in der Stellung und passive Offiziere - gefundenes Fressen für den ♘!

1.♘d5–e7 ♗c8–d7 [Falls 1...f7–f6 2.♘e7–c6 ♕d8–d7 3.♘c6xb8 ♕d7–b7 4.d6–d7; oder 1...♖f8–g8 2.♕f4xf7] und nun ein Standard–Turmopfer:

2.♖g3xg7 ♔h8xg7 3.♕f4–g5+ ♔g7–h8 4.♕g5–f6#

148. Turi – Vámos, Kecskemet 1991

Die ungedeckte weiße Dame ist die entscheidende weiße Schwäche:

1...♘h5–g3+ 2.h2xg3 [2.♔h1–g1? ♘f4–h3+ 3.g2xh3 ♕g5xe3+]

2...♕g5–h6+ 3.♔h1–g1 und der Abzug **3...♘f4–h3+** sperrt zugleich f2, so dass der König seine Dame nicht verteidigen kann. **4.♔g1–h2 ♕h6xe3**

149. Allen – Kimura, Gold Coast (Australien) 2003

1.♘g5xf7 ♔g8xf7 2.♕c3–h8 Verhindert die Rückkehr des Königs in seine Stellung. [Wer das Nachlademotiv anwenden wollte, liegt falsch: 2.♘f3–g5+? ♔f7–g8 und es geht nicht weiter.] **2...♘f8–e6** [2...♘f8–d7?? 3.♘f3–g5#]

3.♘f3–e5+ [3.♕h8–h7+ ♘e6–g7 4.♘f3–g5+ ♔f7–f6 5.♗g2–e4 führt auch zum Matt] **3...d6xe5 4.f4xe5+ ♘e6–f4 5.♖f1xf4+ ♗c8–f5 6.e5–e6#**

150. Amarita – Olariu, 2000

Schwarz kann durch einen frechen Springerzug die Qualität gewinnen:

1...♘e5–f3 2.♘f1–d2 [2.♔g2xf3?? ♕e6–e4#; 2.♖e1–d1 ♕e6–e4 und z. B. 3.♘f1–d2 ♘f3–e1+ *(3...♘f3–h4+ 4.♔g2–g1 ♕e4–g2#)* 4.♔g2–f1 ♕e4–h1#]

2...♘f3xe1+ und gewinnt. [Stärker ist jedoch 2...d5–d4 3.e3xd4? (besser ist *3.♕c3–b3 ♘f3xe1+*, aber Weiß ist verloren) 3...♘f3xe1+]

151. Fedina – Gulak, Fernpartie 1980

Gleich doppelt scheint das Feld d7 gegen eine Springerattacke gesichert zu sein – und ist es tatsächlich überhaupt nicht:

1.♕e3xe8+ ♖d8xe8 2.♘c5–d7+ ♔f8–g8 und ein Trost für Schwarz, die Gabel macht gar nichts mehr aus, denn es folgt gleich **3.♖e1xe8#**

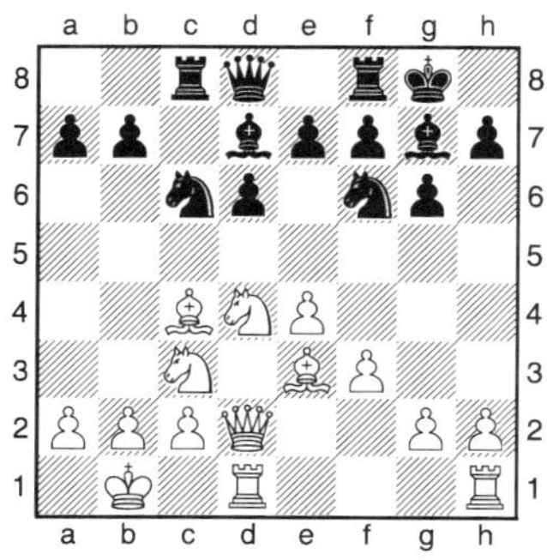

152. ■

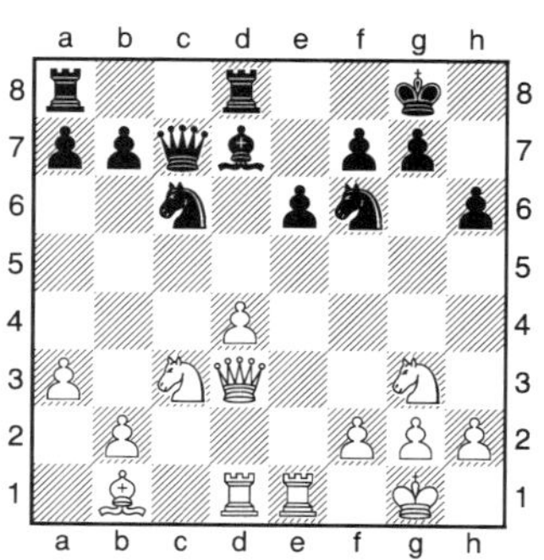

153.

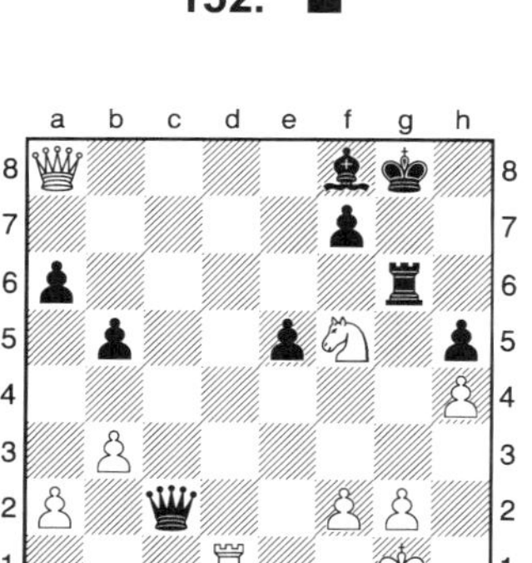

154.

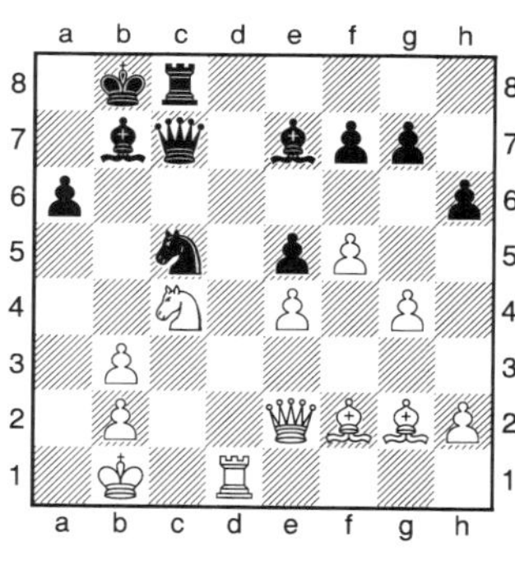

155.

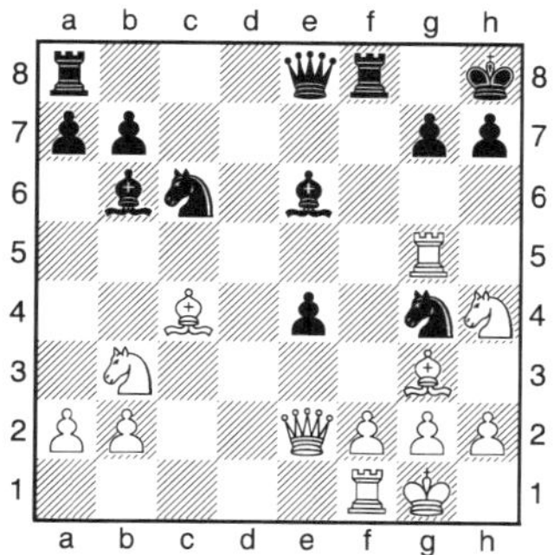

156. ■

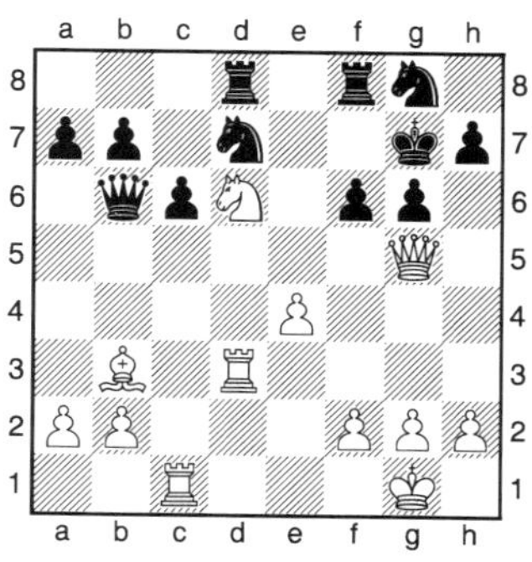

157.

152. Ölkr – Gheng, Deutsche Meisterschaft U10, Willingen 2009 (2)

Ein Abtausch, ein Abzug und eine Überlastung führen zum Figurengewinn:
1...♘c6xd4 2.♕d2xd4 ♘f6–g4 3.♗c4xf7+
[3.♕d4–d3 ♘g4xe3 und die Dame ist überlastet, nach 4.♕d3xe3 ♖c8xc4]
3...♖f8xf7 4.♕d4xa7 steht Schwarz auf Gewinn.

153. Höfer – Felmy, Hamburg 1975

1.♘g3–h5 lenkt den Verteidiger von h7 weg. **1...♘f6xh5** [oder z. B. 1...♔g8–f8 2.♘h5xf6 g7xf6 3.♕d3–h7 usw.] **2.♘c3–d5** und Schwarz verliert, gleich, ob er schlägt oder nicht: **2...e6xd5** (andere Züge ändern nichts) **3.♕d3–h7+ ♔g8–f8 4.♕h7–h8#**
[***2.♕d3–h7+*** kann Zugumstellung, aber auch schwächere Nebenlösung sein: 2...♔g8–f8 3.♕h7–h8+ (3.♘c3–d5!) 3...♔f8–e7 4.♘c3–d5+]

154. Lane,G – Lemmers, Belgische Liga 1995

Schwarz hatte nicht erkannt, dass die Stellung einem um 90° gedrehten Anastasia-Matt entspricht. Der Springer kontrolliert die Fluchtfelder e7 und g7:
1.♕a8xf8+ ♔g8xf8 2.♖d1–d8#

155. Hecht – Siegert, DJEM 2009 U12 (6)

1.♘c4xe5 Nicht nur ein Bauerngewinn, sondern der Springer steht nun auch sehr zentral **1...♘c5xb3?** beschleunigt das Ende. [1...♕c7xe5?? würde mit dem Spieß 2.♗f2–g3 beantwortet; am besten wäre ***1...♗e7–f6*** 2.♖d1–c1 ♕c7–e7 *(2...♗f6xe5 3.♖c1xc5 ♕c7–e7* und wieder *4.♖c5xe5)* 3.♘e5xf7]
2.♘e5–d7+ ♔b8–a8 3.♘d7–b6+ ♔a8–b8 und nun nahm Weiß nicht etwa die Qualität, sondern machte mit **4.♗f2–g3** gleich den Sack zu!

156. Kapengut – Kupreitschik, UdSSR 1976

Der ♘g4 scheint harmlos zu sein und müsste sich eigentlich schnell wieder zurückziehen. Aber in Wirklichkeit hat er schon die Dynamitstange im Maul, mit der er die weiße Stellung sprengt:
1...♗e6xc4 2.♕e2xc4 ♘g4–e3 3.f2xe3
[3.♕c4–c3 ♕e8–e7 und der ♖f1 ist gerettet, dafür hängt aber nun der ♖g5]
3...♗b6xe3+ aufgegeben, **4.♔g1–h1 ♗e3xg5** und gewinnt.

157. Aljechin – Lasker, Zürich 1934

Weiß beantwortete den Angriff auf die Dame mit **1.♘d6–f5+**, so dass nach **1...♔g7–h8** zwei Figuren hängen. Aber der Springer steht nun goldrichtig für eine Linienöffnung: **2.♕g5xg6 h7xg6 3.♖d3–h3+ ♘g8–h6 4.♖h3xh6#**

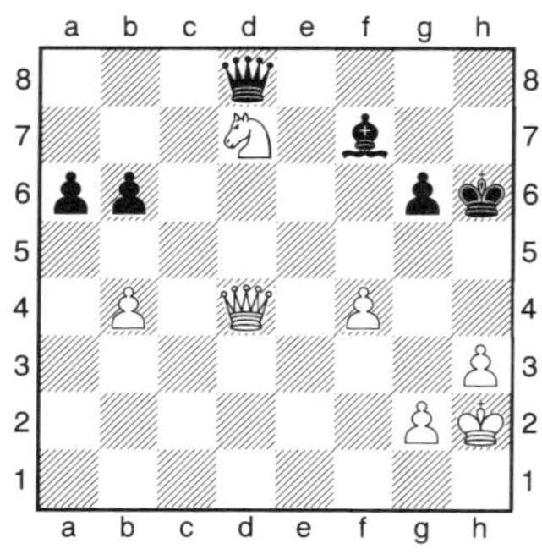

158

Cheparinov – Stellwagen
Wijk aan Zee GM B, 2008

Der Springer ist zwar gefesselt und könnte durch ♗e6 erobert werden, doch dafür bleibt Schwarz keine Zeit. Der scheinbar verlorene Springer wird noch eine wichtige Rolle spielen:

1.g2–g4 aufgegeben, es droht -- **2.g4–g5+ ♔h6–h7** [2...♔h6–h5 3.♕d4–d1+ *(3.♘d7–f6+ ♔h5–h4 4.♕d4–f2#)* 3...♔h5–h4 4.♕d1–g4#]

3.♘d7–f6+ und der Abzug gewinnt die Dame.

In 158 B schauen wir uns Möglichkeiten für Schwarz an:

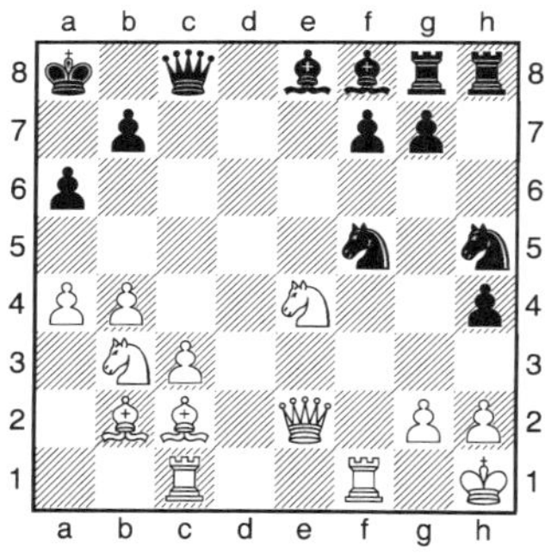

159 ■

N.N. – Mason, USA um 1880

In einer Stellung, die auf schwarzer Seite eher an 960er Schach erinnert, öffnet ein Angriff auf den Punkt g3 die h–Linie und eine wahre Opferorgie führt zum Damiano–Matt. Eine der unglaublichsten Kombinationen überhaupt!

1...♗e8–b5 2.a4xb5 ♘h5–g3+ 3.♘e4xg3
[3.h2xg3 ♘f5xg3+ 4.♘e4xg3 h4xg3+]

3...♘f5xg3+ 4.h2xg3 h4xg3+ 5.♔h1–g1

und wer hier Gefahr läuft, den Faden zu verlieren, kann in 159 D sehen, wie die 2.Halbzeit der Kombi verläuft:

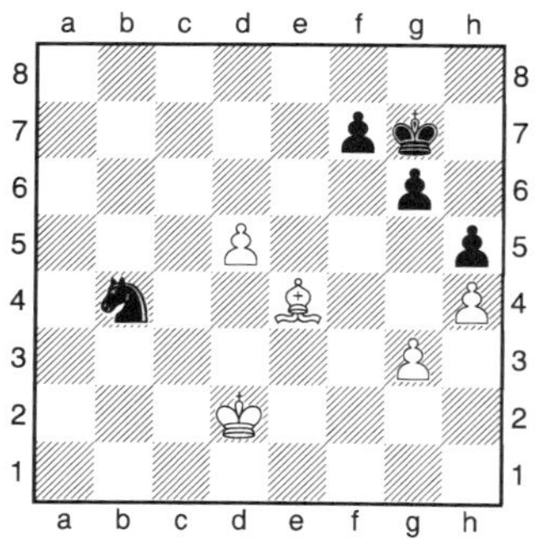

160 ■

Beliavsky – Lutz,Christopher
Europameisterschaft Gothenburg 2005

Hier ist klar, dass der Läufer deutlich stärker als der Springer ist. Es droht 2.d5–d6 ♔g7–f6 3.♔d2–c3 ♘b4–a2+ 4.♔c3–d4 und Weiß gewinnt.

Eine Verteidigung wäre ***1...f7–f5*** 2.♗e4–g2 ♔g7–f6 3.♔d2–c3 ♘b4–a6 4.♔c3–d4 mit etwas besserem Spiel für Weiß.

Doch Schwarz fand einen Weg, der weniger Berechnung erfordert und mehr auf allgemeinen Prinzipien beruht:

(Ausgehend vom Startdiagramm)

1...♕d8–e7? 2.♕d4–h8#

1...♕d8–c8 lässt das Pferd erst richtig auftrumpfen:

2.g4–g5+ ♔h6–h7 3.♘d7–f6+ *(D)* **♔h7–g7** [Zu einem typischen Matt führt 3...♔h7–h8? 4.♘f6–e8+ ♔h8–g8 5.♕d4–g7#]

4.♘f6–h5+ ♔g7–f8 5.♕d4–h8+ ♗f7–g8 6.♕h8–g7+ ♔f8–e8 7.♕g7xg8+ [7.♘h5–f6+] und Weiß gewinnt.

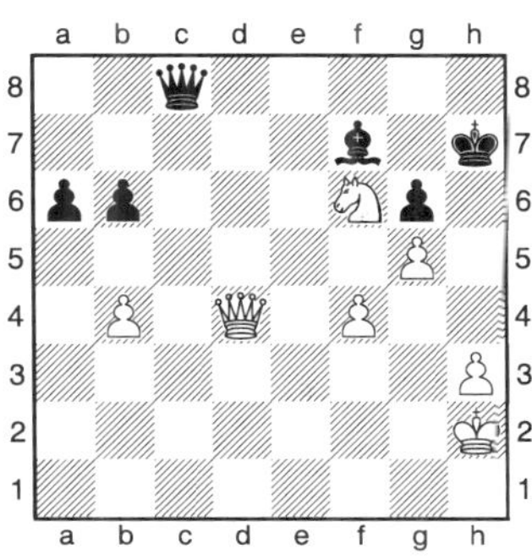

158 B ■

Die Springer haben den einleitenden Angriff mit der Linienöffnung erreicht und nun kommt das Damiano–Motiv, ein doppeltes Turmopfer, zum Einsatz:

(D) **5...♖h8–h1+ 6.♔g1xh1 ♖g8–h8+ 7.♔h1–g1 ♗f8–c5+ 8.♘b3xc5 ♖h8–h1+ 9.♔g1xh1 ♕c8–h8+ 10.♔h1–g1 ♕h8–h2#**

Und nicht vergessen: Es waren die Springer, die am Anfang den Karren aus dem Dreck gezogen bzw. die h-Linie geöffnet haben!

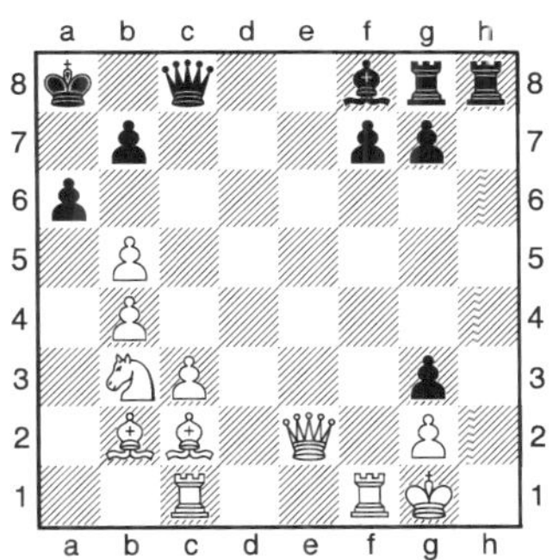

159 B ■

(vom Startdiagramm ausgehend)

1...♘b4xd5, wenn auch der Computer jetzt förmlich an die Decke (oder zumindest auf + 2,31) springt, hält durch die Berücksichtigung elementarer Endspielgrundsätze Remis.

2.♗e4xd5 g6–g5 *(D)*

3.h4xg5 ♔g7–g6 4.♗d5xf7+ ♔g6xg5

5.♗f7–e6 [5.♗f7xh5 ♔g5xh5 und Remis]

5...h5–h4 6.g3–g4 h4–h3 und der Bauer ist aus dem Quadrat, der Rest ist simpel:

7.♗e6–d5 h3–h2 8.♔d2–e3 h2–h1♕

9.♗d5xh1 ♔g5xg4 und Remis.

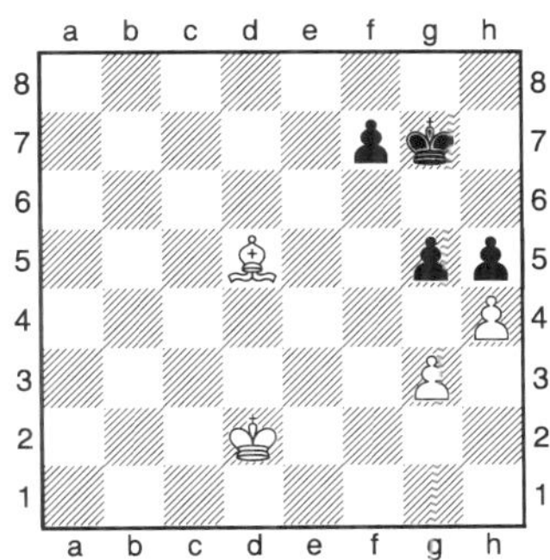

160 B

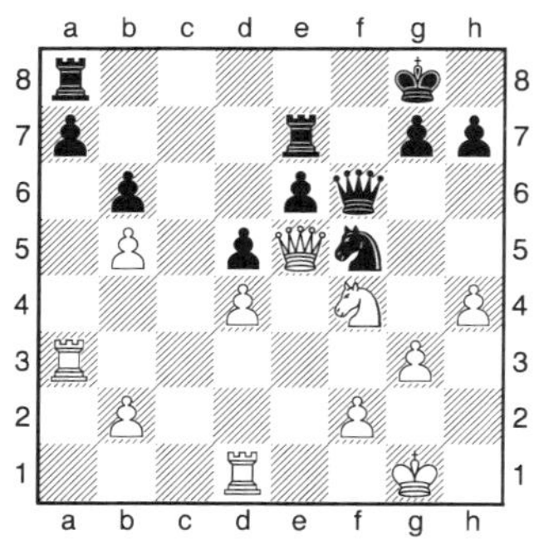

161.

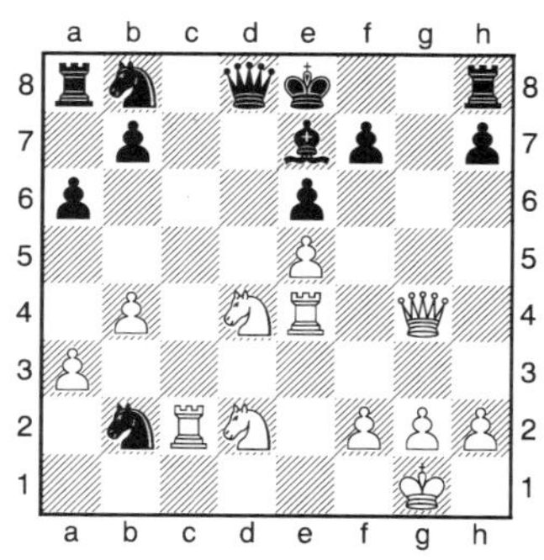

162.

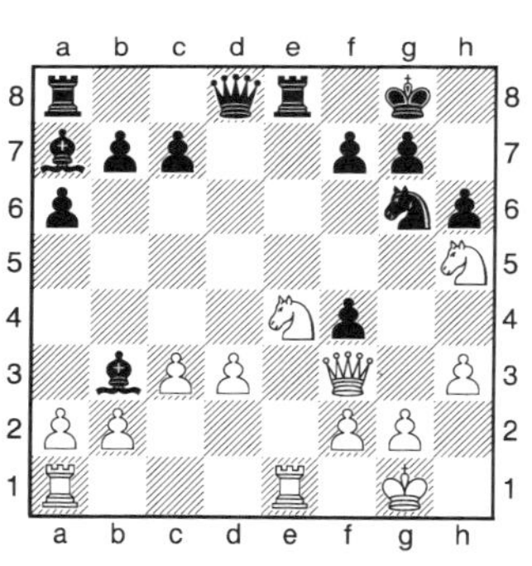

163.

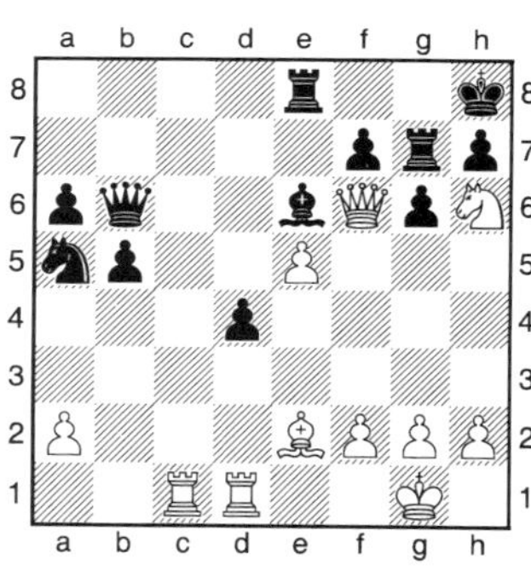

164.

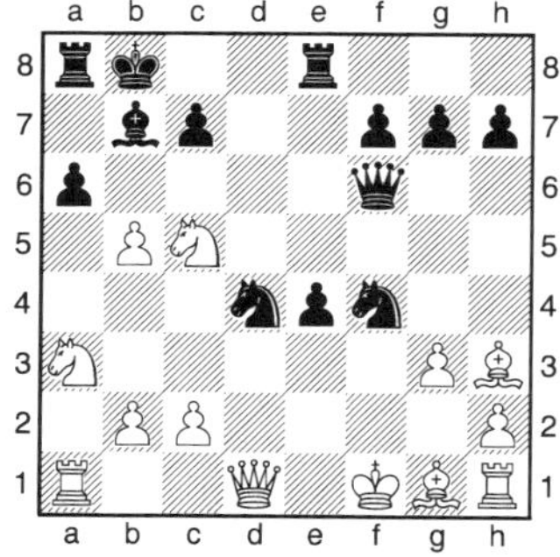

165. ■

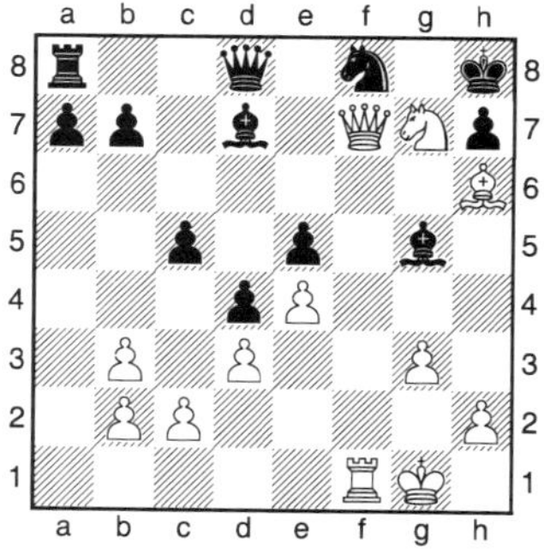

166.

161. Adams – Gurevich,M Olympiade Turin 2006

1.♘f4xd5 ist nicht etwa eine missglückte Springergabel, sondern Vorbereitung des Doppelangriffs nach **1...e6xd5 2.♕e5xd5+ ♖e7–f7 3.♕d5xa8+** und nach diesem Qualitätsgewinn gewann Weiß.

162. Karlovich – Karahaliou, Athen 2003

1.♘d4xe6 reißt die Stellung auf und führt zu Materialgewinn oder Matt:

1...f7xe6 [Die Fesselung durch 1...♕d8–d7 hilft nicht: 2.♘e6–c7+ ♔e8–f8 *(2...♔e8–d8 3.♖e4–d4)* 3.e5–e6 z. B. 3...♕d7–d3 4.♕g4–f5 und Matt folgt]

2.♕g4–h5+ ♔e8–d7

[2...♔e8–f8 3.♖e4–f4+ ♔f8–g7 4.♕h5–f7+ ♔g7–h6 5.♕f7xe6+ nebst Matt]

3.♖e4–d4+ ♗e7–d6 4.♕h5–f7+ ♕d8–e7 5.♖d4xd6#

163. Gunnarson – Slobodjan, Ohrig 2001

Schwarz hatte im letzten Zug mit ♗e6xb3 den Läuferaustausch eingeleitet – oder glaubte dies zumindest. Aber die folgende Kombination demonstrierte ihm die Stärke von Zwischenzug, Hinlenkung und natürlich der Springer:

1.♘e4–f6+ g7xf6 2.♖e1xe8+ ♕d8xe8 3.♘h5xf6+ mit Damengewinn!

164. Knaak – Uhlmann, Halle 1976

Der Springer kann die Fesselung des Läufers gegen die Dame nutzen und entscheidet fast im Alleingang die Partie:

1.♘h6xf7+ ♔h8–g8 2.♘f7–d6 ♖e8–e7 3.♘d6–c8 ♕b6–d8 4.♖d1xd4 [4.♘c8xe7+ ♖g7xe7 5.♖d1xd4 ist ebenso möglich] **4...♕d8–f8 5.♘c8xe7+** aufgegeben, **5...♖g7xe7 6.♖d4–d6** und Weiß gewinnt noch weitere Material.

165. Sergejev – Lybin, Moskau 1983

Weiß droht mit der Gabel ♘d7+, aber Schwarz kommt ihm zuvor:

1...♘f4–d3+ 2.♔f1–g2 und das Weglenkungsopfer **2...♘d3–e1+ 3.♕d1xe1** ermöglicht **3...♕f6–f3#** [oder, wenn wir den Springer am Matt beteiligen wollen, auch 3...e4–e3+ 4.♘c5xb7 ♕f6–f3#]

166. Casper – Grottke, DDR 1977

Die Mattdrohung nach der Liniensperrung **1.♘g7–e8** wehrt **1...♗g5xh6** ab [1...♘f8–e6 2.♗h6–g7+ ♘e6xg7 3.♕f7xg7#/f8#] Aber nach **2.♕f7xf8+ ♗h6xf8** kommt die dritte Mattdrohung mit **3.♖f1xf8#** *(D)* zum Erfolg.

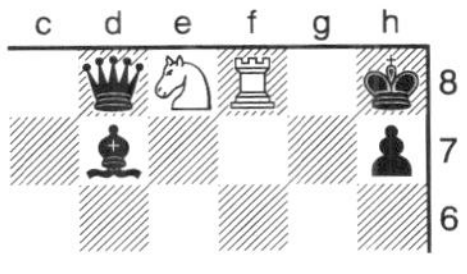

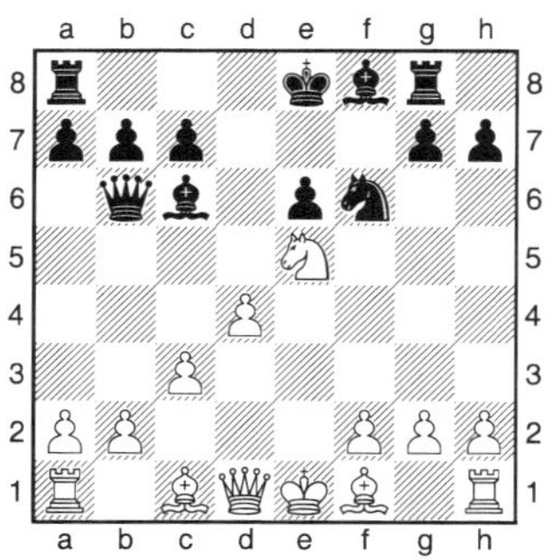

167.

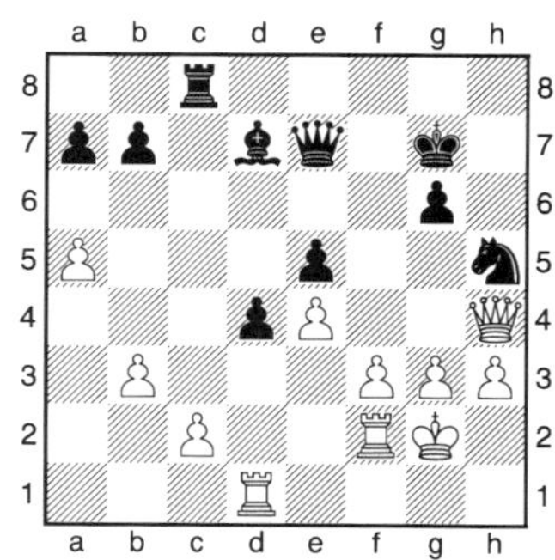

168. ■

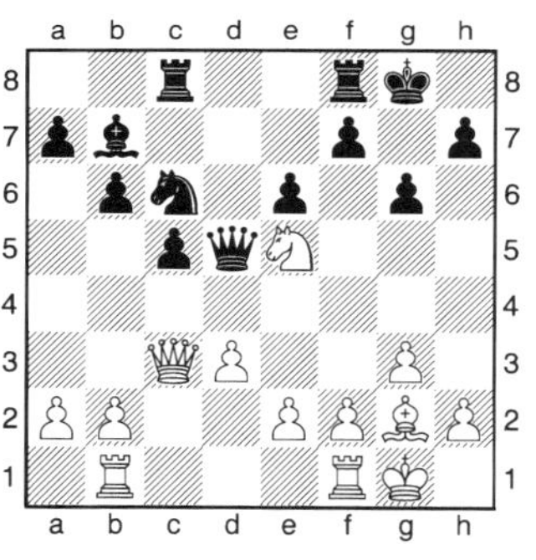

169. ■

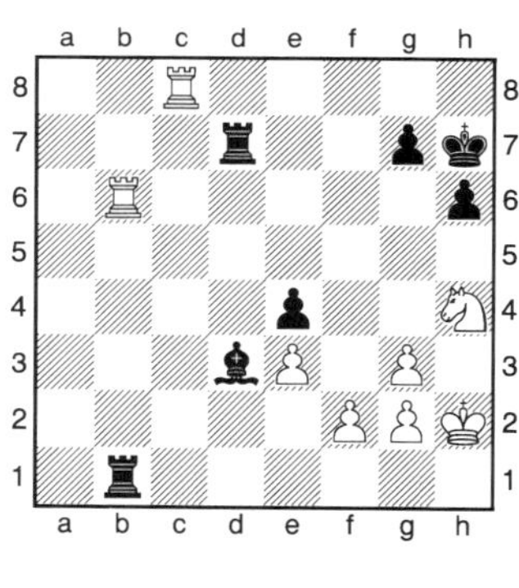

170.

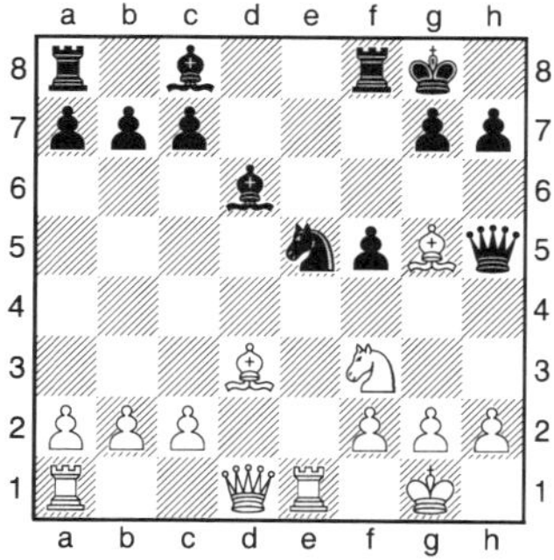

171.

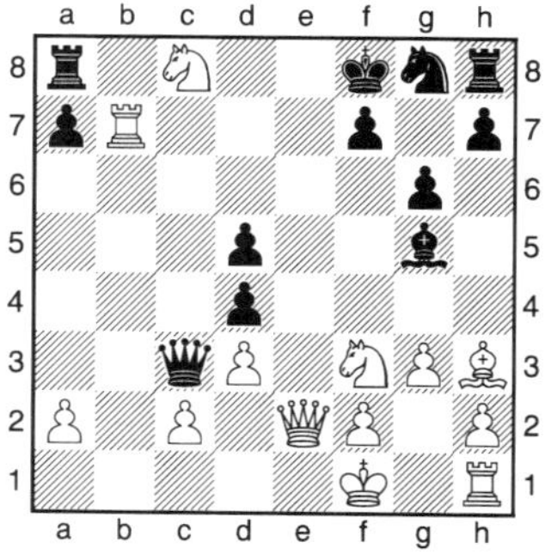

172.

167. Geenen - Astengo, Mailand 2002

Hoffentlich hat hier niemand zu kompliziert gedacht, denn die Lösung ist ganz einfach: **1.♘e5–c4** und oh Schreck, die Tante ist weg!

1...♛b6–b5/a6 2.♘c4–d6+ Abzug und Gabel zugleich, Schwarz bekommt lediglich zwei Leichtfiguren für die Dame. **2...♝f8xd6 3.♗f1xb5** usw.

168. Bosman – Van Wely, Brüssel 1988

Das Überlastungsmotiv (der Bg3) kann hier zum Bauerngewinn eingesetzt werden: **1...♞h5–f4+ 2.♔g2–h2** und nach 2...♛e7xh4 3.g3xh4 ♜c8–h8 könnte sogar 4.♔h2–g3? g6–g5 5.h4xg5?? ♜h8xh3# folgen.

Aber das war Schwarz vernünftiger Weise allzu vage und er schaltete lieber **2...g6–g5** (aufgegeben) ein. Plötzlich ist die Dame gefangen!

169. Tikan – Paebo, Tartu 1977

1...♛d5–d8 würde nur zu Ausgleich führen, was Weiß mit dem Ausfall ♘f3–e5 wohl beabsichtigt hatte; oder 1...♛d5xe5 2.♕c3xe5 ♞c6xe5 3.♗g2xb7 usw.

Der Gegenangriff **1...♞c6–d4** aber verbindet eine Gabeldrohung mit der Mattdrohung auf g2. Bleibt nur **2.♗g2xd5 ♞d4xe2+ 3.♔g1–h1 ♝b7xd5+ 4.f2–f3 ♞e2xc3 5.b2xc3** und Schwarz steht besser.

170. Tartakower – Rey, Paris 1934

Eine harmlose Drohung führt zu Gabel und Abzug, mit denen Weiß die gegnerischen Türme abräumt:

1.♘h4–g6 (droht ♖h8#) **♜b1xb6 2.♘g6–f8+ ♚h7–g8 3.♘f8xd7+ ♚g8–f7 4.♘d7xb6**

171. Aljechin – Köhnlein, Düsseldorf 1908

1.♘f3xe5 ♛h5xg5 2.♗d3–c4+ ♚g8–h8 3.♕d1xd6! [3.♘e5–f7+ ♜f8xf7 4.♗c4xf7 hätte die Qualität gewonnen, was aber nicht viel heißen mag.]

Aljechin bringt die Schwäche der Grundreihe ins Spiel. **3...c7xd6 4.♘e5–f7+ ♜f8xf7** [4...♚h8–g8 5.♘f7xg5+] **5.♖e1–e8+ ♜f7–f8 6.♖e8xf8#**

172. McShane – Wolokitin (Analyse), Bundesliga 2008/9

1.♕e2–e8+ führt ein Matt mit Springerbeteiligung herbei, gleich ob Schwarz nun schlägt oder nicht: **1...♚f8xe8** [oder 1...♚f8–g7 2.♕e8xf7+ ♚g7–h6 3.♕f7–g7+/f8+ ♚h6–h5 4.g3–g4#]

2.♘c8–d6+ ♚e8–d8 [2...♚e8–f8 3.♖b7xf7#] **3.♖b7–d7#**

Hat das vielleicht Luke McShane an die nachfolgende Stellung erinnert?

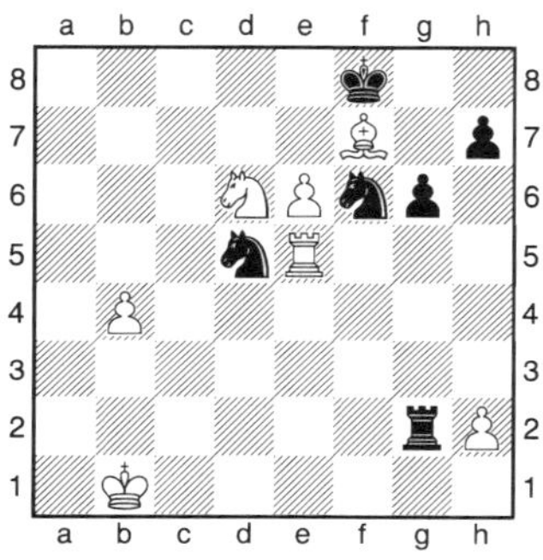

173 ■

Etienne Bacrot – Luke McShane
Jugend WM U10 Duisburg 1992

Weiß sieht mit den beiden Freibauern optisch schon wie der Sieger aus, wenn auch die Umwandlung des e-Bauern nicht direkt möglich ist. Doch der erst 8½-jährige Luke McShane ließ sich nicht einschüchtern und gewann mit einer Springerattacke einen wichtigen Punkt zum Gewinn der Jugend WM. Etienne wurde später der jüngste Großmeister aller Zeiten und Profi. Luke wurde ebenfalls Großmeister, zog aber vor, zu studieren und einen "normalen" Beruf zu ergreifen.

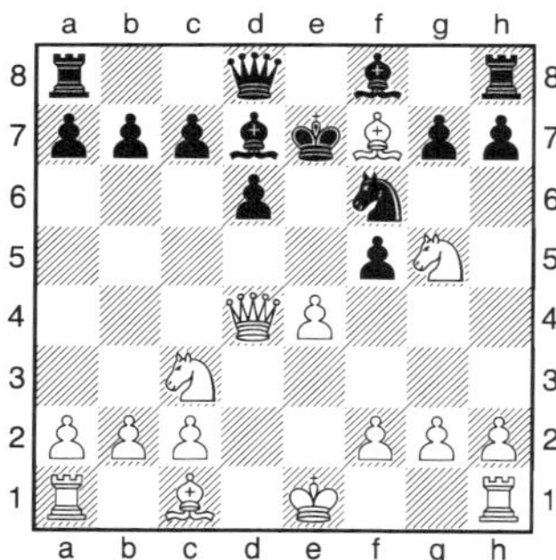

174

Blake – Hooke, London 1923

Weiß griff mit einem Damenopfer im klassischen Stil an:

1.♕d4xf6+ ♔e7xf6 2.♘c3–d5+ ♔f6–e5 3.♘g5–f3+ ♔e5xe4 4.♘d5–c3#

Ein hübsches Matt mit den beiden Springern, deren doppelter Rückzug zum schnellen Matt führte.

Aber was wäre eigentlich gewesen, wenn Weiß statt 3.♘g5–f3+ mit 3.f2–f4 fortgesetzt hätte?

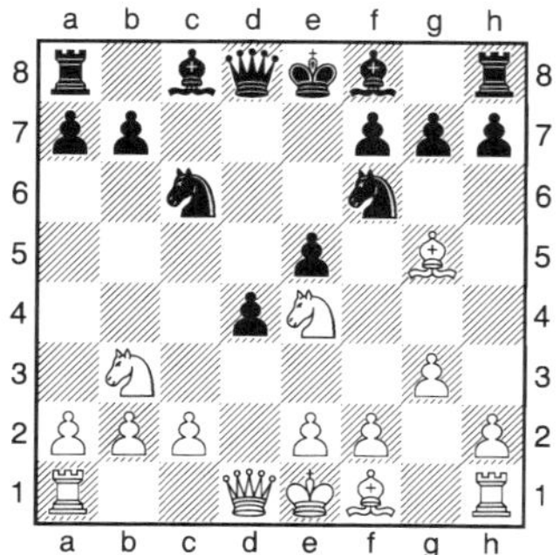

175 ■

De Jonge – Lee,G Gent 2001

Eine komplizierte Version des Springerabzugs aus der Fesselung mit Damenopfer *(s. "Der Springer in der Eröffnung")* sehen wir hier:

1...♘f6xe4 2.♗g5xd8 ♗f8–b4+

Weiß hat nun die Wahl zwischen

3.♘b3–d2 ♗b4xd2+ 4.♕d1xd2 ♘e4xd2 5.♔e1xd2 ♔e8xd8 mit Mehrfigur]

oder, wie in der Partie geschehen

3.c2–c3 d4xc3

und wieder steht Weiß vor einer Entscheidung.

Statt sich gegen die Umwandlung zu verteidigen, griff Luke mit beiden Springern den einsamen weißen König an:

1...♘d5–c3+ 2.♔b1–c1

[2.♔b1–a1?? ♖g2–a2#]

2...♘f6–d5 3.b4–b5 ♘d5–b4 *(D)*

4.e6–e7+ ♔f8–g7 aufgegeben, die neue Dame kommt zu spät, denn es droht sowohl ♖g2–c2# als auch ♘b4–d3#

Eine meisterliche Leistung des jungen Spielers!

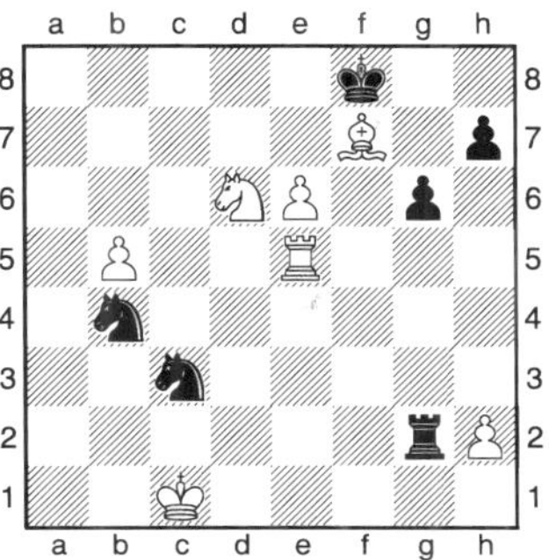

173 B

3.f2–f4+ *(D)* hätte auch zum Matt geführt, doch ist der Weg länger und komplizierter als die Partievariante:

3...♔e5–d4 4.♗c1–e3+ ♔d4–c4

und nun muss Weiß genau spielen und bis zum Matt braucht es noch einige Zeit:

5.a2–a4 ♗d7xa4 6.♘d5–c3+ d6–d5

[6...♔c4–b4 7.♖a1xa4#[

7.♖a1xa4+ ♗f8–b4 8.♔e1–d2 f5xe4 und endlich **9.b2–b3#**

Da war die Partievariante doch wirklich viel überzeugender, nicht wahr?

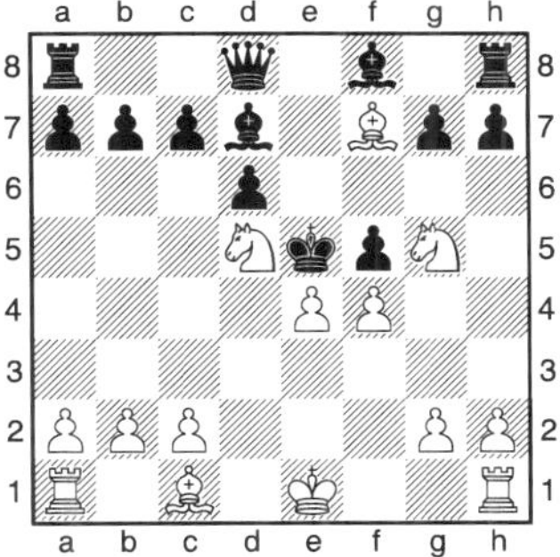

174 B ■

Weiß hat nun zwei Möglichkeiten der Abwehr: Angriff auf den Läufer mit

4.a2–a3 c3–c2+

5.a3xb4 c2xd1♕+

6.♖a1xd1 ♘c6xd8

und Schwarz hat eine Figur gewonnen. Oder

4.b2xc3 ♗b4xc3+

5.♘b3–d2 ♗c3xd2+

was eher noch ein wenig schlechter ist als die Partievariante.

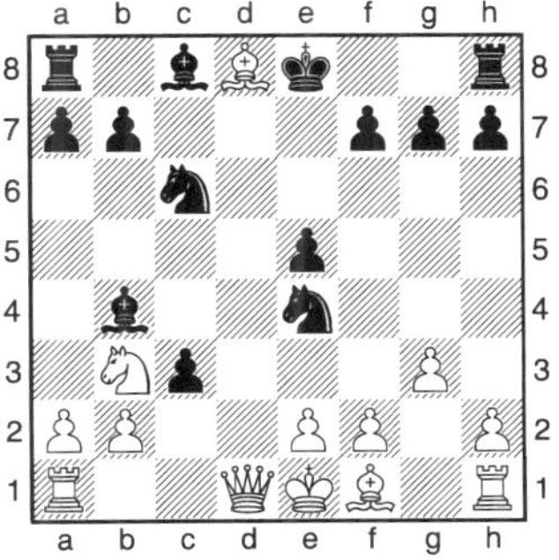

175 B

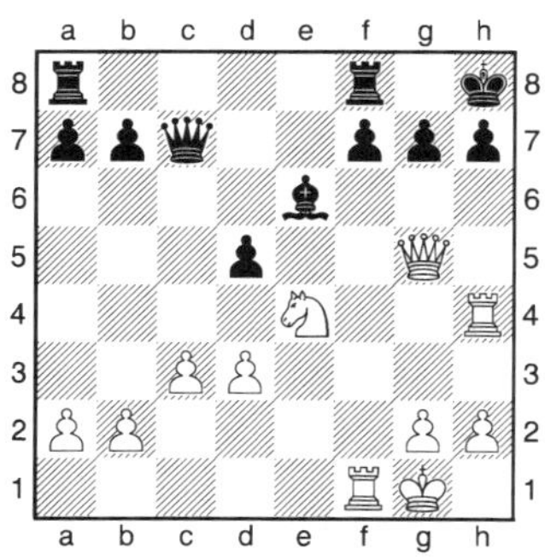

176.

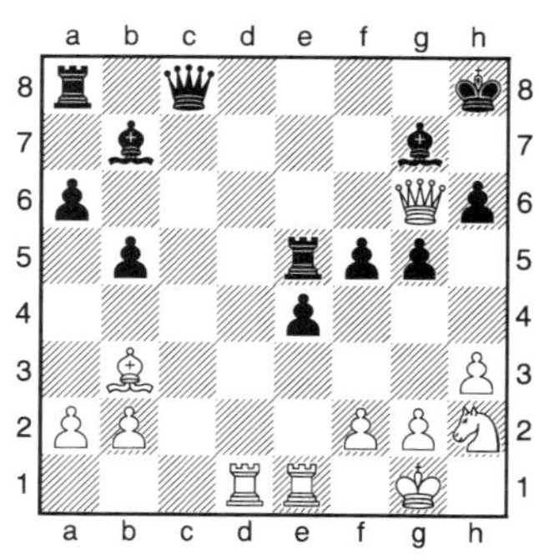

177.

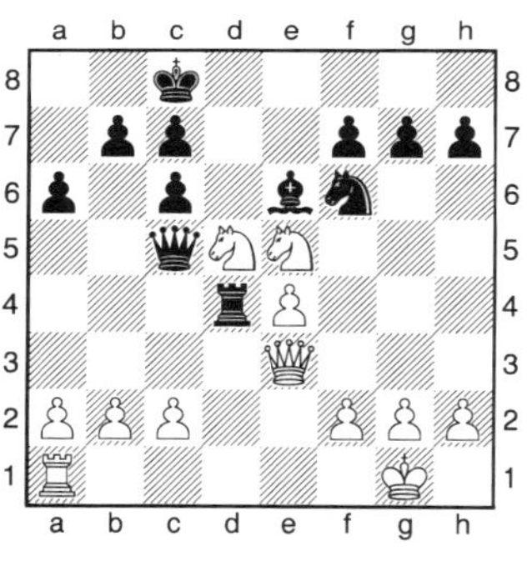

178.

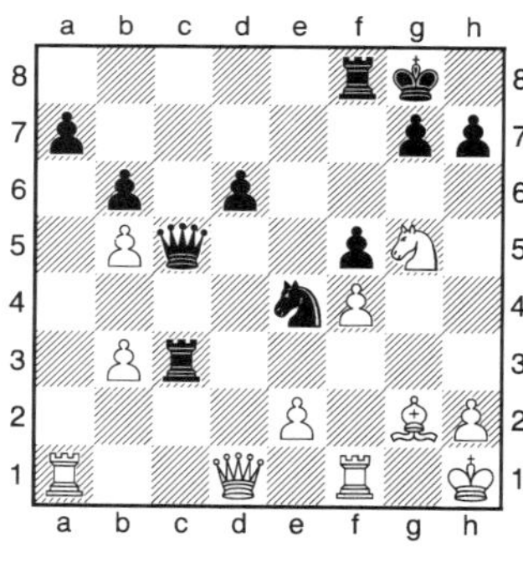

179. ■

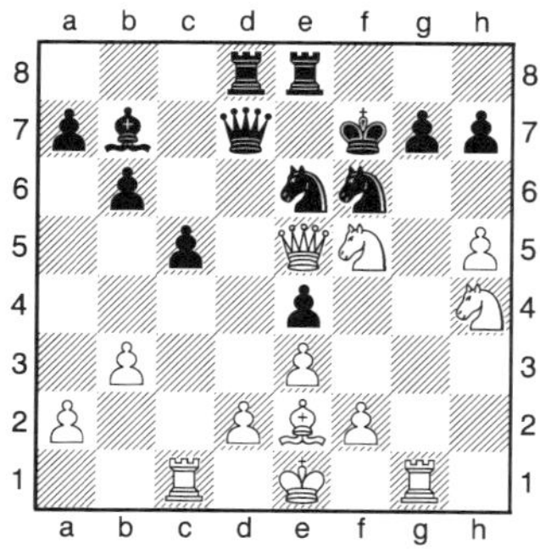

180.

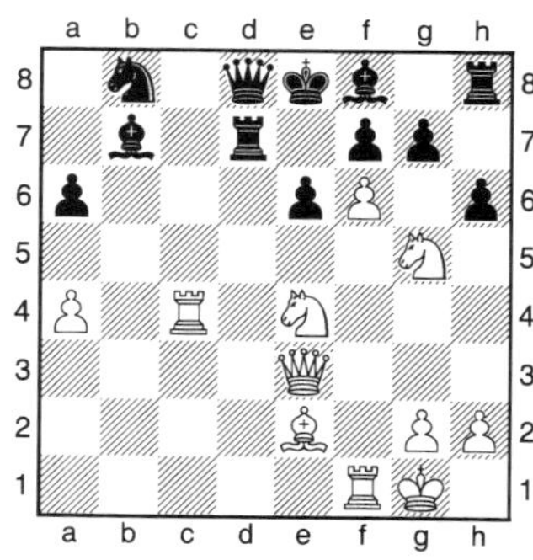

181.

176. Vorobiov,E – Gulajdullin, Kasan 2006

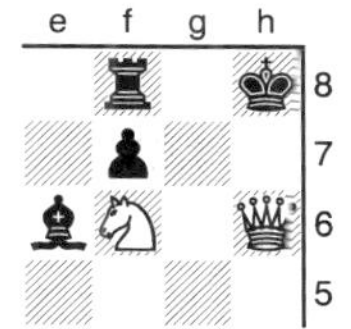

1.♘e4–f6 führt umgehend zum Matt, ob Schwarz schlägt oder nicht:

1...g7xf6 2.♕g5–h6 und Matt auf h7 ist nicht zu verhindern. Und ebenso ***1...h7–h6*** 2.♖h4xh6+ g7xh6 3.♕g5xh6# *(D)*

177. Khartansson – Howell (Variante), Junioren WM 2006

Der Schandspringer vom Rand kommt überraschend ins Spiel zurück:

1.♘h2–f3 [In der Partie spielte Weiß 1.♖d1–d6 und verlor später.]

1...♖e5–e8 [Andere Züge verlieren Material: 1...♕c8–e8 2.♘f3xe5 ♕e8xe5 3.♖d1–d7; 1...e4xf3 2.♖e1xe5 und 2...♗g7xe5? scheitert an 3.♕g6xh6#]

2.♘f3xg5 und Matt folgt: **2...h6xg5 3.♕g6–h5+ ♗g7–h6 4.♕h5xh6#**

178. Bogoljubow – Müller,H Triberg 1934

Welche überraschende Wirkung das Zusammenspiel des Springerpaares haben kann, demonstrierte hier Bogoljubow:

1.♕e3xd4 ♕c5xd4 2.♘d5–e7+ Zwingt den König in die Stellung für eine Nachlade–Springergabel: **2...♔c8–d8/b8 3.♘e7xc6+ b7xc6 4.♘e5xc6+** und gewinnt.

179. Siebrecht – Baramidze, Deutsche Meisterschaft Saarbrücken 2002

Schwarz droht ein Ersticktes Matt, kann aber nach **1...♘e4–f2+? 2.♖f1xf2** [2.♔h1–g1?? ♘f2–h3+ usw.] nicht schlagen, nach **2...♕c5xf2?** zahlt Weiß mit gleicher Münze zurück: **3.♕d1–d5+ ♔g8–h8 4.♘g5–f7+** und Schwarz kann sich nicht freikaufen: ***4...♖f8xf7*** 5.♕d5–a8+ ♖f7–f8 6.♕a8xf8# oder ***4...♔h8–g8*** 5.♘f7–h6+ ♔g8–h8 6.♕d5–g8+ ♖f8xg8 7.♘h6–f7#.

180. Majdan – Coimbra, Plovdiv 2008

Ein Turmopfer macht dem Springer das Feld h6 zugänglich und das reicht:

1.♖g1xg7+ aufgegeben, **1...♘e6xg7** [oder 1...♔f7–f8? 2.♕e5xf6+ ♕d7–f7 3.♕f6xf7#] **2.♘f5–h6+ ♔f7–f8 3.♕e5xf6+** erreicht eine elementare Mattstellung, **3...♕d7–f7 4.♕f6xf7#**

181. Langheinrich – L'Ami, IDJEM IM–Rundenturnier 2002 (7)

1.f6xg7 ♗f8xg7 2.♘g5xe6 ♕d8–e7 3.♘e6xg7+ hätte eine Figur bei überlegener Stellung gewonnen. Noch stärker ist aber direkt **1.♘g5xe6**, was nach **1...f7xe6** die Diagonale e8–h5 öffnet, stets ein ernstes Problem für Schwarz. **2.♗e2–h5+ g7–g6 3.♗h5xg6+ ♖d7–f7** und der Abzug **4.♘e4–g5** sichert noch mehr Materialgewinn, Schwarz gab auf.

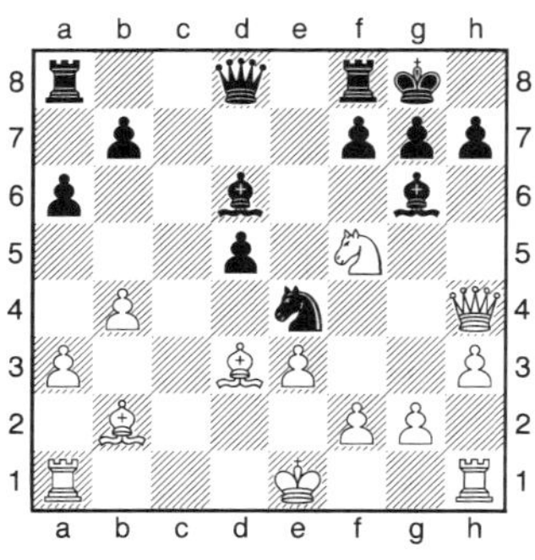

182.

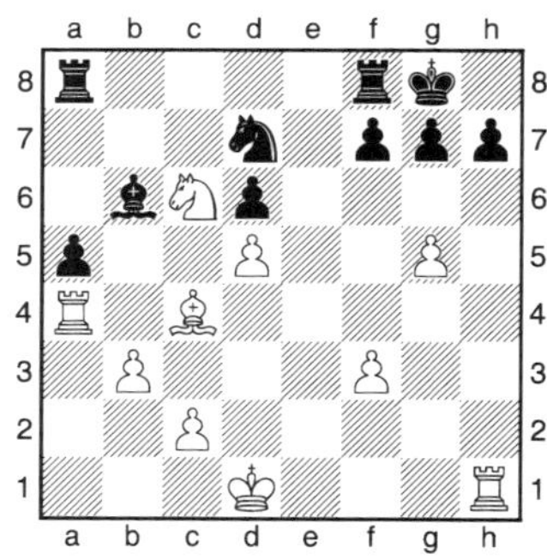

183.

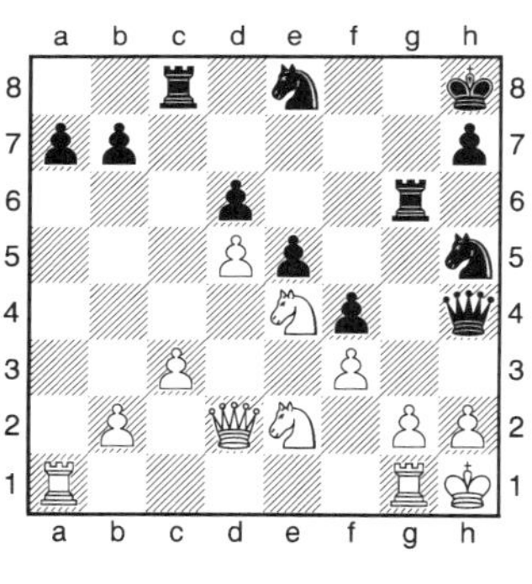

184. ■

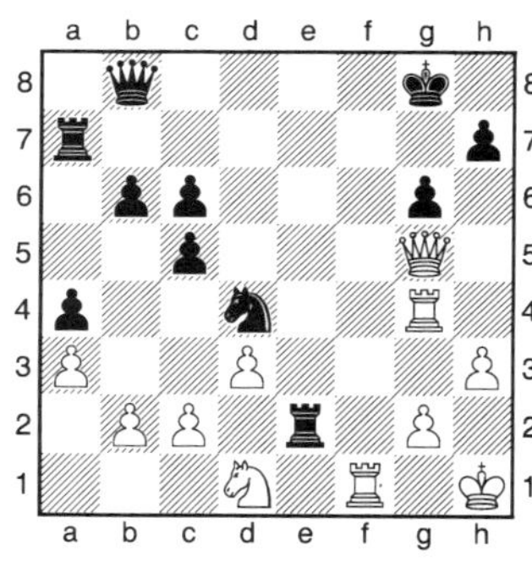

185. ■

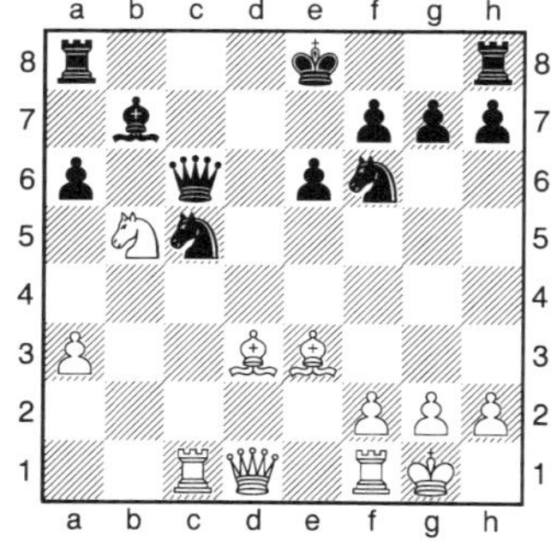

186.

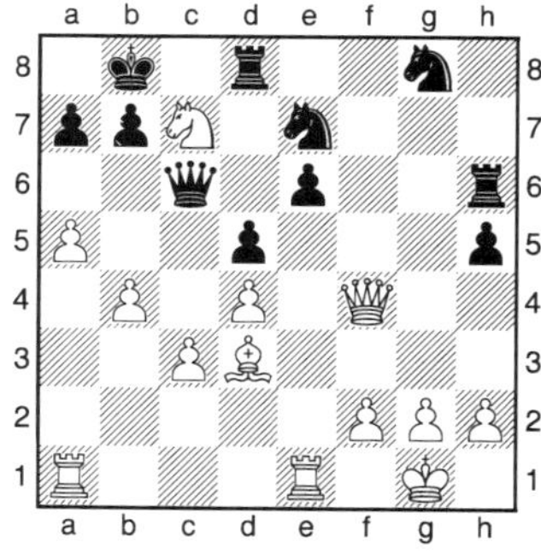

187.

182. Golod – Grandelius, Schwedische Meisterschaft 2009

Wer das Matt mit Springer und Läufer (er)kennt, braucht hier nicht lange zu rechnen, sondern kann einzügig den Gewinn herbeiführen:

1.♕h4–h6 aufgegeben, auf **1...g7xh6** [oder 1...♗g6xf5 2.♕h6xg7#] folgt das Elementarmatt **2.♘f5xh6#** Andere Züge schieben das Ende nur auf.

183. Davila – Saed, Olympiade Bled 2002

Das Anastasia Matt zeichnet sich ab, muss aber noch vorbereitet werden:

1.♘c6–e7+ ♔g8–h8 2.♗c4–b5 Räumung der 4.Reihe und nun Matt oder Figurenverlust. **2...♘d7–e5** [2...g7–g6 3.♗b5xd7 ♖a8–a7 scheint die Figur zurückzugewinnen, aber 4.♘e7–c8 ♖a7xd7 5.♘c8xb6 belässt alles beim alten.] **3.♖h1xh7+ ♔h8xh7 4.♖a4–h4#**

184. Bazant – Orsag, Turnov 1996

1...♘h5–g3+ ist eine Überraschung, würde nun doch **2.♘e2/♘e4xg3** f4xg3 3.♘e4xg3 ♖g6xg3? *(3...♖g6–h6 4.♘g3–f1)* 4.♕d2–e1 für Weiß gewinnen. Doch Schwarz verfolgt einen anderen Plan: **2...♕h4xh2+** nutzt die beengte Königsstellung, das Springeropfer diente nur zur Räumung der h–Linie!

3.♔h1xh2 ♖g6–h6+ 4.♘g3–h5 ♖h6xh5#

185. Priforoschni – Smirnow, Finale "Cup von Russland", Neftejugansk, 2002

Was kann der Springer schon tun außer sich den Bc2 zu schnappen? Nun, nach einem Vorbereitungszug führt er tatsächlich die Entscheidung herbei:

1...♖a7–f7 2.♖f1–g1 ♘d4–f3! aufgegeben **3.g2xf3 ♖e2/♕b8–h2#** [3.♕g5–h6 ♕b8–h2#; oder 3.♖g4–g3 ♘f3xg5 4.♖g3xg5 ♖f7–f3 und wieder droht Öffnung der 2.Reihe, diesmal durch ♖xh3+]

186. Socko – Sanchez, Gibraltar 2009 (7)

1.♖c1xc5?? ist leider nicht möglich wegen des hässlichen 1...♕c6xg2#.

Doch **1.♘b5–d6+** macht dennoch einen Figurengewinn möglich, denn **1...♔e8–f8/e7 2.♘d6xb7 ♕c6xb7 3.♗e3xc5+** und Weiß gewinnt.

187. Kayumov – Abdulrahman (Variante), Dubai Open 2009 (1)

Ein bisschen Abzug, ein bisschen Ersticktes Matt:

1.♘c7–e8+ ♔b8–a8 [1...♔b8–c8 2.♗d3–b5 ♕c6xc3 3.♖a1–c1]

2.♗d3–b5 Weglenkung der Dame von c7, z.B. **2...♕c6xc3 3.♘e8–c7+ ♔a8–b8 4.♘c7xd5+** Damengewinn. [Zum Erstickten Matt führt 2...♕c6xb5 3.♘e8–c7+ ♔a8–b8 4.♘c7–a6+ ♔b8–a8 5.♕f4–b8+ ♖d8xb8 6.♘a6–c7#]

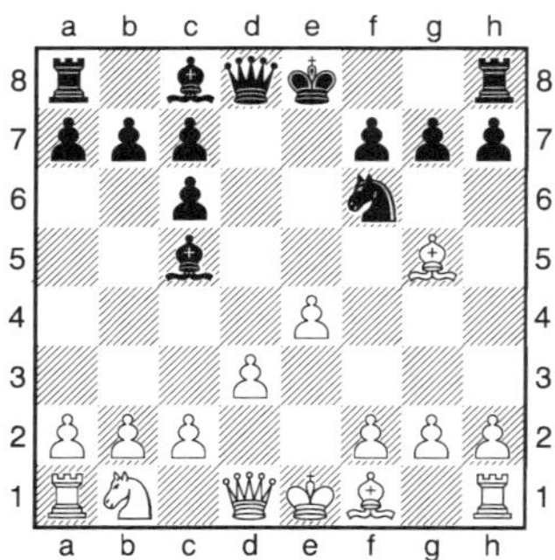

188 ■

N.N. – Lasker, Anfang – Mitte der 1880er

Diese Stellung stammt aus einer Partie, die Emanuel Lasker (*1868) im Teenager-Alter gespielt haben soll (er lernte Schach erst mit ca. 12 Jahren), vermutlich in Berlin.

Es folgte **1...♘f6xe4** (dem Leser schon bekannt aus dem Legal-Matt) **2.♗g5xd8?**

[2.♕d1-e2 würde das Schlimmste verhindern: 2...♗c5xf2+ 3.♔e1-d1 ♕d8xg5 4.♕e2xe4+ ♗c8-e6 usw.]

2...♗c5xf2+ 3.♔e1-e2 ♗c8-g4#

Noch ein anderer Plan wäre denkbar:

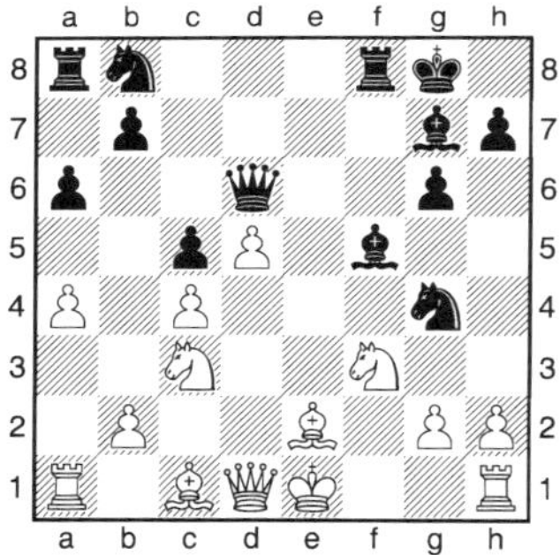

189 ■

Pavlovic,M – Cebalo, Biel 2003

Diese Stellung entstand im Königsinder nach 12.Zügen.

1.g2-g3

geschah in der Partie und ist auch die Wahl des Computers, der Weiß hier besser bewertet. Doch ein Springeropfer, dessen Auswirkungen sich längerfristig zeigen, ändert dies auf Dauer.

Frage an den Leser: Könnte Weiß nicht einfach rochieren?

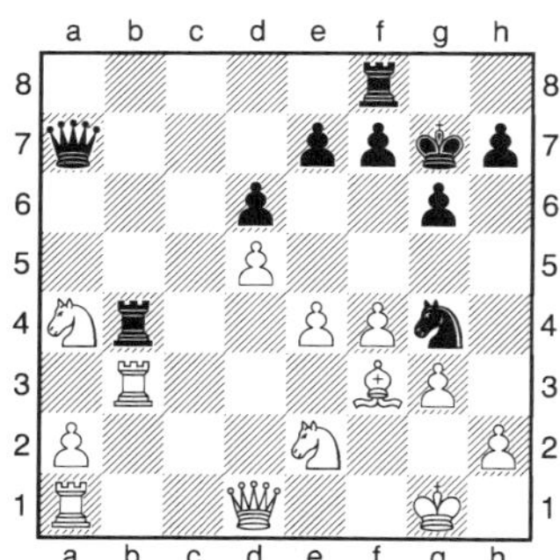

190

Oren – Dyner, Tel Aviv 1952

Die Lage ist ernst:

1.♔g1-g2? ♕a7-f2+ 2.♔g2-h3 ♕f2xh2+ 3.♔h3xg4 ♕h2-h5#; dies scheidet ebenso wie andere Königszüge aus.

Der einzige Ausweg scheint ***1.♘e2-d4***, was nach ♖b4xd4 2.♘a4-b6 ♖d4xd1+ 3.♗f3-d1 den schwarzen Vorteil in Grenzen hält.

Gibt es wirklich nichts Besseres?

1...♗c5xf2+ *(D)* **2.♔e1xf2**
[2.♔e1–e2 ♗c8–g4+ mit Damengewinn]
2...♘f6xe4+ Schwarz macht sich zunutze, dass der Bd3 gegen die Dame gefesselt ist.
3.♔f2–e1
[3.♔f2–g1?? ♕d8–d4+ 4.♗g5–e3 ♕d4xe3#]
3...♘e4xg5
Auch hier hat Schwarz einen Mehrbauern in solider eigener Stellung.

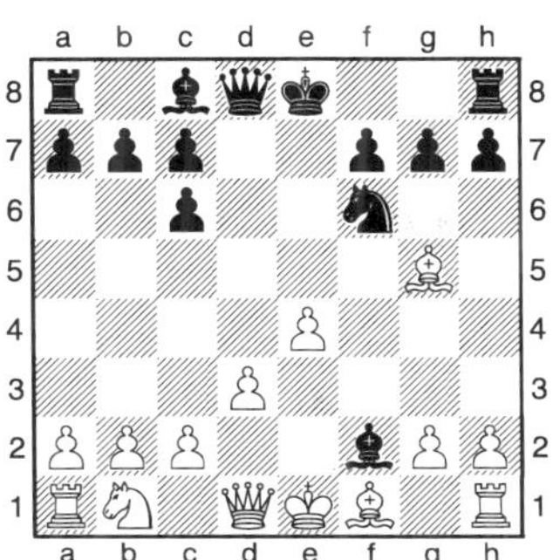

188 B

(ausgehend vom Startdiagramm: 1.g2–g3)
1...♘g4xh2 2.♖h1xh2 [2.♘f3xh2? ♕d6xg3+ 3.♔e1–f1 *(3.♔e1–d2 ♗g7–h6#)* 3...♗f5–h3#]
2...♕d6xg3+ 3.♖h2–f2 *(D)* **♘b8–d7**
4.♕d1–d2 ♖a8–e8 5.♘c3–d1 ♗f5–g4
Nun leidet Weiß bereits unter drei Fesselungen, was seine Beweglichkeit stark einschränkt und seine Handlungen bestimmt.
6.♖a1–a3 ♗g7–d4 7.♕d2–g5 ♗d4xf2+
8.♘d1xf2 ♖f8xf3 9.♖a3xf3 ♕g3xf3 Aufgabe
Dies konnte und brauchte der Leser nicht alles zu berechnen, aber es ist ein gutes Beispiel für eine eher strategisch angelegte Kombi.

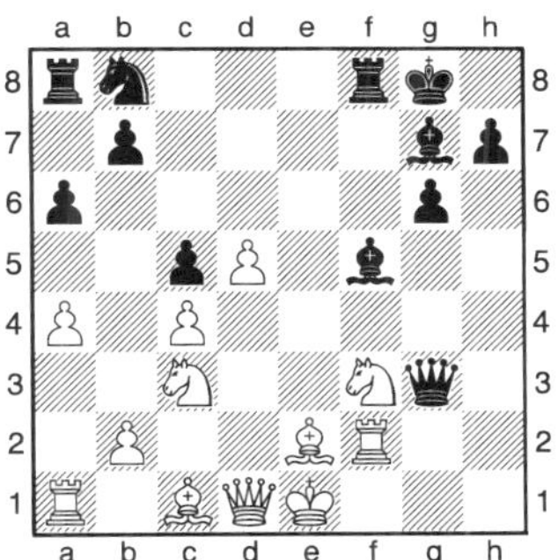

189 B ■

Antwort auf die Frage:
1.0–0 ist nicht ratsam wegen 1...♗g7–d4+ 2.♔g1–h1 ♘g4–f2+ 3.♖f1xf2 ♗d4xf2 usw.

Doch, es gab etwas Besseres. Und die Lösung des Problems besteht sogar aus nur einem einzigen Zug:
1.♘a4–b6 *(D)* führt zum sofortigen weißen Gewinn. Nach **1...♕a7xb6+** ist der Turm gefesselt und nach **2.♘e2–d4 ♕b6xd4+ 3.♕d1xd4+ ♖b4xd4 4.♗f3xg4** gewinnt Weiß mit Mehrfigur und Freibauer leicht!

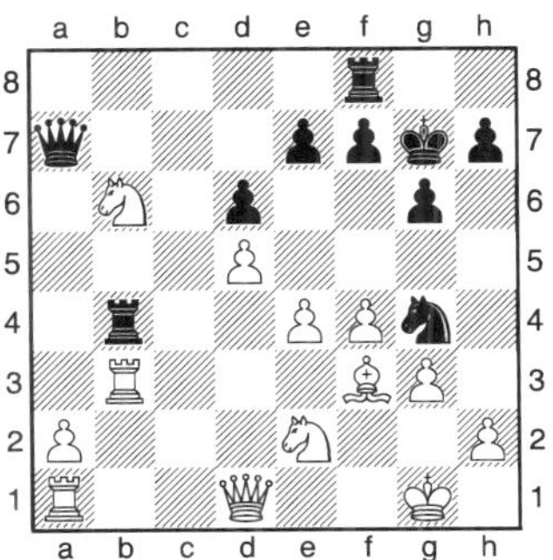

190 B ■

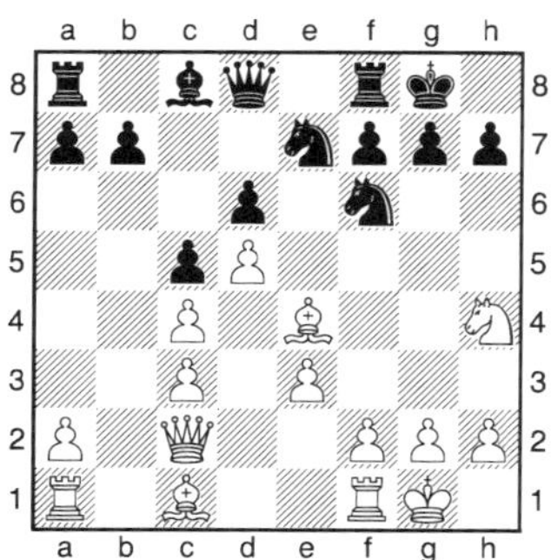

191. ■

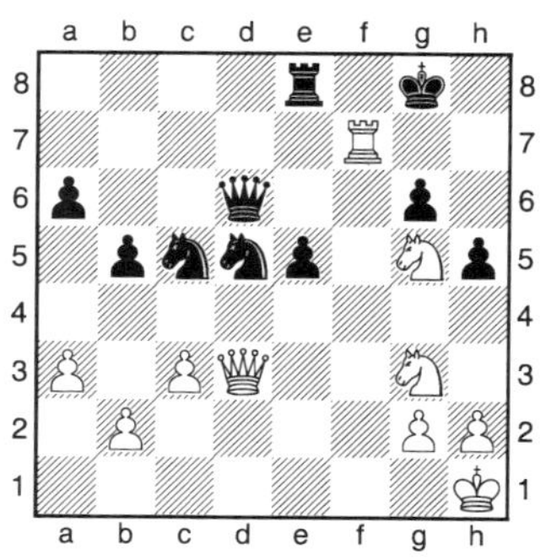

192.

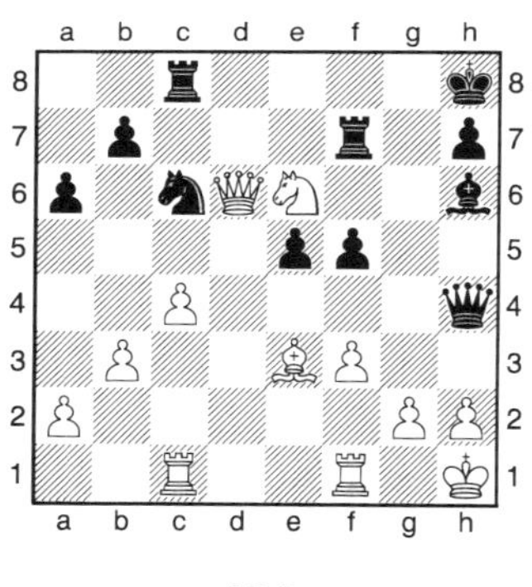

193.

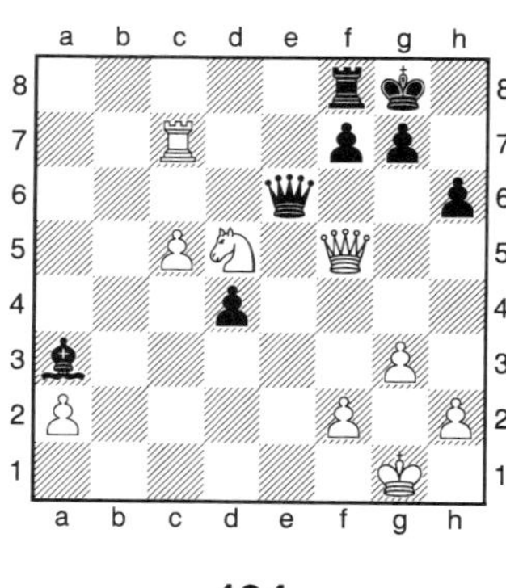

194.

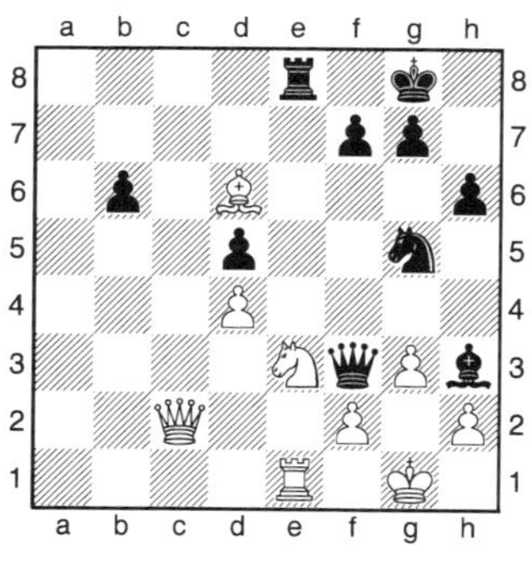

195. ■

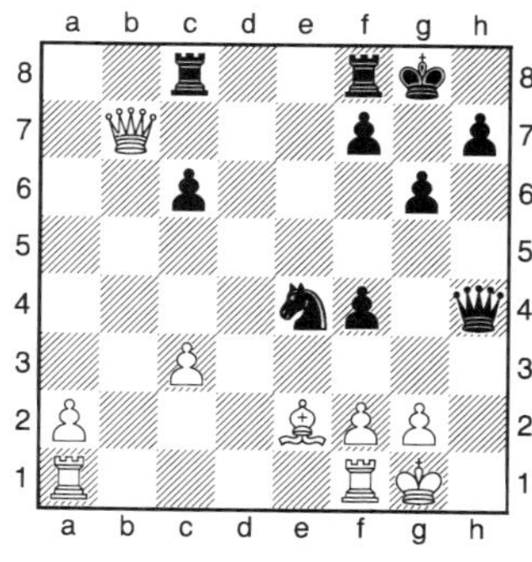

196. ■

191. Zaiats – Taskaev, Wolgograd 1956

Mit einem scheinbar harmlosen Abtausch lockt der schwarze Springer seinen gegnerischen Kollegen in die Falle:
1...♘f6xe4 2.♕c2xe4 g7–g5 und der naheliegende Rückzug **3.♘h4–f3?** scheitert an **3...♗c8–f5** – Statt des Springers sitzt nun die Dame in der Falle!

192. Z.Zhao – Markos,J Jugend–WM U20 Athen 2001

1.♘g3xh5 macht den Weg für die Dame frei – oder strebt selber zum Matt:
1...♖e8–d8 [1...♘c5xd3?? 2.♖f7–g7+ ♔g8–h8 3.♘g5–f7#]
2.♕d3xd5 g6xh5 [2...♕d6xd5?? 3.♘h5–f6+ ♔g8–h8 4.♖f7–h7#]
3.♖f7–f8+ Doppelschach, aufgegeben. **3...♔g8–g7** [3...♔g8xf8 4.♕d5–f7#]
4.♕d5–g8+ ♔g7–h6 5.♘g5–f7#

193. David – Reeh, Hameln 1987

Der Abtausch **1.♗e3xh6 ♕h4xh6** lenkt die Dame in die Position für eine Springergabel. (Abzugsangriff auf Dame und Turm) **2.♘e6–d8 ♕h6xd6** [2...♔h8–g7 3.♘d8xf7; am besten ist noch 2...♕h6–h5 3.♘d8xf7+ ♕h5xf7, was aber auch verloren ist] **3.♘d8xf7+** gabelt den Turm und danach gleich noch einen Bauern weg.

194. Nakamura – Karjakin (Variante), Cuernava 2004

Ein Springermanöver, das eine verborgene Überlastung nutzt, gewinnt:
1.♘d5–e7+ [Zugumstellung wäre nicht möglich: 1.♕f5xe6 f7xe6 2.♘d5–e7+ ♔g8–h7 und Ausgleich] **1...♔g8–h8 2.♕f5xe6** und **f7xe6** macht das Feld g6 frei, also **3.♘e7–g6+** mit Qualitätsgewinn.

195. Chudjakov – Koslow,V GM–Turnier Aluschta 2002

Wer sich an *Nr.140, Ligterink - Pachmann*, erinnert, sieht schon den Weg:
1...♕f3–g2+ 2.♘e3xg2 ♘g5–f3+ 3.♔g1–h1 [3.♔g1–f1?? ♖e8xe1#]
3...♗h3xg2+ 4.♔h1xg2 ♘f3xe1+ und Schwarz gewinnt leicht.
Komplizierter, dafür aber Matt ist ***1...♖e8xe3*** 2.f2xe3 ♗h3–f5 3.♕c2–g2 ♘g5–h3+ 4.♔g1–h1 ♗f5–e4 5.♕g2xf3 (*5.♖e1–e2 ♕f3–f1#; 5.♖e1–g1* und das Stickmatt *♘h3–f2#*) 5...♗e4xf3#

196. Tyni – Manningen, Helsinki 1990

Die Mattdrohung nach **1...♘e4–g3** ist natürlich nicht ernst zu nehmen, doch nach **2.f2xg3 f4xg3** schnürt der Vorpostenbauer den König ein und sichert so Matt: **3.♖f1–d1** (oder beliebig) **♕h4–h2+ 4.♔g1–f1 ♕h2–h1#**

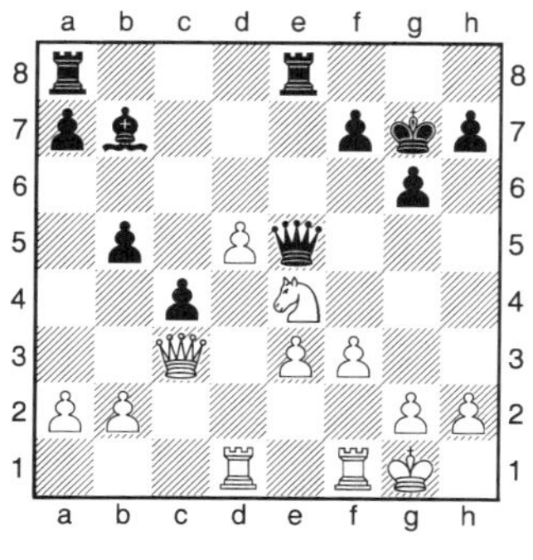

197.

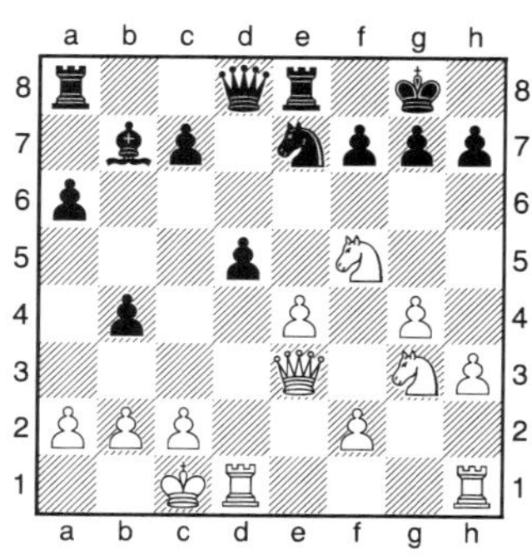

198.

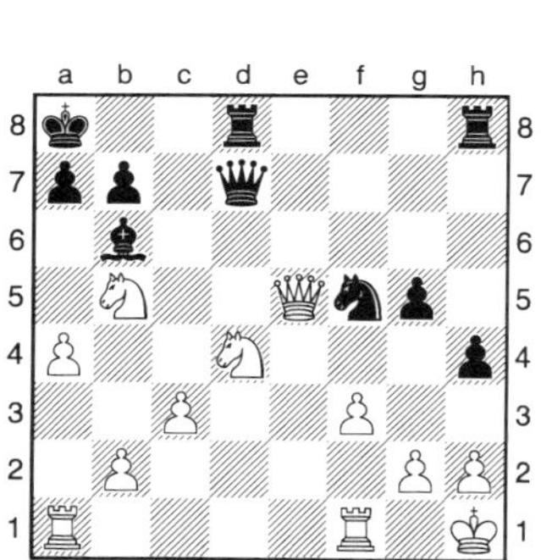

199. ■

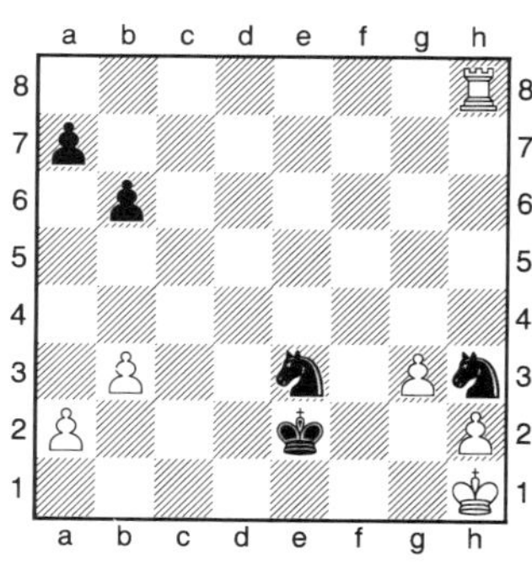

200. ■

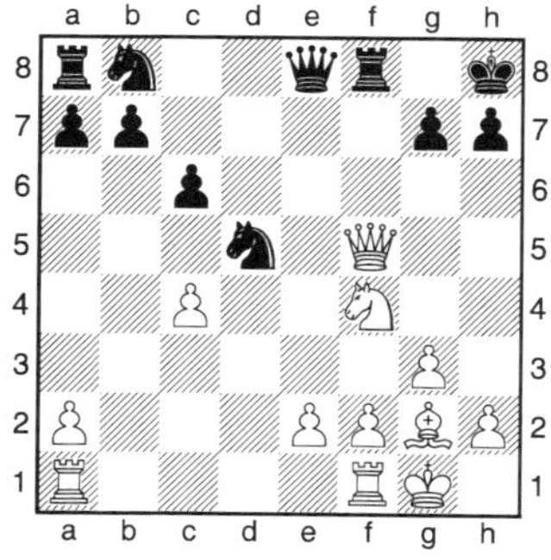

201. ■

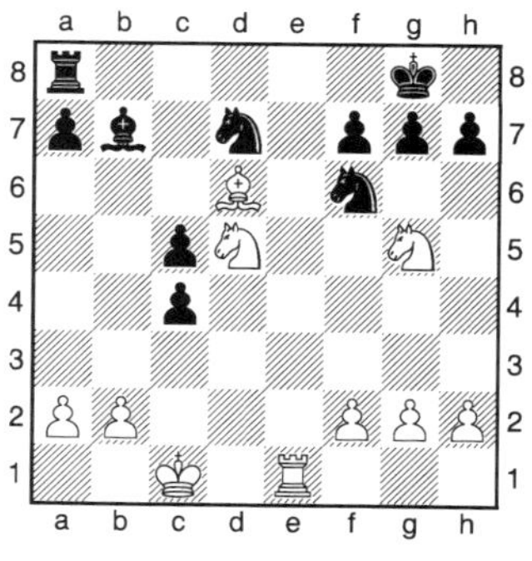

202.

197. Marzolo – Delorme, Nancy B–Turnier 2009 (3)

1.♘e4–d6 nutzt die Fesselung der Dame zur Gabel und nach **1...♛e5xc3** gewinnt das Zwischenschach **2.♘d6xe8+ ♖a8xe8 3.b2xc3** die Qualität, Schwarz gab auf.

198. Skripchenko,A – Ye Rongguang, Groningen 1998

Aufreißen der Königsstellung und "Nachladen" des Springers bereiten dem schwarzen König unlösbare Probleme:

1.♘f5xg7 ♔g8xg7 2.♘g3–h5+ ♔g7–g6 [2...♔g7–h8? 3.♕e3–d4+ ♔h8–g8 4.♕d4–g7#] **3.♕e3–d4 ♘e7–f5 4.e4xf5+ ♔g6–g5 5.f2–f4+ ♔g5–h6 6.♕d4–g7#** [5...♔g5–h4 6.♕d4–f2#]

199. Brynell – Luther, Plovdiv 2003

Nach **1...♘f5–g3+** geht die Qualität verloren, denn **2.h2xg3??** führt direkt in ein Matt vom Damiano–Typ:

2...h4xg3+ 3.♔h1–g1 ♖h8–h1+ 4.♔g1xh1 ♕d7–h7+ 5.♔h1–g1 ♕h7–h2#

200. Hutter – Wust, Wien 1939

Diese Stellung hätte auch in der Rubrik "Der Springer rettet den Tag" stehen können, denn genau das tun die Pferde hier gegen den überlegenen Weißen:

1...♔e2–f1! 2.♖h8xh3 [2.♖h8–f8+ ♘h3–f2+ 3.♖f8xf2+ ♔f1xf2 und das Endspiel wird leicht gewonnen.] **2...♘e3–g4 3.♖h3–h7 ♘g4–f2#**

201. Petrosian,T – Rantanen, Keres–Memorial Tallin 1979 (9)

Ähnliche Stellungen haben wir schon gesehen, wenn diese auch nicht zum Matt führt: **1.♘f4–g6+ h7xg6** erzwingt die Öffnung der h–Linie.

2.♕f5–h3+ ♔h8–g8 3.c4xd5 und Schwarz kann nicht auf d5 schlagen, denn nach **3...c6xd5 4.♗g2xd5+ ♖f8–f7 5.♖a1–b1 ♘b8–c6 6.♖b1xb7 ♘c6–e7 7.♖b7xe7 ♕e8xe7 8.♗d5xa8** gewinnt Weiß leicht.

202. Karsa – Nemeth,L Harkany 1986

Fast eine Stellung für das Matt mit zwei Springern, aber Weiß benötigt noch etwas Vorbereitung: **1.♘d5–e7+ ♔g8–f8 2.♘e7–c8+** sperrt den ♖a8 aus.

2...♔f8–g8 3.♖e1–e8+ ♘f6xe8 lenkt den ♘f6 von der Deckung von h7 weg. Und nun **4.♘c8–e7+ ♔g8–f8 5.♘g5xh7#** [4...♔g8–h8 5.♘g5xf7#]

Der Springer rettet den Tag

So mancher Monarch hätte am Ende einer Schlacht Gott weiß was für ein schnelles Pferd gegeben, auf dessen Rücken er seinem zum Untergang verdammten Reich in Richtung Exil entkommen könnte. Aber nicht solche Fluchthelfer sind hier gemeint, sondern clevere Springer, die durch ein Dauerschach, ein Pattmotiv oder einen überraschenden Coup König und Reich retten. Auch wer bereits überlegen steht, fährt stets gut damit, gegnerische Springer nie aus den Augen zu lassen, sonst fressen ihm diese Viecher im letzten Moment noch den vollen Punkt weg! So findet der Leser nachfolgend einige nette Stellungen, in denen das mit nur 3 Punkten bewertete Pferd zuweilen eine Stellung rettet, für die keiner mehr einen Pfifferling geben würde!

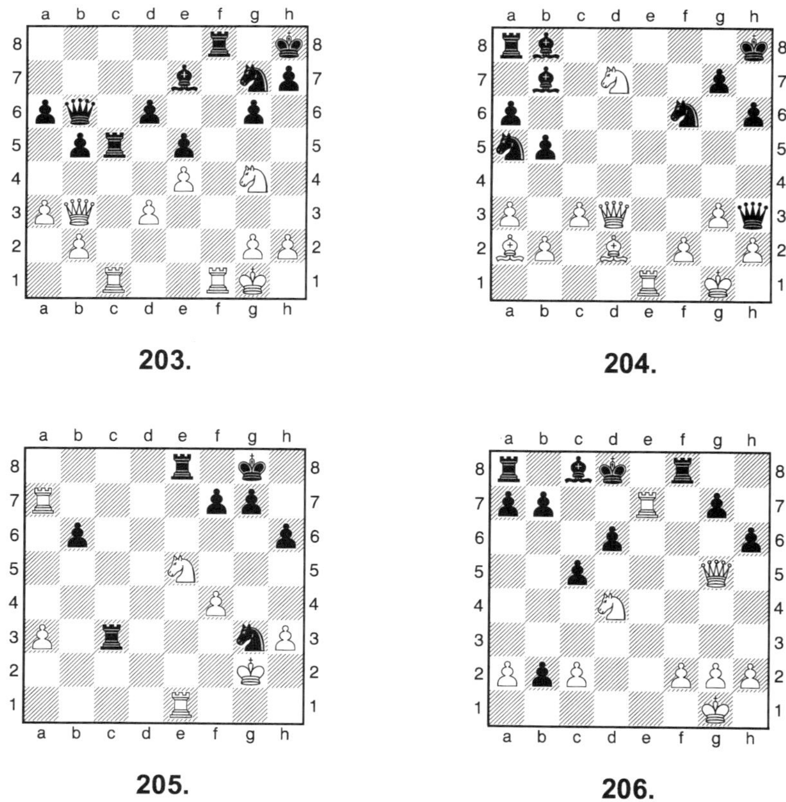

203. 204. 205. 206.

203. Kratkowsky – Lapsis, UdSSR 1982

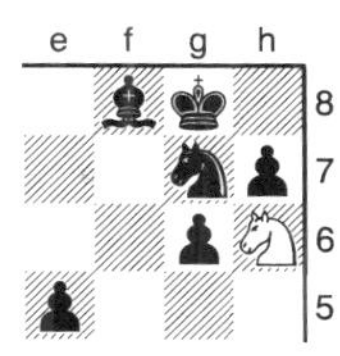

Mit einer Minusfigur hat Weiß wohl nichts Gutes zu erwarten. Aber nicht verzagen, nach einiger Vorbereitung behält der Springer alles unter Kontrolle:

1.♖f1xf8+ ♗e7xf8 2.♕b3–g8+ ♔h8xg8 3.♘g4–h6+ *(D)* **♔g8–h8 4.♘h6–f7+** Der unglücklich von seinen Steinen eingeklemmte König kann nicht entkommen. Remis durch Dauerschach!

204. Neumann – N.N., Wien 1886

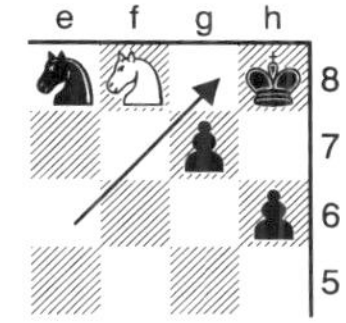

In ähnlicher Weise sichert auch hier der Springer durch die Kontrolle der beiden nebeneinander liegenden Felder das Remis:

1.♖e1–e8+ ♘f6xe8 2.♕d3–h7+ ♔h8xh7 3.♘d7–f8+ ♔h7–h8 4.♘f8–g6+ *(D)* usw. Remis durch Dauerschach.

(Der Pfeil markiert die Wirkungslinie des Läufers auf a2)

205. Orlov – Psachis, Philadelphia World Open 1992

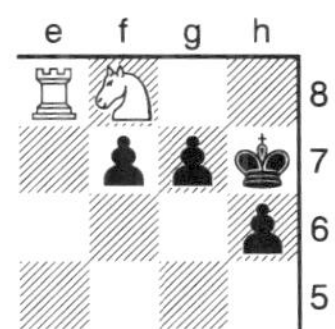

1.♘e5–g6 ♖e8–d8 [Oder 1...♖e8xe1 2.♖a7–a8+ ♔g8–h7 3.♘g6–f8+ ♔h7–g8 4.♘f8–g6+ usw., Remis durch Dauerschach]

Schwarz will die Remisschaukel vermeiden, kommt aber mit **2.♖a7–d7 ♖d8–a8 3.♖d7–a7** nur zur nächsten:

3...♖a8–b8 4.♖a7–b7 ♖b8xb7 5.♖e1–e8+ ♔g8–h7 und **6.♘g6–f8+** *(D)* **♔g8–h8/g8 6.♘f8–g6+** usw., Remis.

206. Sokolow – Ruschnikow, Fernpartie 1965/66

Weiß scheint verloren – ein Freibauer, der gleich umwandeln kann, die Dame hängt, kein profitabler Abzug für den Turm. Aber der erobert das rettende Feld für den Springer: **1.♖e7xb7+ h6xg5 2.♘d4–c6+ ♔d8–e8 3.♖b7–e7#**

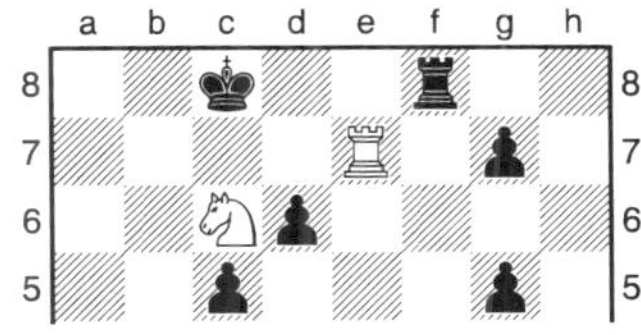

Positionen mit einem Turm auf der 7.(2.) Reihe und einem schachbietenden Turm haben ein Potential zum Matt wie auch zum Dauerschach, wie nebenstehendes Diagramm zeigt:

1.♘c6–a7+ ♔c8–d8 2.♘a7–c6+

Bietet Schach und deckt den Turm.

2...♔d8–c8 3.♘c6–a7+ ♔c8–b8 4.♘a7–c6+ usw., Remis, denn natürlich scheitert **4...♔b8–a8??** am Arabischen Matt **5.♖e7– a7#**

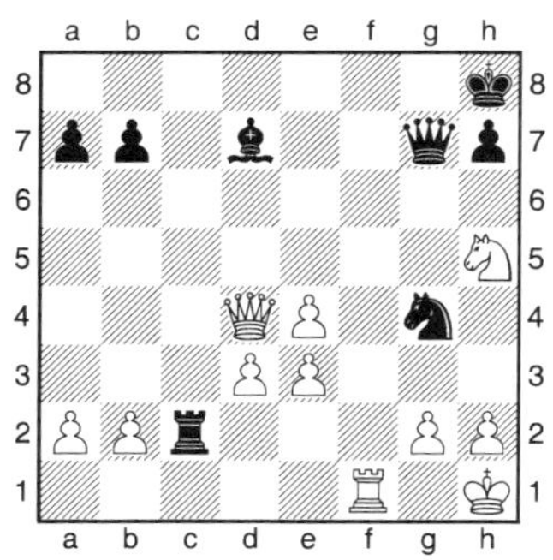

207. ■

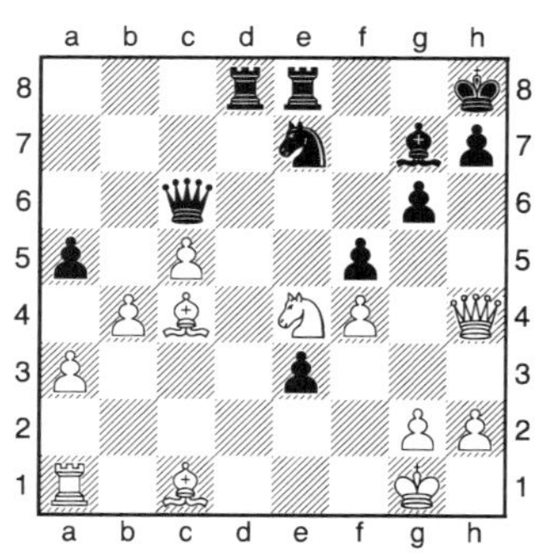

208.

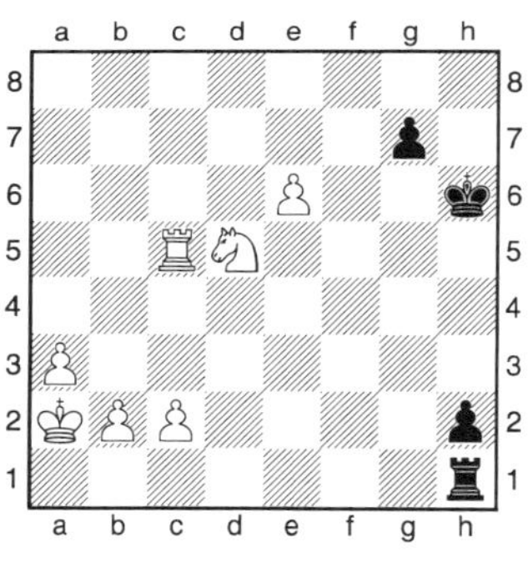

209.

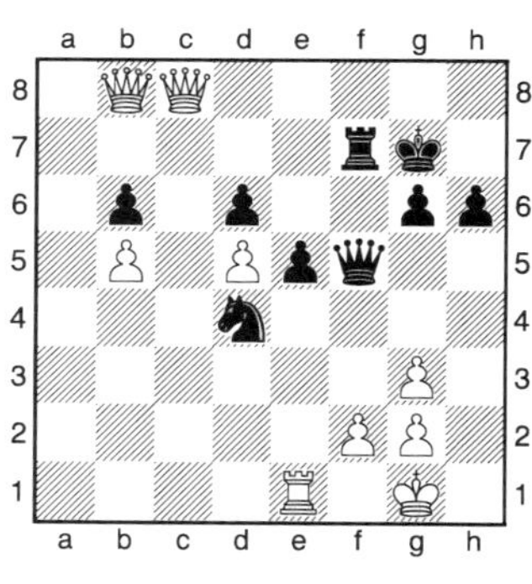

210. ■

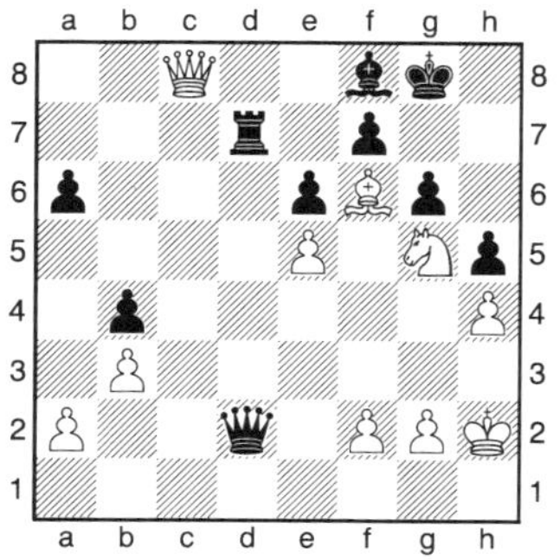

211.

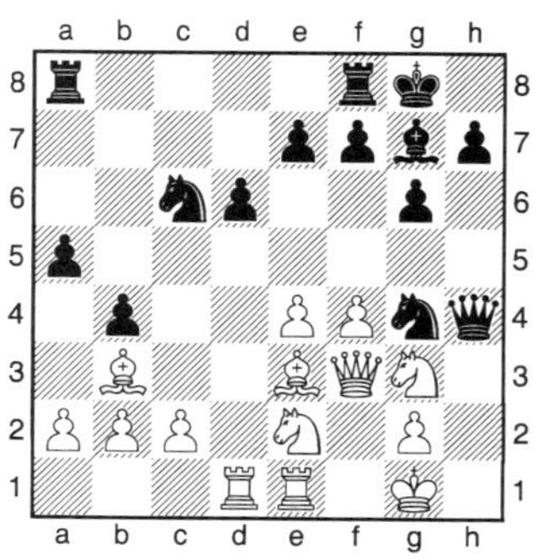

212. ■

207. Rellstab – Goossen, 1978

Nach dem letzten weißen Zug ♘f4–h5 scheint das Ende nahe, ♖f1–f8# droht. Aber auch Schwarz hat noch eine Drohung - und auch einen Springer:

1...♘g4–f2+ [1...♕g7xd4?? 2.♖f1–f8#] **2.♔h1–g1** [2.♖f1xf2?? ♖c2–c1+ 3.♖f2–f1 ♖c1xf1#] **2...♘f2–h3+ 3.♔g1–h1** usw., Remis durch Dauerschach.

208. Brunthaler – Kaufmann, Lugano 1978

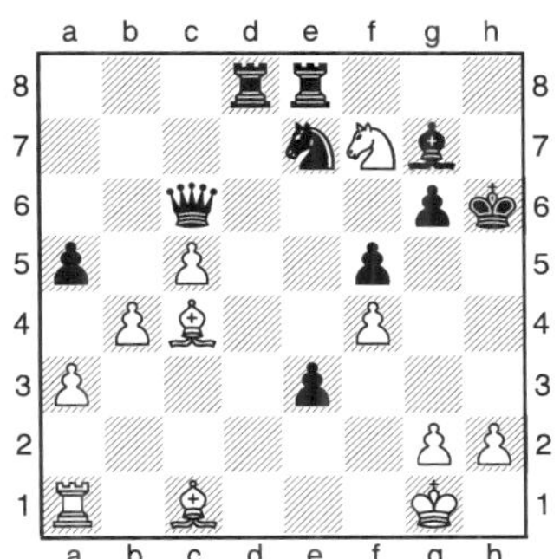

Zwei weiße Figuren hängen, Matt auf der Grundreihe droht - wer würde wohl daran zweifeln, dass Weiß am Ende ist? Doch sein Springer entkommt nicht nur seinem Angreifer, sondern rettet auch den Tag:

1.♕h4xh7+ ♔h8xh7 2.♘e4–g5+ ♔h7–h6 3.♘g5–f7+ *(D)* Remis durch Dauerschach.

Falls **3...♔h6–h5??** gewinnt Weiß sogar:

4.♗c4–e2+ ♔h5–h4 5.g2–g3+ ♔h4–h3 und **6.♘f7–g5#**

209. Anand – Morozevich, WM–Turnier Mexico 2007

Schwarz kann umwandeln, aber der zentral postierte Springer rettet:

1.♘d5–e3 [***1.♘d5–f4*** gewinnt durch eine andere Gabeldrohung: 1...♖h1–a1+ 2.♔a2xa1 h2–h1♕+ 3.♔a1–a2 g7–g5 4.e6–e7 ♕h1–e4 5.♘f4–d5 ♕e4–e6 (droht 6.♘d5–f6 ♕e4–e6+ 7.b2–b3 und 7...♕e6xe7 scheitert an 8.♘f6–g8] **1...♖h1–a1+ 2.♔a2xa1 h2–h1♕+ 3.♔a1–a2 ♕h1–e4 4.♖c5–e5** aufgegeben, **4...♕e4xe5? 5.♘e3–g4+** Auf andere Züge gewinnt der Freibauer.

210. Gleizerow – Nunn, Leeuwarden 1995

Eine weiße Damen–Batterie droht Matt im nächsten Zug – aber der Springer lässt sie nicht zum Zug kommen:

1...♕f5xf2+ 2.♔g1–h2 [2.♔g1–h1 ♕f2xe1+ 3.♔h1–h2 ♘d4–f3+ 4.g2xf3 *(4.♔h2–h3?? ♕e1–h1+ 5.♔h3–g4 h6–h5#)* 4...♕e1–f2+ 5.♔h2–h3 ♕f2–f1+ und ebenfalls Remis.] **2...♘d4–f3+ 3.♔h2–h3 ♘f3–g5+** und Dauerschach

211. Goreskul – Kursowa, Chisinau 2005

1.♘g5–h7 erzwingt Remis, Schwarz muss ins Dauerschach flüchten:

1...♔g8xh7 [1...♕d2–f4+ 2.♔h2–h3 =] **2.♕c8xf8 ♕d2–f4+ 3.♔h2–h3 ♖d7–d3+ 4.g2–g3 ♖d3xg3+ 5.f2xg3 ♕f4–f1+ 6.♔h3–h2 ♕f1–f2+** Remis.

212. Sucharov – Buchmann, Kiew 1967

1...♘g4–h2 2.♕f3–f2 ♘h2–g4 usw., Remis durch Zugwiederholung

Der Springer im Endspiel

Ebenso wie der Läufer kann ein Springer ohne weiteres Material auf dem Brett nicht Matt setzen. Hier allerdings enden die Ähnlichkeiten, denn zwei Läufer können recht einfach ein Matt herbeiführen. Zwei Pferdestärken dagegen reichen nur zum Matt, wenn ihnen der Gegner mit einem dicken Patzer auf die Sprünge hilft, wie wir in *D1* sehen:

1...♔g8–h8?? 2.♘e5–f7#

Ein simpler Fehler, richtig ist natürlich 1...♔g8–f8 und der König entkommt. Es ist unmöglich, den König zu fangen.

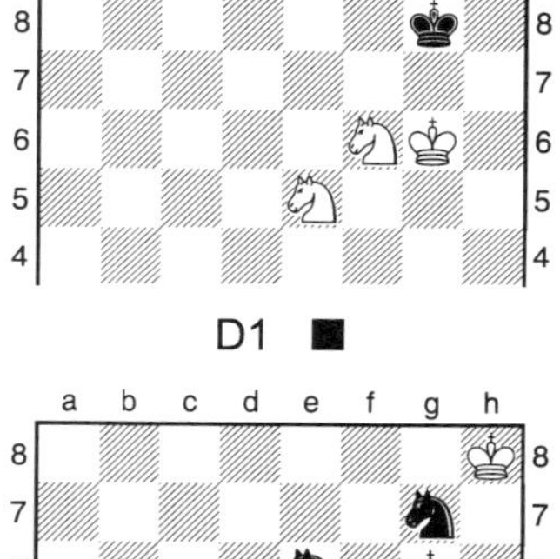

D1 ■

Entweder entkommt er oder er wird Patt gesetzt, wie wir in *D2* sehen:

1...♔g6–f7

[1...♘e6–g5 2.♔h8–g8 und was Schwarz auch zieht, der König entwischt wieder.]

2.♔h8–h7 ♘e6–g5+ 3.♔h7–h6 ♔f7–f6 Patt

[3...♘g5–e6 4.♔h6–h7 ♘g7–f5 5.♔h7–h8 usw., entweder Patt wie zuvor gesehen oder der König entwischt den Springern.]

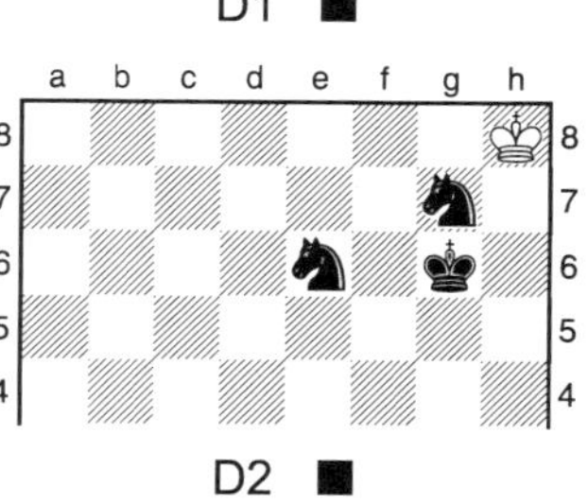

D2 ■

Aber Vorsicht! Wenn in Zeitnot beide Blättchen fallen, ist die Partie nicht etwa Remis, sondern Schwarz hat verloren. Nach den Regeln ist eine Stellung nämlich nur dann Remis, wenn beim schlechtesten gegnerischen Spiel kein Matt mehr möglich ist! Hier wäre dann wohl die sportliche Fairness der Springerpartei gefordert.

Erstaunlicherweise steigen die Chancen des Springerpaares, wenn der Gegner noch Material hat. Ein Bauer, der für eine Weile blockiert werden kann, macht bereits den Unterschied (*D3*): **1.♔e4–f5 ♔g3–g2**

[1...♔g3–h4 2.♔f5–g6 ♔h4–g3 3.♔g6–g5 ♔g3–g2 4.♔g5–f4 ♔g2–g1

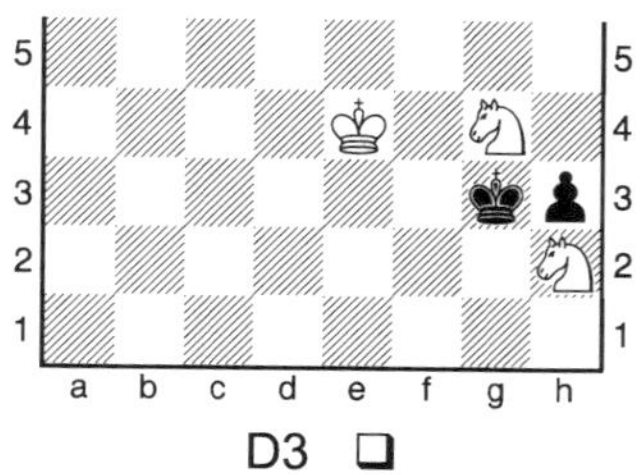

D3 ❑

(*4...♔g2–h1 5.♔f4–f3 ♔h1–g1 6.♔f3–g3 ♔g1–h1* usw.)

5.♔f4–g3 ♔g1–h1 6.♘h2–f3 h3–h2 Zugzwang und 7.♘g4–f2#]

2.♔f5–f4 ♔g2–g1 3.♔f4–g3 ♔g1–h1 4.♘h2–f3 h3–h2 5.♘g4–f2#

Matt in der Ecke – oder auch nicht!

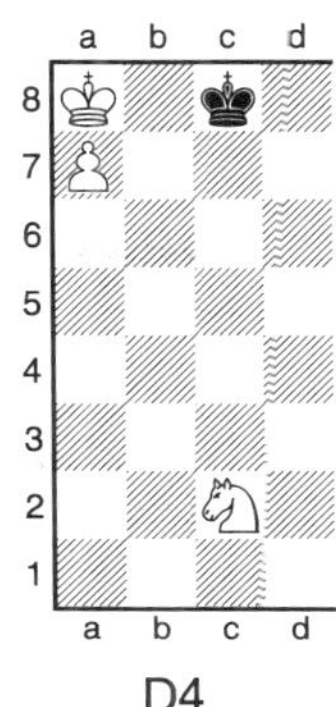
D4

Anders als der Läufer kann der Farbe seine Feldfarbe wechseln. Die Sache hat bloß einen Haken: Er betritt abwechselnd weiße und schwarze Felder und kann diesen Rhythmus nie ändern, es gibt kein Dreiecksmanöver für Springer! Daher entscheidet in vielen Endspielen die Feldfarbe seines Startfeldes, ob er gewinnt oder nicht. In *D4* würde der Springer seinen König befreien können, wenn er das Feld c7 kontrolliert und Schwarz auf c8 steht. Doch das ist nicht möglich:

1.♘c2–b4 ♔c8–c7 2.♘b4–a6+ [2.♘b4–c6 ♔c7–c8] **2...♔c7–c8** und Weiß kommt nicht weiter, Remis.

[***Schwarz*** am Zug verliert sofort: ***1...♔c8–c7*** 2.♘c2–b4 ♔c7–c8 3.♘b4–a6 – kontrolliert c7 – 3...♔c8–d7 usw.]

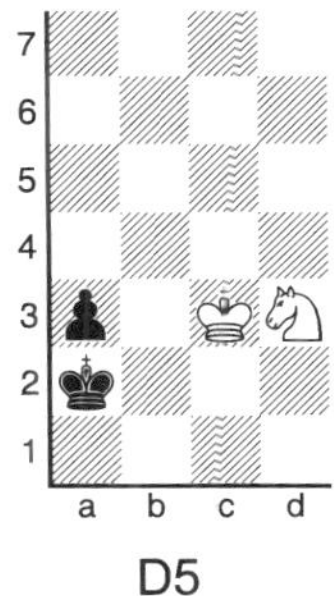
D5

Ähnliches gilt auch, wenn der Springer gegen König und Randbauer des Gegners antritt *(D5)*:

1.♔c3–c2 ♔a2–a1 2.♘d3–c1 nimmt dem König das Feld a2, **2...a3–a2 3.♘c1–b3#**

Steht der Springer aber zu Beginn auf dem schwarzen Feld c5, kann er nicht gewinnen: ***1.♔c3–c2*** ♔a2–a1 2.♘c5–b3+ ♔a1–a2 3.♘b3–c1+ ♔a2–a1 usw., Remis

Springer gegen Bauer

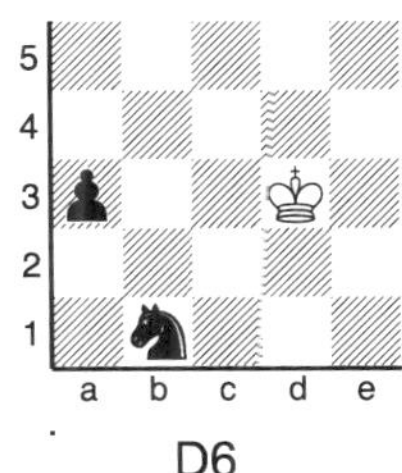
D6

Es scheint, dass der König in *D6* den Bauern abfängt. Doch nach **1.♔d3–c2 ♞b1–d2** bilden Springer und Bauer eine unüberwindliche **Barriere** für den König. Schwarz holt seinen König heran und gewinnt.

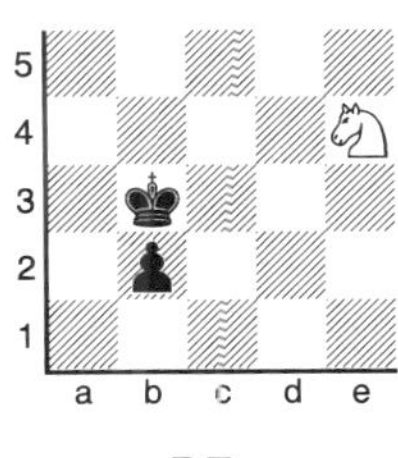
D7

(D7) Den gegnerischen Bauern kann der Springer meistens abfangen, auch wenn sein König entfernt ist. Eine Gabel nach der Umwandlung rettet:

1.♘e4–d2+ ♔b3–c2 2.♘d2–c4 b2–b1♕

3.♘c4–a3+ Remis. Wandelt Schwarz nicht um, laufen Sprinter und König um den Bauern herum, bis Einsicht oder Zugwiederholung zum Remis führt.

Doch Vorsicht! Am Brettrand klappt das nicht immer. Dort fehlt es dem Springer manchmal an Feldern. Und es gibt noch ein anderes Problem für ihn, das sich als unlösbar erweisen kann:

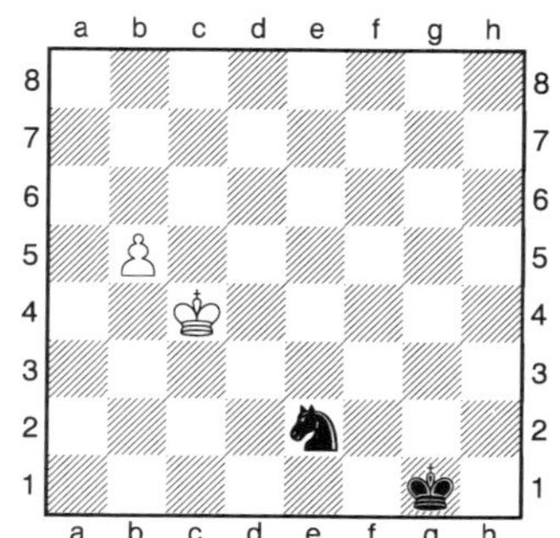

Steht der König der Bauernpartei in **Diagonalopposition** zum Springer, muss dieser weite Umwege machen. Dies ist die beste Ausgangsposition für die Bauernpartei:

1...♘e2-f4 [1...♘e2-g3 2.b5-b6 ♘g3-e4 3.♔c4-d5 ♘e4-f6+ 4.♔d5-c6 gewinnt]

2.b5-b6 ♘f4-g6 (droht ♘e5+ und ♘d7)

3.♔c4-d5 ♘g6-e7+ 4.♔d5-c5 und Weiß kommt zur Umwandlung.

Prokop,F - 1925

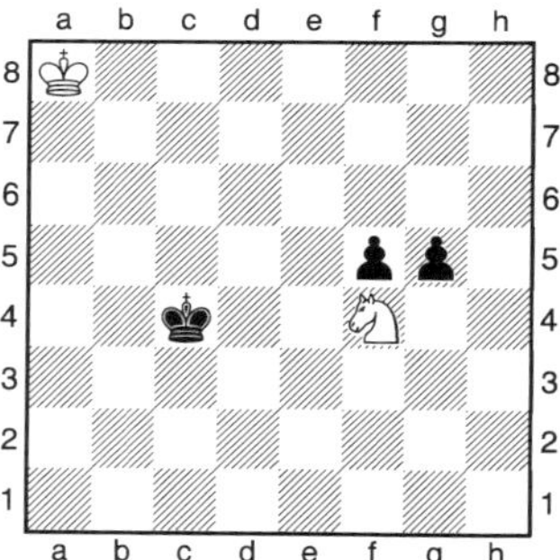

Durch Schachgebote kann der Springer manchmal die unglaublichsten Manöver bewerkstelligen. Hier wird er sogar mit zwei Bauern fertig:

1.♘f4-e6 g5-g4 2.♘e6-g7 f5-f4 [2...g4-g3 3.♘g7xf5 g3-g2 4.♘f5-e3+]

3.♘g7-h5 f4-f3 4.♘h5-f6 g4-g3 [4...f3-f2 5.♘f6xg4 f2-f1♕ 6.♘g4-e3+]

5.♘f6-e4 g3-g2 6.♘e4-d2+ ♔c4-d3 7.♘d2xf3 Remis.

W.Tschechover, 1955

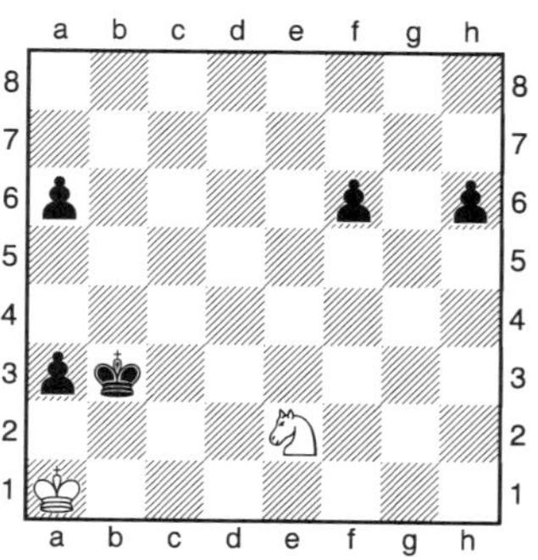

Sind die Bauern auf beiden Flügeln, ist es natürlich für den kurzschrittigen Springer schwerer, sie aufzuhalten. Doch auch dabei kann es Überraschungen geben:

Nach **1.♘e2-g3** kann der König kein Feld der c-Linie ohne Bauernverlust betreten:

1...♔b3-c2 2.♘g3-e4 f6-f5 3.♘e4-g3 f5-f4 4.♘g3-e2 f4-f3 5.♘e2-d4+

und Remis, der König kann gegen den Springer den h-Bauern nicht umwandeln.

Auf andere Züge folgt ***2.♘g3-e4*** f6-f5 3.♘e4-g3 f5-f4 4.♘g3-e2 f4-f3 und 5.♘e2-d4+ ebenfalls mit Remisstellung.

Tschechover,W - 1938

Diese Studien zeigen, wie vielfältig und schwer berechenbar diese scheinbar so simplen Endspiele sind. Wer kann schon all diese "L-Züge", "Windungen" und Gabeln vorausberechnen?

Springer gegen Turm

Gegen andere Leichfiguren sollte der Springer meistens Remis halten können, gegen die Dame ist er so gut wie chancenlos. Bleibt nur der Turm und gegen den hat er tatsächlich eine Remischance.

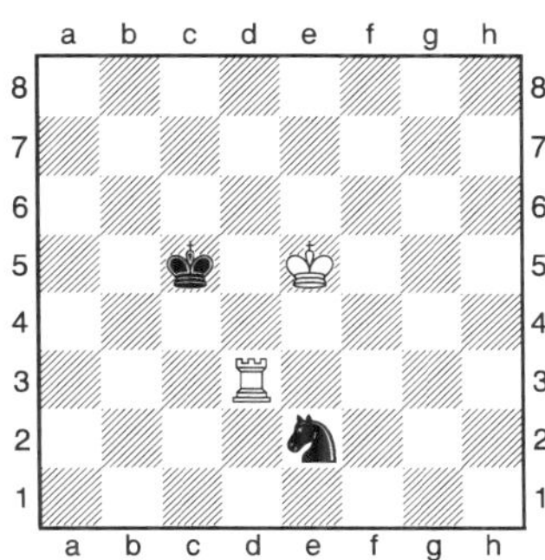

Schon das älteste bekannte Endspiel, eine Studie von **Seirab** aus dem 10. Jahrh., befasst sich mit diesem Thema, verliert aber:

1.♖d3–e3 ♘e2–g1 2.♔e5–f5

[2.♔e5–f4 ♔c5–d4 3.♖e3–e1 ♘g1–h3+ 4.♔f4–f3 ♘h3–g5+ 5.♔f3–f4 *(5.♔f3–g4 ♘g5–e4)* 5...♘g5–h3+]

2...♔c5–d4 3.♔f5–f4 ♔d4–c4 4.♔f4–g3 ♔c4–d4 5.♖e3–e1

und der Springer ist gefangen.

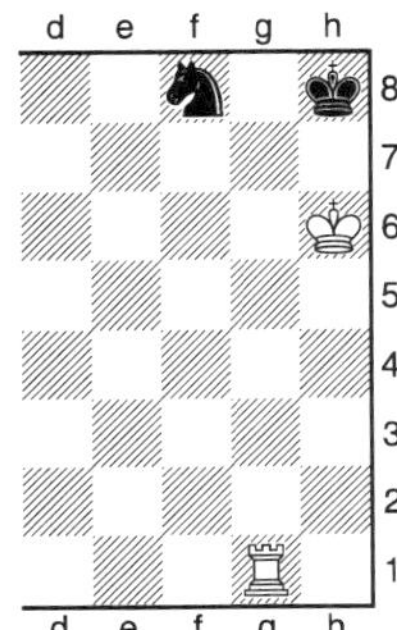

Kann der Sprinter nicht dicht beim König bleiben, geht er verloren. Stehen die beiden in der Ecke, ist äußerste Vorsicht geboten, wie unser Beispiel zeigt:

1...♘f8–d7 2.♔h6–g6 ♔h8–g8 3.♖g1–g2

[3.♖g1–d1 ♘d7–f8+] **3...♔g8–f8** usw., hält Remis

1...♘f8–h7? dagegen verliert: 2.♔h6–g6 ♔h8–g8 *(2...♘h7–f8+ 3.♔g6–f7 ♘f8–h7 4.♖g1–g8#)* 3.♖g1–g2 ♘h7–f8+ 4.♔g6–f6+ ♔g8–h8 5.♖g2–d2 ♘f8–h7+ 6.♔f6–f7 ♘h7–g5+ 7.♔f7–g6 ♘g5–e6 8.♖d2–c2 und Matt folgt.

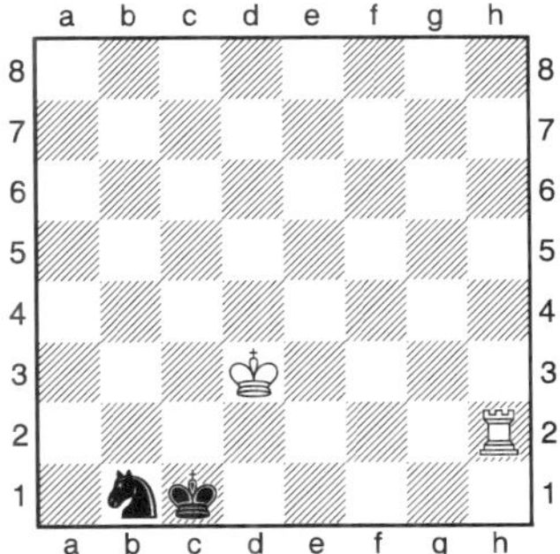

Nach der Remisstellung auf der Vertikalen noch eine solche auf der Horizontalen:

1...♘b1–a3 2.♖h2–a2 ♘a3–b1

[Manche Spieler würden hier versuchen, "aktiv" zu spielen. Das ist im Turmendspiel oft richtig, im ♖ – ♘ Endspiel dagegen der schnellste Weg zum Verlust: 2...♘a3–b5? 3.♖a2–a6 ♘b5–c7 4.♖a6–c6+]

3.♖a2–c2+ ♔c1–d1 Weiß kommt nicht weiter, Remis.

Kelecevic – Potterat, Liechtenstein 1994

Wer ist stärker: Läufer oder Springer?

Für Dr. Tarrasch war das klar. Er nannte den Läufer im Vergleich zum Springer "die kleine Qualität". Doch so pauschal kann man das nicht sagen, wenn es auch für das Endspiel einige Faustregeln gibt:

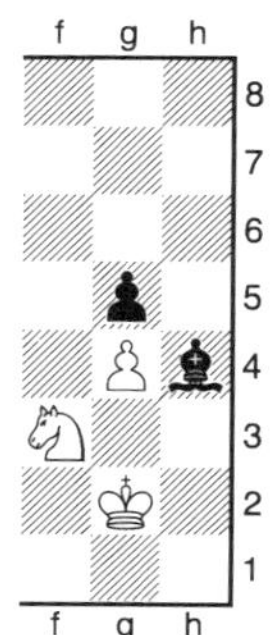

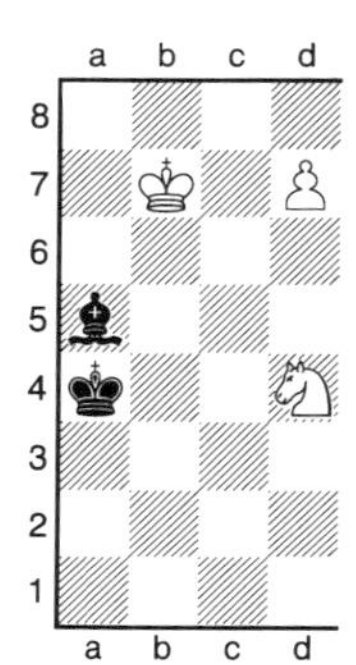

Sind Bauern auf beiden Flügeln vorhanden, ist meist der Läufer stärker.

Kann der Läufer aber an die Deckung eines Bauern bei beengtem Manövrierraum angebunden werden, kommt er schnell in Bedrängnis, wie *D links zeigt*:

1.♔g2–h3 ♗h4–f2 2.♘f3xg5

Im *D rechts* hat der Läufer die falsche Diagonale erwischt, um den Bauern aufzuhalten: **1.♘d4–c6** sichert die Umwandlung.

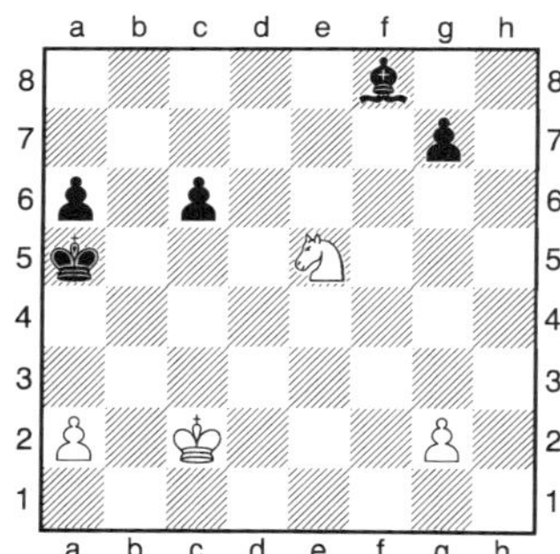

Hier steht der Springer gut und kann durch Gabeldrohungen sogar schnell gewinnen:

1.♔c2–b3 (droht a4 nebst ♘c4#!)

1...♔a5–b5

[1...c6–c5 2.a2–a4 ♔a5–b6 *(2...g7–g5 3.♘e5–c4#)* 3.♘e5–d7+]

2.a2–a4+ ♔b5–b6 3.♘e5–d7+ gewinnt den Läufer [2...♔b5–a5? 3.♘e5–c4#]

Leonid Kubbel – Studie 1925

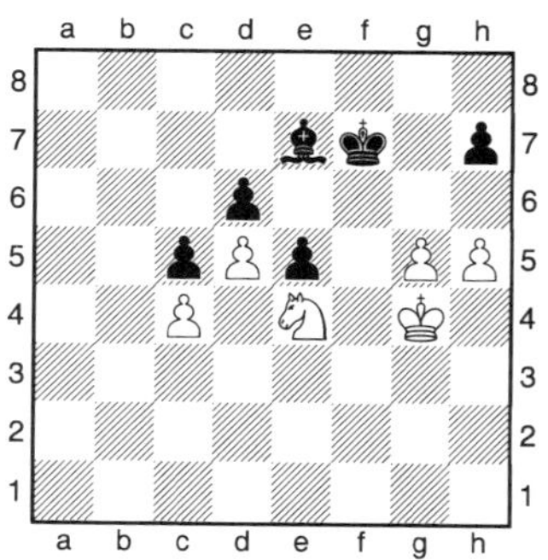

Unerfahrene Spieler denken, es sei gut, wenn der Läufer die gleiche Feldfarbe hat wie die festgelegten Bauern. Genau das Gegenteil ist richtig!

1.♔g4–f5 ♗e7–f8 2.♘e4–f6 h7–h6 3.g5xh6 ♗f8xh6 4.♘f6–e4 ♗h6–f8 5.h5–h6 ♗f8xh6 6.♘e4xd6+ und nach dem Basisbauern fallen auch die anderen.

[***5...♗f8–e7*** 6.h6–h7 ♔f7–g7 7.h7–h8♕+ ♔g7xh8 8.♔f5–e6 ♗e7–f8 9.♔e6–f7]

Awerbach – Panow, Moskau 1950

Wenn der Läufer von der Feldfarbe seiner blockierten Bauern ist, kann der Springer leicht eine **Festung** bilden. Hier kommt Weiß nicht weiter, z. B. **1...♘c6–d8 2.♗c3–a5 ♘d8–c6 3.♗a5–c7 ♘c6–b4+ 4.♔d5–c4 ♘b4–c6** usw., Remis. Ein weiteres Argument gegen die gleiche Feldfarbe, ein weißfeldriger Läufer sollte hier gewinnen.

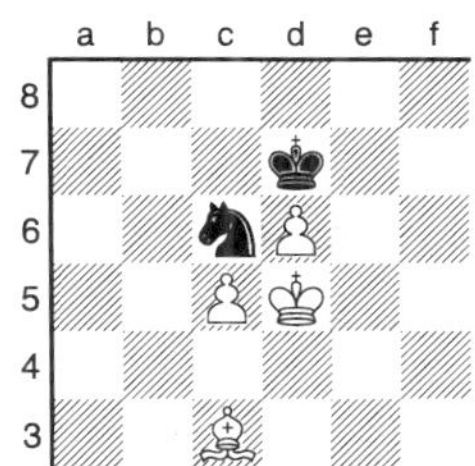

Das der Springer die Felder rund um ihn herum nicht angreift kann vorteilhaft sein, wenn akute Pattgefahr besteht. Eine **Unterverwandlung** zum Springer ist dann die einzige Chance.

Ein seltenes Beispiel für die Springer Unterverwandlung sehen wir hier:

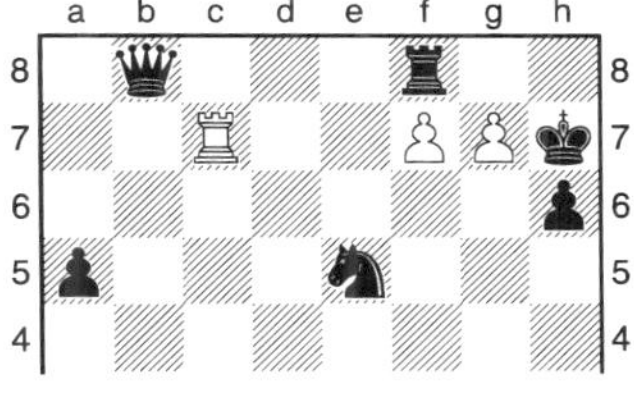

1.g7–g8♕+ ♖f8xg8 2.f7–f8♘+ Unterverwandlung mit dem tödlichen Doppelschach und nach **2...♔h7–h8** das arabische Matt **3.♖c7–h7#**

Topalov – Morozevich (Variante), WM Turnier San Luis 2005

Weiß kann umwandeln, würde aber sofort durch 1...♕b4-e4+ z. B. ♔h7-h6 2.♕e4-g6# besiegt. Doch Unterverwandlung rettet ihn:

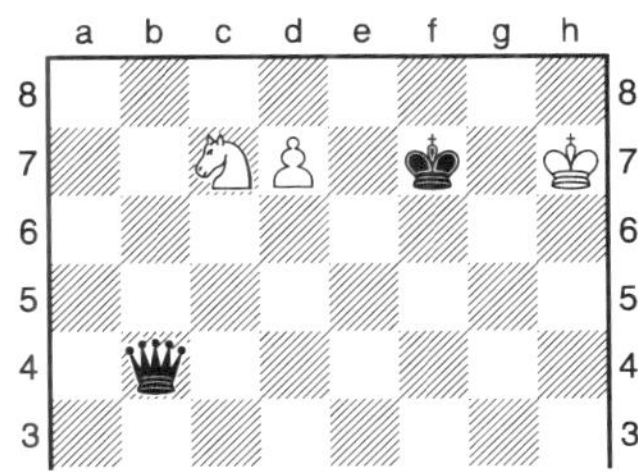

1.d7–d8♘+ ♔f7–f8

[1...♔f7–f6 2.♘c7–d5+]

2.♘d8–e6+ ♔f8–f7

[2...♔f8–e7 3.♘c7–d5+]

3.♘e6–d8+ usw.

Der Springer als Weglenker

Hat jede Seite einen Springer, kann der ♘ der stärkeren Partie manchmal mit einer Gabel die entscheidende Weglenkung erreichen. Hier gewinnt Weiß nach

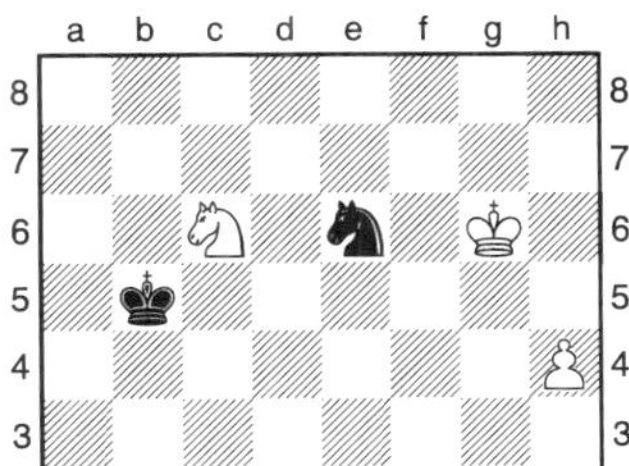

1.♘c6–d4+ ♘e6xd4 2.♔g6–f6 und der Springer kommt nicht am König vorbei (Diagonalopposition), der Bauern kann unbehelligt umwandeln.

16 kleine Beispiele für den Springer im Endspiel

Nachdem wir nun einiges über die Möglichkeiten und Wirkungsweise des Springers im Endspiel erfahren haben, wollen wir dies durch einige kleine Beispiele vertiefen.

In den folgenden Aufgaben ist eine Lösung in maximal 4 Zügen möglich – was aber trotz der Kürze nicht heißen muss, dass der richtige Weg leicht zu finden ist!

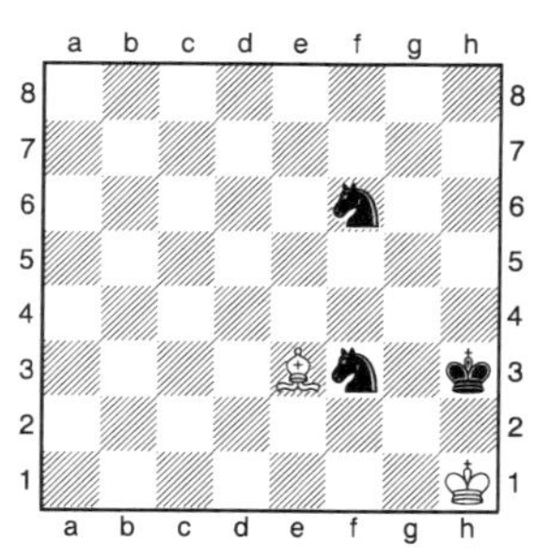

1. ■

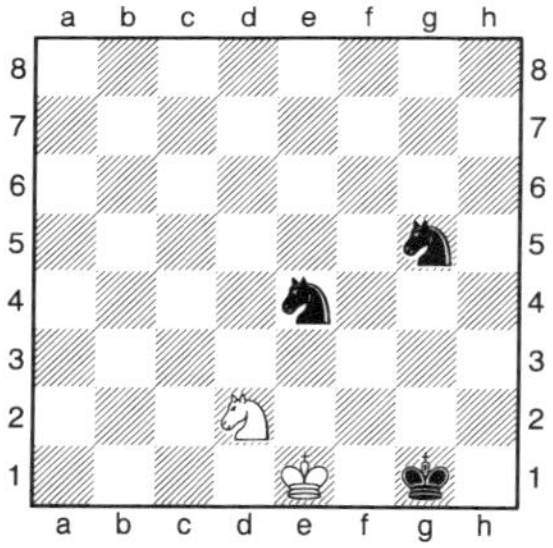

2. ■

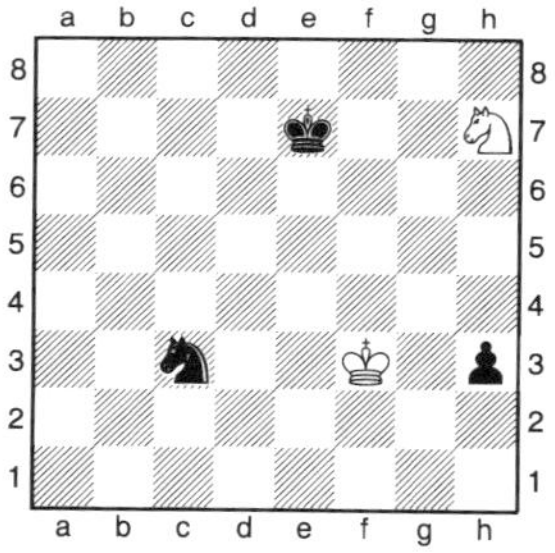

3. ■

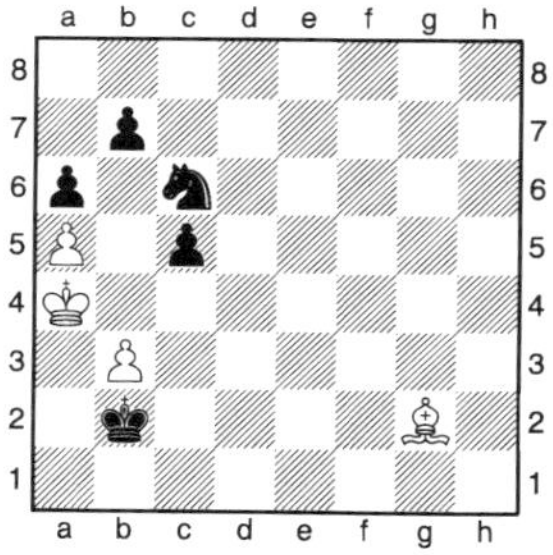

4. ■

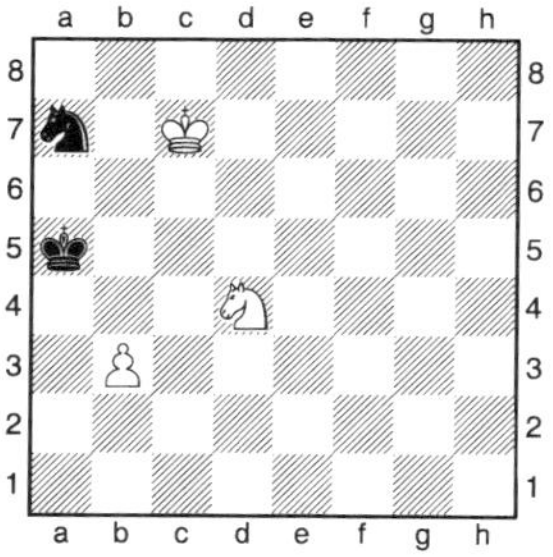

5.

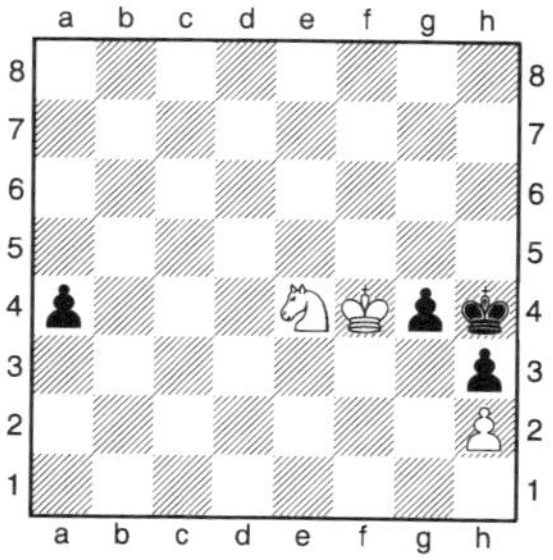

6.

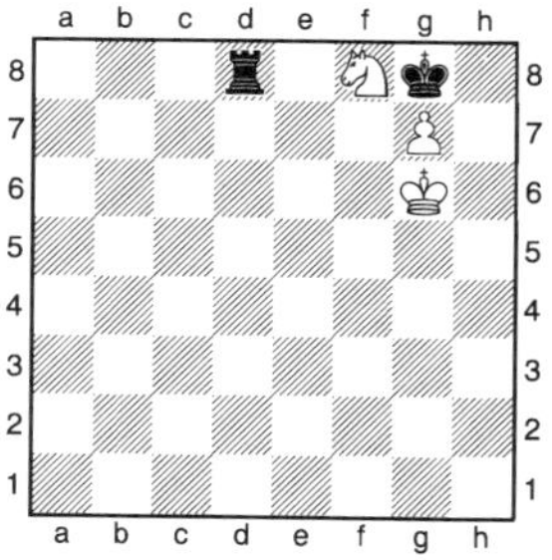

7.

Lösungen der kleinen Endspielaufgaben	
1.	**1...♘f6–e4 2.♗e3–f4 ♘e4–f2#** [oder 2.♗e3–g1 ♘e4–g3#]
2.	Nicht nur ein noch vorhandener Bauer, auch eine Leichtfigur kann dem Verteidiger zum Verhängnis werden, wenn durch sie die Pattstellung aufgehoben wird. Hier geht der weiße König an seinem eigenen Springer zugrunde: **1...♘e4–c3 2.♘d2–e4** Zugzwang! **2...♘g5–f3#**
3.	Die Eigenschaft des Springers, zwei nebeneinander liegende Felder zu kontrollieren kann nicht nur beim Mattangriff, sondern auch im Endspiel entscheidend sein. Hier könnte der weiße König den Freibauern leicht erreichen, mit ♔f3–g3 als auch durch ♔f3–f2. Aber **1...♘c3–e4** nimmt ihm beide Zugangsfelder zugleich und er muss hilflos den Bauern umwandeln lassen.
4.	Statt passiv durch 1...♘c6–d8 den b–Bauern zu verteidigen kann Schwarz die Randstellung des weißen Königs nutzen: **1...♘c6–b4 2.♗g2xb7 ♘b4–a2 3.♗b7xa6 ♘a2–c3#** **Novoselski – Segi**, Ohrid 1979
5.	Weiß kann den Springer fangen – oder auch mehr: **1.♔c7–b7 ♘a7–b5? 2.♘d4–c6#** Mit dem Springerverlust ist auch die Partie verloren: ***1...♘a7–c8*** 2.♔b7xc8 ♔a5–b4 3.♔c8–b7 ♔b4–c3 4.♔b7–c6 ♔c3xd4 5.b3–b4 und Umwandlung folgt.
6.	Der Springer könnte den Freibauern zwar abfangen, doch das reicht nicht aus: 1.♘e4–c3 a4–a3 2.♘c3–a2 g4–g3 3.h2xg3+ ♔h4–h5 4.♔f4–f3 ♔h5–g5 und Remis. Aber Weiß hat eine viel bessere Möglichkeit: **1.♘e4–g3** nimmt dem König das einzige Fluchtfeld. **1...a4–a3 2.♔f4–f5 a3–a2 3.♔f5–g6 a2–a1♕ 4.♘g3–f5#**
7.	**1.♘f8–h7** (nun droht ♘f6#) **1...♖d8–d6+ 2.♘h7–f6+ ♖d6xf6+ 3.♔g6xf6 ♔g8–h7 4.♔f6–f7** und Umwandlung folgt.

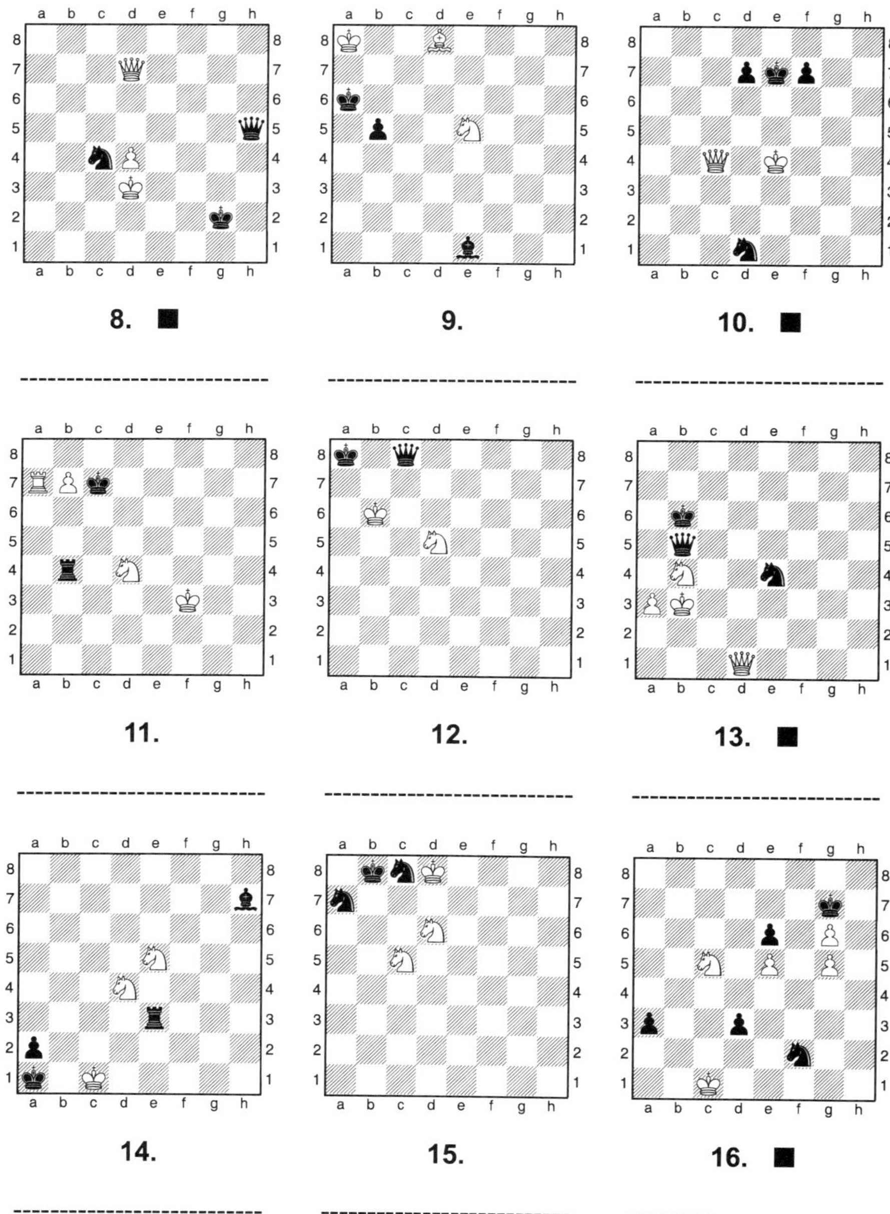

8.	**1...♘c4–e5+** Eine harmlose Gabel, die aber Linienöffnung erzwingt: **2.d4xe5 ♕h5–d1+** mit Damengewinn.
9.	**1.♘e5–d3** und der Läufer geht verloren, denn auf jeden Läuferzug folgt Matt: **1...♗e1–d2 2.♘d3–c5#** [oder 1...♗e1–f2 2.♘d3–b4#]
10.	**1...d7–d5+** [1...f7–f5+? 2.♔e4–f4] erzwingt eine Springergabel mit Damengewinn, gleich wie Weiß schlägt: **2.♔e4xd5 ♘d1–e3+** oder 2.♕c4xd5 ♘d1–c3+
11.	Weiß kann den Bauern zwar nicht verteidigen, aber das ist hier nicht weiter schlimm: **1.b7–b8♕+ ♔c7xb8 2.♘d4–c6+** Gabelt und deckt den eigenen Turm, **2...♔b8–c8 3.♘c6xb4** und Weiß gewinnt.
12.	Normalerweise kann der Springer gegen die Dame nicht lange bestehen. Hier sehen wir eine der wenigen Ausnahmestellungen, wo er sogar leicht Remis hält: **1.♘d5–c7+ ♔a8–b8 2.♘c7–a6+ ♔b8–a8 3.♘a6–c7+** usw., Remis!
13.	Eine Hinlenkung in die Springergabel gewinnt: **1...♕b5–a4+ 2.♔b3xa4** [2.♔b3–b2 ♕a4xd1] **2...♘e4–c5#** [2...♘e4–c3+? 3.♔a4–b3 ♘c3xd1 sollte wohl Remis enden]
14.	**1.♘e5–d3** Die Springer drohen nun Matt auf c2 und b3. Wehrt Schwarz einen der Angriffe ab, verstellt er sich selbst die Figur, die den jeweils anderen Angriff verhindern könnte: **1...♗h7xd3 2.♘d4–b3#** oder 1...♖e3xd3 2.♘d4–c2#
15.	Wer glaubt, dass dieses Endspiel Remis ist, hat sich sehr geirrt: **1.♘c5–d7+ ♔b8–a8 2.♔d8–c7** (Einengung) **♘a7–b5+** [sofort verliert 2...♘c8xd6 3.♘d7–b6#] **3.♘d6xb5 ♘c8–e7 4.♘d7–b6#** **R.Prokop**, Studie 1929
16.	**1...d3–d2+ 2.♔c1xd2 ♘f2–e4+** Das typische Weglenkungsopfer **3.♘c5xe4 a3–a2** usw. **Franke – Metger**, Leipzig 1877

Der Springer in der Studie

Erstaunlicher Weise scheint es mehr Studien zu Turm- oder Bauernendspielen zu geben als zu Springerendspielen. Und das, obwohl erstere mit ihrer geraden, korrekten Gangart doch viel berechenbarer sind als die quirligen Springer? Aber vielleicht machen es ja die Springer den Studienkomponisten gerade durch ihre "Sprunghaftigkeit" zu schwer?

Jedenfalls findet der Leser auf den nächsten Seiten dennoch eine Reihe von interessanten, lehrreichen oder unterhaltsamen Studien, bei denen der Springer im Mittelpunkt steht.

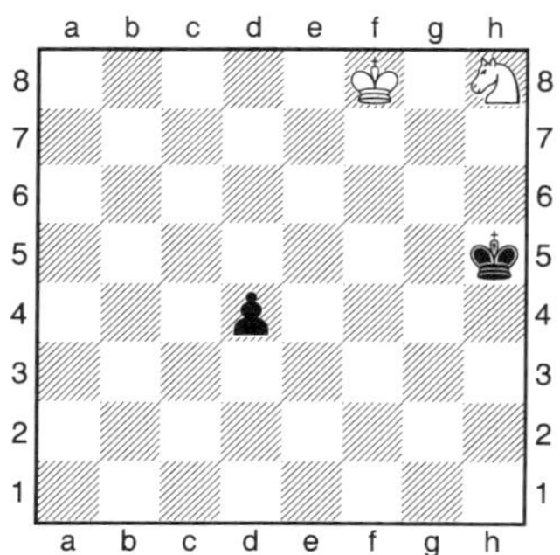

1. Gwan Altana – Studie 1941

Der Freibauer hat schon die Mittellinie überschritten und strebt scheinbar unaufhaltsam der Umwandlung entgegen. Doch der kurzschrittige Springer ist nicht so langsam, wie man meinen könnte. Mit einem ganzen Haufen drohender Gabeln holt er den Bauern leicht ein:

1.♔f8–g7 d4–d3 2.♘h8–g6 d3–d2 [Oder auch 2...♔h5–g5 3.♘g6–e5 d3–d2 4.♘e5–f3+]

3.♘g6–f4+ ♔h5–g4 [Ebenso 3...♔h5–h4 4.♘f4–g2+ ♔h4–g3 5.♘g2–e3; oder 3...♔h5–g5 4.♘f4–h3+ ♔g5–f5 5.♘h3–f2]

4.♘f4–d3/d5 d2–d1♕ 5.♘d3–f2+

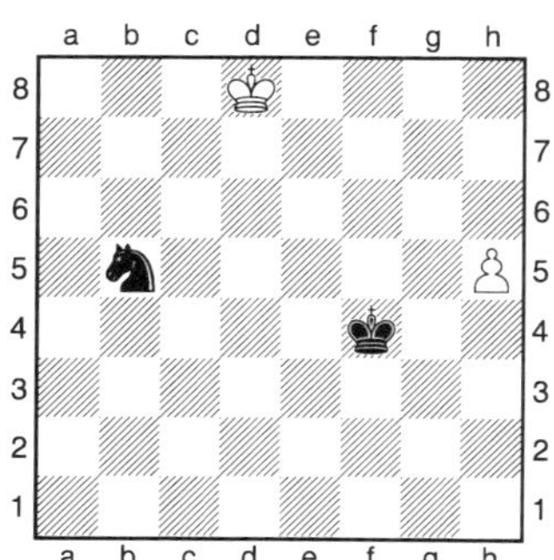

2. A.Cheron – Studie 1952

Diesmal gelingt es dem Springer nicht, den Freibauern noch abzufangen, obwohl man das bei flüchtiger Betrachtung annehmen könnte.

Nach Anfangserfolgen zeigt sich jedoch, wie schwach und anfällig ein Springer in der Ecke wirklich ist:

1.h5–h6 ♘b5–d6 2.h6–h7 ♘d6–f7+ 3.♔d8–e7 ♘f7–h8 Dummerweise ist das die Stellung, in welcher der Springer vom König gefangen wird! Also gewinnt **4.♔e7–f6** Springer und Partie.

Der Springer kommt hier zu spät, um die Umwandlung zu verhindern. Aber das ist noch lange kein Grund, die Partie aufzugeben, denn er setzt nun Plan B zu seiner Verteidigung ein:

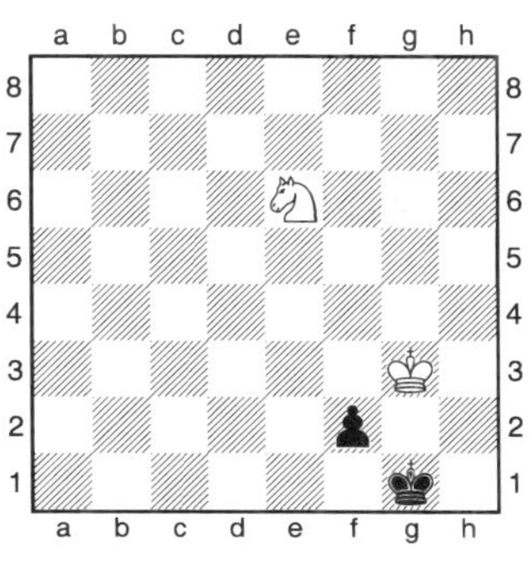

3.

1.♘e6–f4/g5 f2–f1♕

2.♘f4–h3+ ♔g1–h1

3.♘h3–f2+ und Remis, der König kann dem Dauerschach nicht entkommen und seine Dame ist daher nutzlos.

Diese schon sehr alte Studie demonstriert sehr schön, wie der Springer Matt setzt:

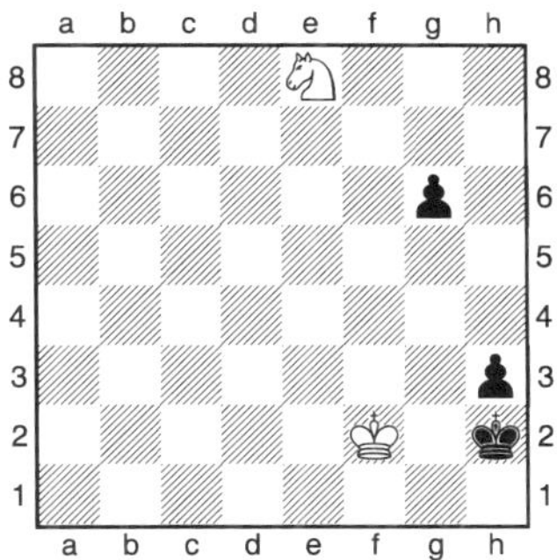

4. A.Salvio – Studie 1634

1.♘e8–f6 [Auch wenn Schwarz anzieht, ändert sich nichts: ***1...g6–g5*** 2.♘e8–f6 g5–g4 *(2...♔h2–h1 3.♘f6–g4 h3–h2 4.♘g4–e3 g5–g4 5.♘e3–f1 g4–g3+ 6.♘f1xg3#)* 3.♘f6xg4+ ♔h2–h1 4.♔f2–f1 h3–h2 5.♘g4–f2#]

1...♔h2–h1 [1...g6–g5 2.♘f6–g4+ ♔h2–h1 3.♔f2–f1 h3–h2 Zugzwang 4.♘g4–f2#]

2.♘f6–g4 h3–h2 3.♔f2–f1 g6–g5 und **4.♘g4–f2#**

Wer gibt dem Springer hier gegen drei schwarze Bauern eine Chance? Doch der Gaul springt über alle Widerstände hinweg und rettet das Remis:

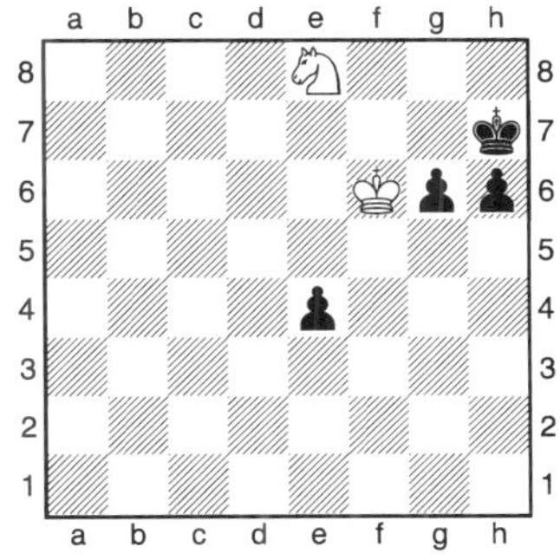

5. A.Selesniev – Studie 1930

1.♔f6–f7 e4–e3

[1...h6–h5 2.♘e8–f6+ ♔h7–h6 3.♘f6xe4 h5–h4 4.♔f7–f6 h4–h3 5.♘e4–f2 =

(oder auch 4...♔h6–h5 5.♘e4–g5 ♔h5–h6 6.♘g5–f7+/h3 =)]

2.♘e8–f6+ ♔h7–h8 3.♘f6–d5 e3–e2 4.♘d5–f4 [4.♘d5–e7? h6–h5!] **4...e2–e1♕ 5.♘e7xg6+ ♔h8–h7 6.♘g6–f8+** Remis

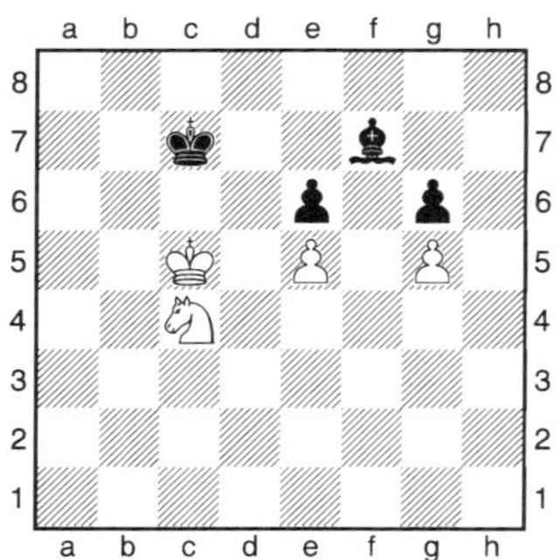

6. Kling 1851, verbessert

1.♘c4–d6 ♗f7–g8 2.♘d6–e8+

[In Klings Studie folgt hier ***2.♘d6–b5+*** ♔c7–d7 3.♔c5–b6 usw. und Weiß steht nach einem Dutzend Zügen auf Gewinn. Doch diese Lösung ist viel schneller:

1.♘c4–d6 ♗f7–g8 2.♘d6–e8+ ♔c7–d8 3.♘e8–f6 ♗g8–f7 4.♔c5–d6 und die schwarze Stellung kollabiert, denn wie soll der Läufer die Bauern verteidigen?

4...♗f7–e8 5.♘f6xe8 ♔d8xe8 6.♔d6xe6 mit elementarer Gewinnstellung.

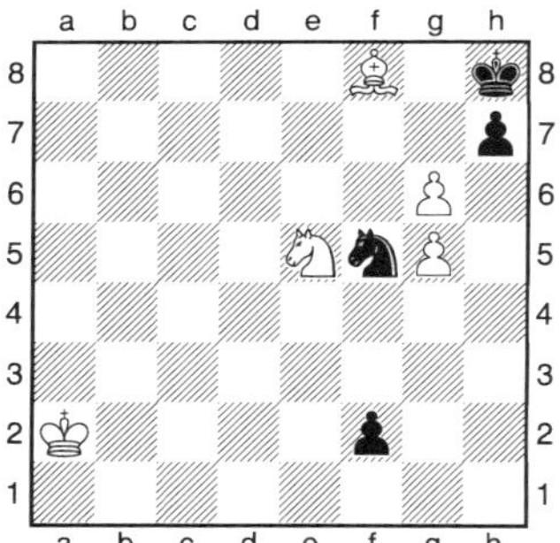

7. Sachodjakin – Studie 1930

Diese Stellung führt zu einem unglaublichen Ergebnis – Weiß hält Remis! Eine kleine taktische Besonderheit rettet ihn:

1.g6–g7+ ♘f5xg7 2.♘e5–f7+ ♔h8–g8 3.♗f8–c5 f2–f1♕ 4.♘f7–h6+ ♔g8–h8 5.♗c5–d6 und Remis.

5...♕f1–a6+ oder auch andere Angriffe auf den Läufer scheitern an **6.♔a2–b3 ♕a6xd6 7.♘h6–f7+**. Zugzwang hat Weiß wegen seines Springerschachs auf f7 auch nicht zu befürchten.

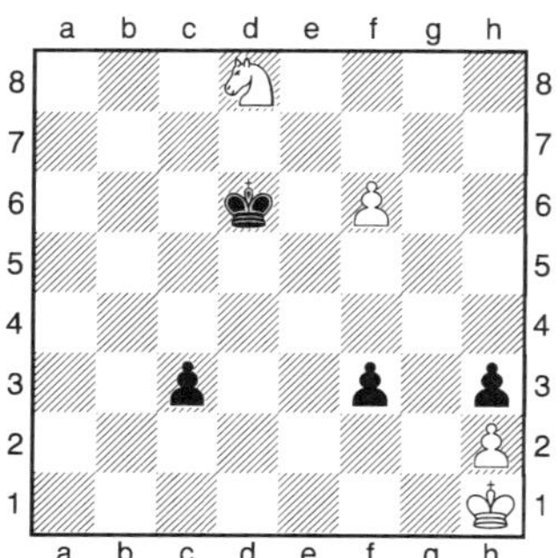

8. Henri Rinck – Studie 1908

Wer würde glauben, dass der kurzschrittige Springer die starken und weit vorgerückten Freibauern aufhalten kann?

1.f6–f7 ♔d6–e7 2.♘d8–e6

[2.♘d8–c6+? ♔e7–f8 und Schwarz gewinnt]

2...♔e7xf7 3.♘e6–g5+ ♔f7–e7 4.♘g5xf3 c3–c2 5.♘f3–g1 c2–c1♕ Patt

Auf andere Züge, etwa 5...♔e7–d6, folgt 6.♘g1–e2 mit Kontrolle des Umwandlungsfeldes.

Hier gewinnt die Dame mit Unterstützung des Springers, obwohl ihre Gegenspielerin direkt daneben steht:

1.♕c4–c7+ ♔b8–a8 2.♕c7–a5+ ♔a8–b7 [2...♔a8–b8? 3.♕a5–b6+ ♔b8–a8 *(3...♔b8–c8 4.♕b6–c7#)* 4.♘e6–c7#]

3.♘e6–c5+ ♔b7–b8 [Falls 3...♔b7–c6 4.♕a5–a4+ Spieß mit Damengewinn]

4.♕a5–b6+ ♔b8–c8 5.♕b6–b7+ ♔c8–d8 6.♔d3–d2 Zugzwang! Das Mattfeld d7 kann nur durch **6...♕e8–e7** gedeckt werden, was dann **7.♕b7–b8#** ermöglicht.

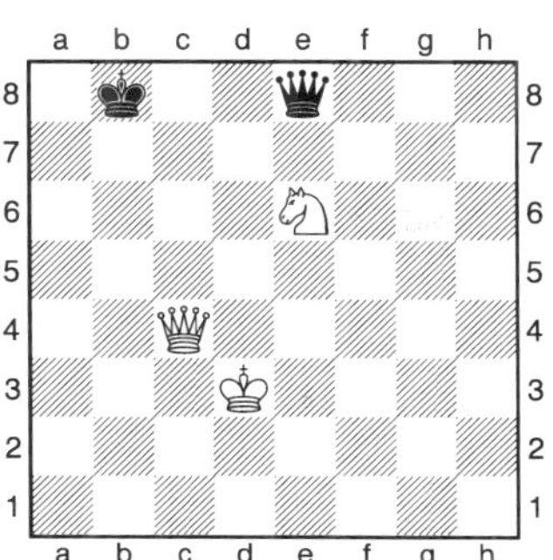

9. H. Rinck – Studie 1917

Unabhängig davon, ob die Stellung gewinnbar ist oder nicht, kann schon ein falscher erster Zug alles verderben:

1.♘e2–c1 [Nach 1.♘e2–c3+? kann der König den Springer erfolgreich abdrängen: 1...♔a4–b3 2.♘c3–e2 *(2.♘c3–b1 a3–a2)* 2...♔b3–b2 3.♘e2–f4 a3–a2 4.♘f4–d3+ ♔b2–c3]

1...♔a4–b4 2.♘c1–a2+ ♔b4–b3 3.♘a2–c1+ ♔b3–b2 4.♘c1–d3+ ♔b2–c2 5.♘d3–b4+ ♔c2–b3 6.♘b4–d3 Der König kann den Springer nicht vertreiben. Falls **6...a3–a2** [oder 6...♔b3–c3 7.♘d3–c1 ♔c3–b2 8.♘c1–d3+ usw.]

7.♘d3–c1+ und Ruhe auf dem Brett.

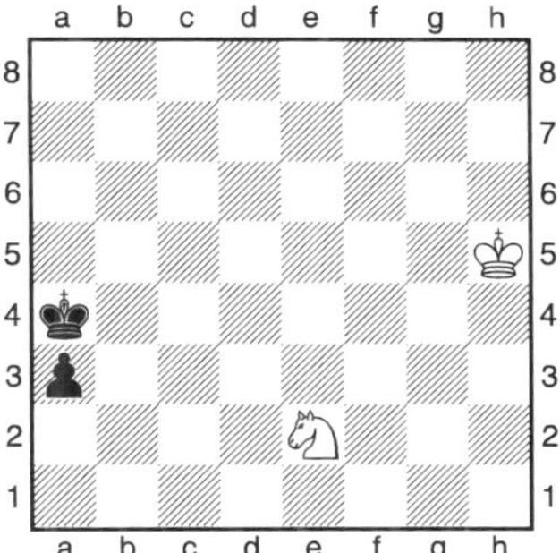

10. Studie Fahrni

Diesmal kann keiner der beiden Springer etwas gegen die Bauern ausrichten:

1.♘b8–a6 [1.h6–h7? a3–a2 2.h7–h8♕ a2–a1♕+ und Damengewinn]

1...♔d5–c4 2.♘a6–b4 ♔c4xb4 3.h6–h7 a3–a2 4.h7–h8♕ a2–a1♕+ 5.♔f6–g6 ♕a1xh8 und Patt!

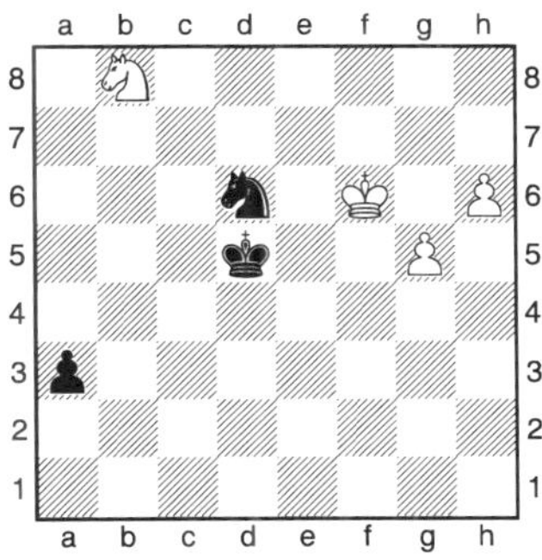

11. H. Rinck – Studie 1920

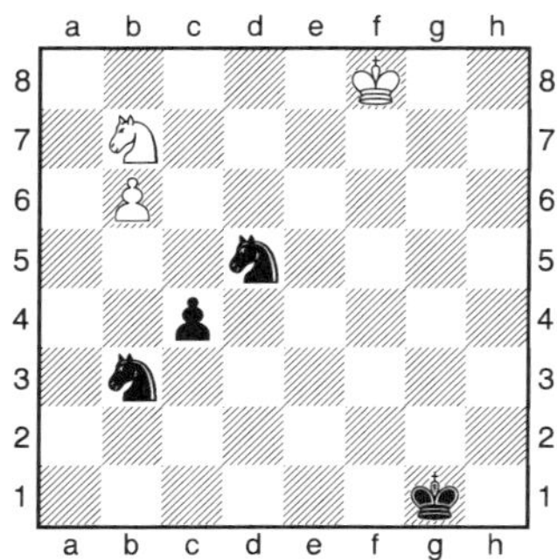

12. Yakimshik – Studie 1933

Schwarz scheint gute Gewinnchancen zu haben, doch genaues Spiel hält Remis:

1.♘b7–d6 c4–c3 2.b6–b7 ♘b3–c5 3.♘d6–b5 [3.b7–b8♕? ♘c5–d7+]

3...c3–c2 4.♘b5–d4 Greift den Bauern an und droht im Umwandlungsfall auch noch mit einer Gabel. Da hilft nur Unterverwandlung **4...c2–c1♘**

Gleiches gilt für Weiß; nach **5.b7–b8♘** sind drei gegen zwei Springer auf dem Brett, was wohl Remis ausgehen sollte.

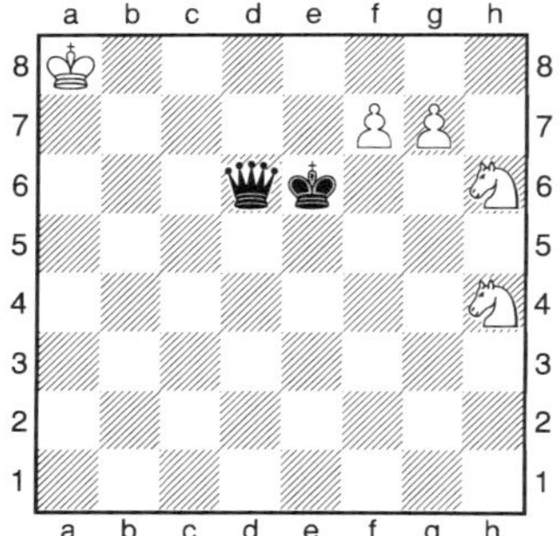

13. F.Sackmann – Studie 1913

Die normale Umwandlung 1.f7–f8♕ führt nach 1...♕d6–a6+ nur zum Dauerschach. Eine doppelte Unterverwandlung hilft:

1.f7–f8♘+ ♔e6–f6 2.g7–g8♘+

Vier Springer der gleichen Partei auf dem Brett, das ist wohl ein Novum! Das hält aber nicht lange vor, denn **2...♔f6–g7** und da waren es nur noch drei.

3.♘h4–f5+ ♔g7xf8 4.♘f5xd6 mit gewonnenem Endspiel – man muss nur genug Springer auf dem Brett haben, dann klappt's auch mit dem Matt!

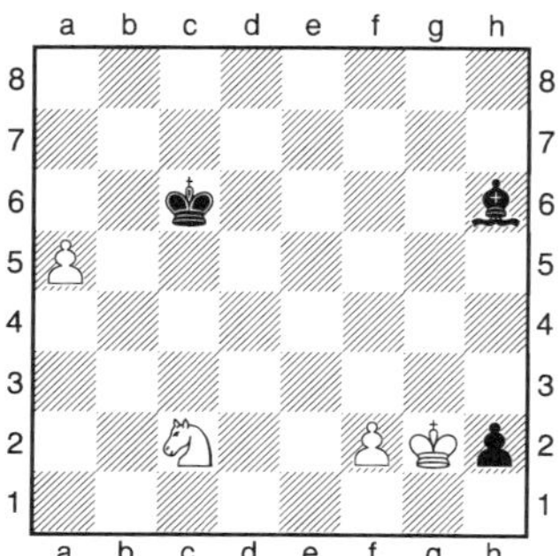

14. R.Réti – Studie 1922

Die Überlegenheit eines Springers über einen Läufer mag sehr viel schwerer zu erkennen sein als umgekehrt. Das zeigt diese Studie Rétis, in der nach

1.♘c2–d4+ ♔c6–c5 2.♔g2–h1

[1...♔c6–b7 2.♔g2xh2 ♔b7–a6 und nun befestigt 3.♘d4–b3 dauerhaft den Bauern und Weiß gewinnt leicht.]

der Läufer auf kein Feld ziehen kann, ohne weggegabelt zu werden. Zieht aber der König, kann er das Quadrat nicht länger verteidigen.

Der Springer kann den Bauern lange genug decken, bis sein König heran ist. Aber man muss dabei das dann folgende Bauernendspiel im Auge haben:

1.♘b7–a5 [1.c4–c5? ♔d4–d5 2.♔h1–g2 ♔d5–c6 3.♔g2–f3 ♔c6xb7 4.♔f3–e4 ♔b7–c6 5.♔e4–d4 und das Endspiel ist Remis]

1...♔d4–c5 2.♔h1–g2 ♔c5–b4 3.♔g2–f3 ♔b4xa5 4.♔f3–e4 ♔a5–b6 5.♔e4–d5 drängt den König ab und erzwingt Opposition oder eine andere technische Gewinnstellung:

5...♔b6–c7 [5...♔b6–b7 6.♔d5–d6]
6.♔d5–c5 und gewinnt.

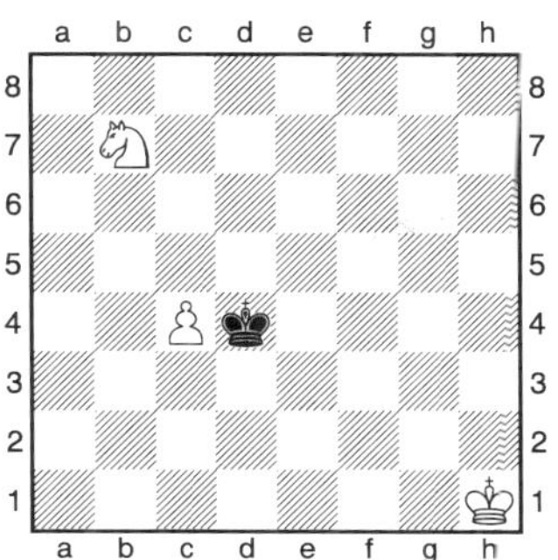

15. Max Euwe – Studie 1951

In dieser letzten Studie zieht auch der Springer erst im allerletzten Zug, ist aber dennoch die beherrschende Figur auf dem Brett. Die mächtige schwarze Dame, der das ganze Brett zur Verfügung steht, kann seiner Gabel nicht entkommen:

1.♖d4–b4 ♕b7–c8

[1...♕b7xb4?? 2.♘e5–c6+]

2.♖b4–b8 ♕c8–h3

[2...♕c8xb8 3.♘e5–c6+]

3.♖b8–h8 ♘g2–h4

[3...♕h3xh8 4.♘e5–g6+]

4.♖h8xh4 ♕h3–c8

[4...♕h3xh4 5.♘e5–g6+]

5.♖h4–h8 ♕c8–b7

[5...♕c8xh8 6.♘e5–g6+]

6.♖h8–b8

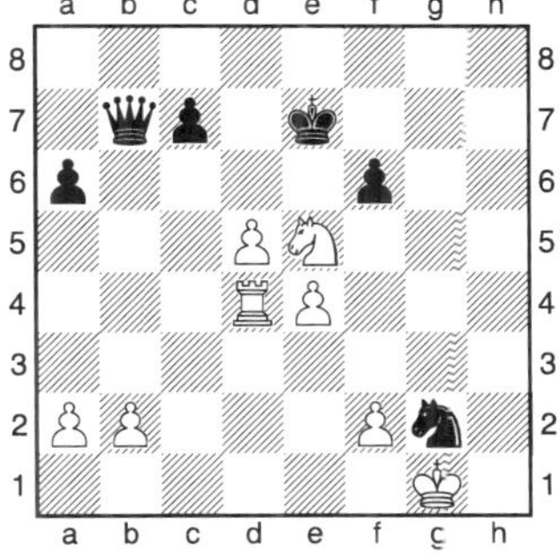

16. A.Troitzky – Studie 1910

und die Dame kann nicht länger ausweichen. Endlich hat der Springer seinen großen Auftritt: **6...♕b7xb8 7.♘e5–c6+** gewinnt die Dame.

Eines der treffendsten Beispiele für die Dominanz eines gut postierten Springers!

Kurzlösungen - jeweils der 1.Lösungszug

1.	♘g5xf7+	**26.**	♘f4-e6+	**51.**	♕c4-g8+	**76.**	**...♘e4xf2**
2.	♗c4xf7+	**27.**	♕f5xg6	**52.B**	3.♘e5xf7	**77.**	♘b3-d4
3.	♘f3-g5+	**28.**	♘f8-e6 *	**53.**	♘d4-e6	**78.**	♘a4-b6+
4.	♘g5xe6	**29.**	**...♖b2xg2+**	**54.**	♘g4-f6	**79.**	**...♘h5-g3**
5.	♘e7xg6+	**30.**	♘d4xb5	**55.**	♘d4xe6	**80.**	♘d3-e5
6.	**...♘f4-g2+**	**31.**	♕g6-h7+	**56.**	**...♘e4-c3+**	**81.**	♘d5xf6+
7.	♖c1xc6	**32.**	♘d6-f5+	**57.**	**...♕f6-f3**	**82.B**	2.♘g4-h6+
8.	**...♕d1-a4+**	**33.**	**...♘h4/e5xf3**	**58.**	♘c3xd5	**83.B**	1.♘e4-d6+ *
9.	**...♘e5-f3+**	**34.**	♘f4-g6+	**59.**	♘d4-f5+	**84.B**	2.♘g6-h4
10.	**...♘a4-c3+**	**35.**	♘e4-d6+	**60.**	♘f4-g6+	**85.**	♘c4-d6+
11.	♕g4xd7+	**36.**	**...♘e5-g6**	**61.**	♘e4-g5+	**86.**	♕d4-d7+
12.	♘d4xc6	**37.**	♘e5-d7	**62.**	♘d5-c7	**87.**	♕f2xf8+
13.	♘f6-d7+	**38.**	**...♘d2-f3+**	**63.**	♕h5xf7+	**88.**	♖d1-d7
14.	**...♔h6-h5**	**39.**	**...♖e8xe4**	**64.**	**...♘f5-g3+**	**89.**	♘d3-e5
15.	**...♘c6xe5**	**40.**	♘e7-g6+	**65.**	♘c5-d7+	**90.**	**...♘g4-f2+**
16.	♕f1xf3	**41.**	♘g4-f6+	**66.**	♖d6xb6	**91.**	**...♘g4xf2 ***
17.	♘d4-f5	**42.**	**...♘d4-e2+**	**67.**	**...d4-d3**	**92.**	**...♘h3-g1**
18.	**...♖d7-d1+**	**43.**	**...♘g6/h5-f4**	**68.B**	**3...♕d8-e8**	**93.**	**...♘c6xd4**
19.	♘c6-e7+	**44.**	♘f3xe5	**69.**	♕e7xf7+	**94.**	♘d5-b6
20.	♘f4-g6#	**45.**	♘e4-f6+	**70.**	**...♕d8-d6**	**95.**	♘f4-g6 *
21.	**...♘h5-g3+**	**46.**	**...♘d4-e2**	**71.**	♘g3xf5	**96.**	♘d5-f6+
22.	♖e1xe5	**47.**	♗d3xh7+	**72.**	♕g5-h6	**97.**	♕c4-e6
23.	♘g5-f7+	**48.**	♕h7-g8+	**73.**	♘f7-d6+	**98.B**	2.♕f3-f5+
24.	**...♘f6-g4**	**49.**	♘c3-e4+	**74.**	♕a4-b5+	**99.B**	3.♖c7-c8+
25.	**...♘h4-f3**	**50.**	♕h7-h8+ *	**75.**	♘e4xd6	**100.**	♘c3xd5

* = mehrere Lösungszüge möglich / Zugumstellung / andere Fortsetzung

T = Trick / (T) = nicht unbedingt zwingende Variante

101.	♘c3-d5+	**128.B**	4.♔e2-d2	**155.**	♘c4xe5	**182.**	♕h4-h6
102.	♕e6-g8+	**129.**	**...♕f6xf1**	**156.**	**...♗e6xc4**	**183.**	♘c6-e7+
103.	**...♕f2-g1+**	**130.**	**6...♘e2-g3+**	**157.**	♘d6-f5+	**184.**	**...♘h5-g3+**
104.	♕h6xf4	**131.**	♘g4xh6	**158.**	g2-g4	**185.**	**...♖a7-f7**
105.	♕h6xf4	**132.**	♘g4-h6+	**159.B**	**5...♖h8-h1+**	**186.**	♘b5-d6+
106.	♘b4-d5	**133.**	♘e5xg6	**160.B**	**...♘b4xd5**	**187.**	♘c7-e8+
107.	**...♖f8-f1+**	**134.**	♘f3xd4	**161.**	♘f4xd5	**188.B**	**1...♗c5xf2+**
108.	♘c4xa5	**135.**	**...♘f3-e1+**	**162.**	♘d4xe6	**189.B**	**1...♘g4xh2**
109.	♔f6-f7	**136.**	**...♘d4-e2+**	**163.**	♘f5-e7+	**190.B**	♘a4-b6
110.	♘g4-f6+	**137.**	**...♘e7xf5**	**164.**	♘h6xf7+	**191.**	**...♘f6xe4**
111.	♗f1-b5	**138.**	**...♘a6-b4**	**165.**	**...♘f4-d3+**	**192.**	♘g3xh5
112.B	3.♘e4-f6+	**139.**	**...♗c5xf2+**	**166.**	♘g7-e8	**193.**	♗e3xh6
113.B	3.♘d7-f6+	**140.**	♕c2xc7 (T)	**167.**	♘e5-c4	**194.**	♘d5-e7+
114.B	2.♖d7xb7	**141.**	**...♘e5-f3+**	**168.**	**...♘h5-f4+**	**195.**	**...♕f3-g2+**
115.	♘e4-f6+	**142.**	**...♘e5-f3+**	**169.**	**...♘c6-d4**	**196.**	**...♘e4-g3**
116.	♗c1-g5	**143.**	S	**170.**	♘h4-g6	**197.**	♘e4-d6
117.	**...♘e5-f3+**	**144.**	S	**171.**	♘f3xe5	**198.**	♘f5xg7
118.	♘f4-d5	**145.**	**T**	**172.**	♕e2-e8+	**199.**	**...♘f5-g3+**
119.	♘d4-b5+	**146.**	h3xg4	**173.**	**...♘d5-c3+**	**200.**	**...♔e2-f1**
120.	♘c4xd6	**147.**	**♘d5-e7**	**174.**	S	**201.**	♘f4-g6+
121.	**...♘d4-e2+**	**148.**	**...♘h5-g3+**	**175.**	S	**202.**	♘d5-e7+
122.	**...♘e5-g4**	**149.**	♘g5xf7	**176.**	♘e4-f6	**203.**	♖f1xf8+
123.	♖e1-e7	**150.**	**...♘e5-f3**	**177.**	♘h2-f3	**204.**	♖e1-e8+
124.	♘f5-h6+	**151.**	♕e3xe8+	**178.**	**...♘f6-g4**	**205.**	♘e5-g6
125.	e4-e5	**152.**	**...♘c6xd4**	**179.**	**T**	**206.**	♖e7xb7+
126.	**...♘g4xf2**	**153.**	♘g3-h5	**180.**	♖g1xg7+	**207.**	**...♘g4-f2+**
127.B	2.♘e6-c7+	**154.**	♕a8xf8+	**181.**	♘g5xe6	**208.**	♕h4xh7+
						209.	♘d5-e3 *
						210.	**...♕f5xf2+**
						211.	♘g5-h7
						212.	**...♘g4-h2**

* = mehrere Lösungszüge / Zugumstellung / andere Fortsetzung

T = Trick / (T) = nicht unbedingt zwingende Variante

S = Story oder Analyse, kein Lösungszug notwendig

Die Springer Meisterklasse –

16 Fälle für den "Springer–Flüsterer"

Dies ist eine kleine Sammlung von interessanten Kombinationen mit einem oder beiden Springern, die dem Autor nach Redaktionsschluss der 1.Auflage aufgefallen ist. Darunter sind sowohl ältere als auch neuere Partien und einige Studien.

Da viele davon komplexer und länger sind haben wir ein Lösungsdiagramm eingefügt, das es erfahrenen Spielern erleichtern wird, die Lösung vom Blatt zu verfolgen.

Und nun rauf aufs Pferd und fix gelöst!

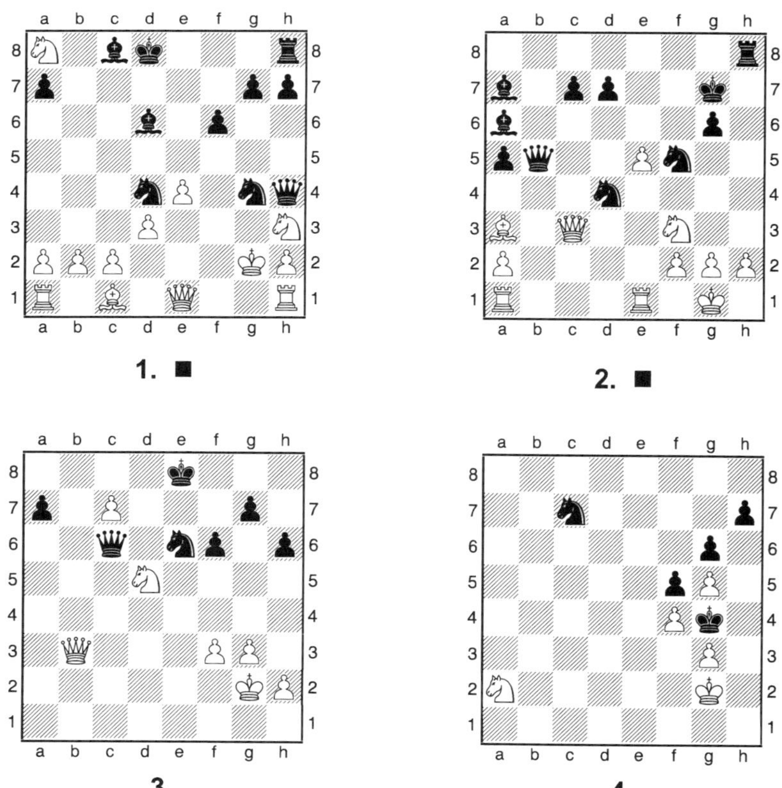

1. ■

2. ■

3.

4.

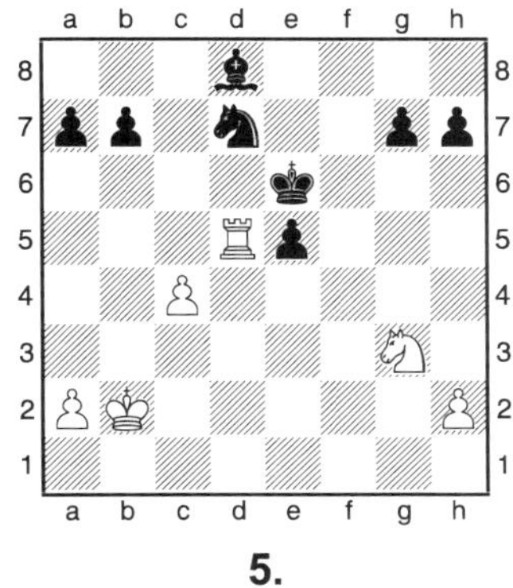

5.

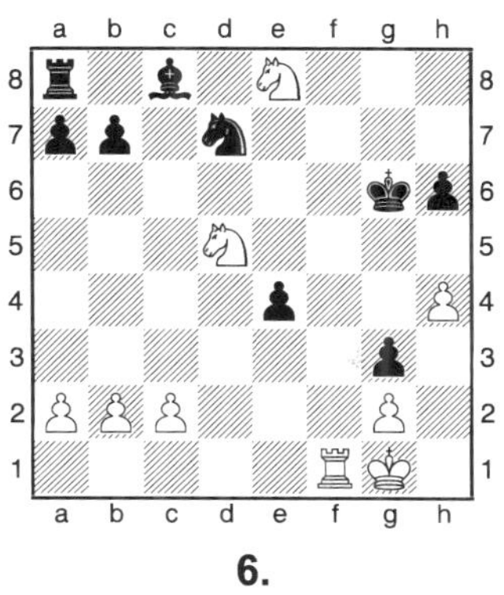

6.

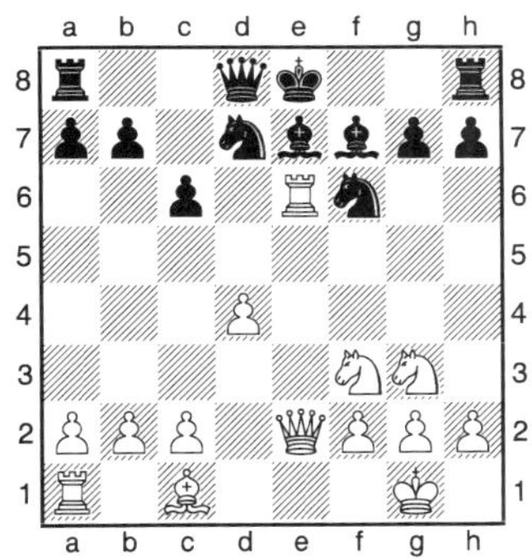

7.

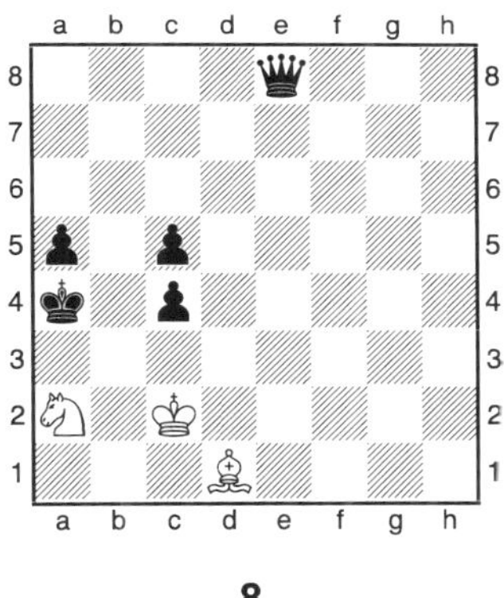

8.

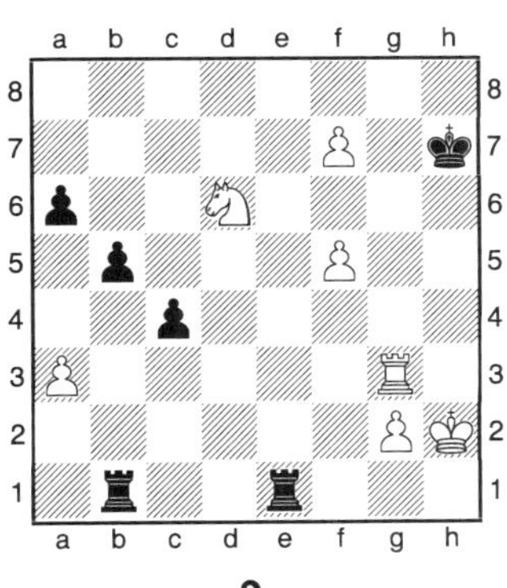

9.

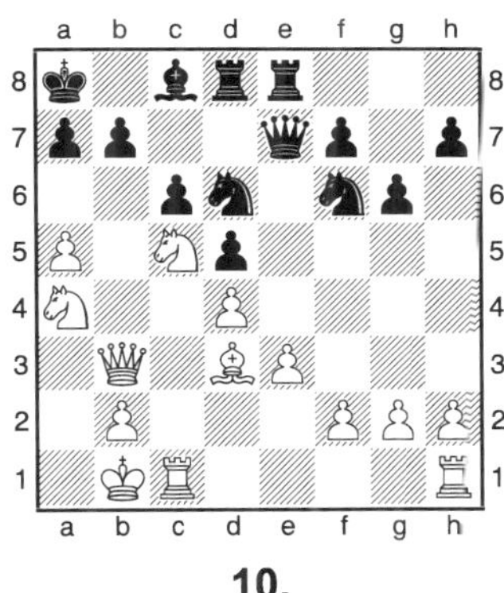

10.

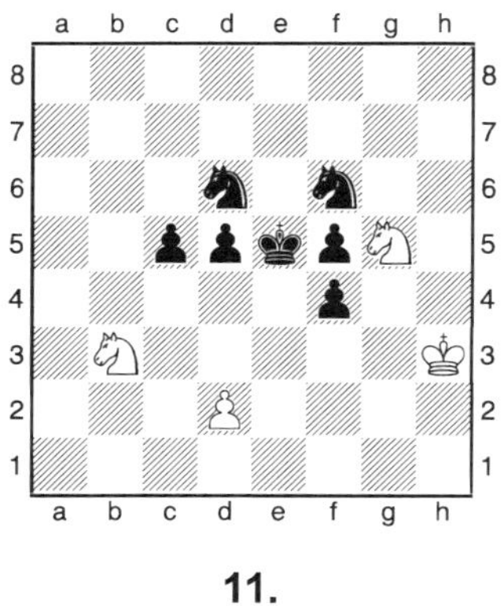

11.

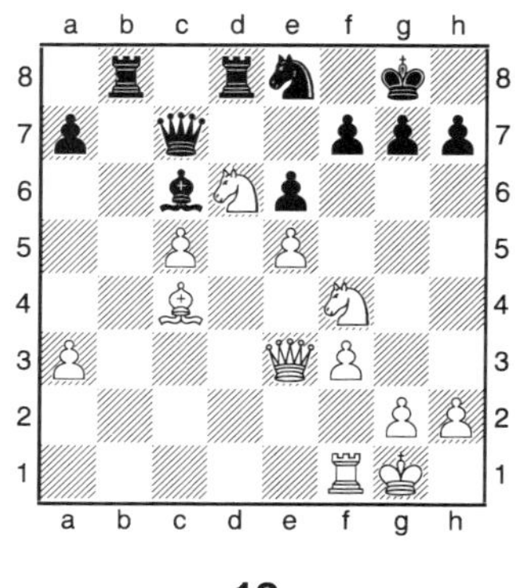

12.

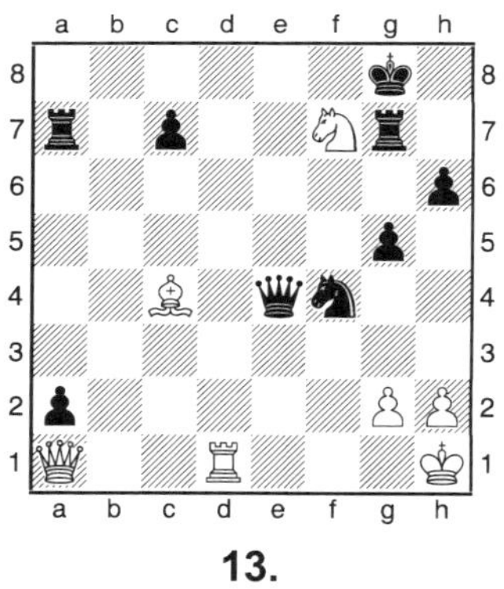

13.

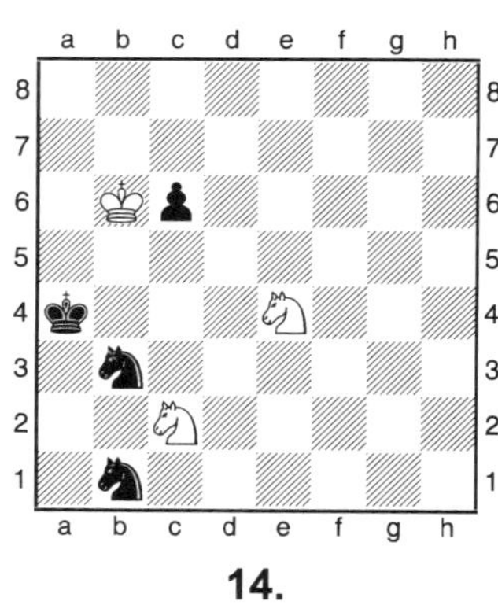

14.

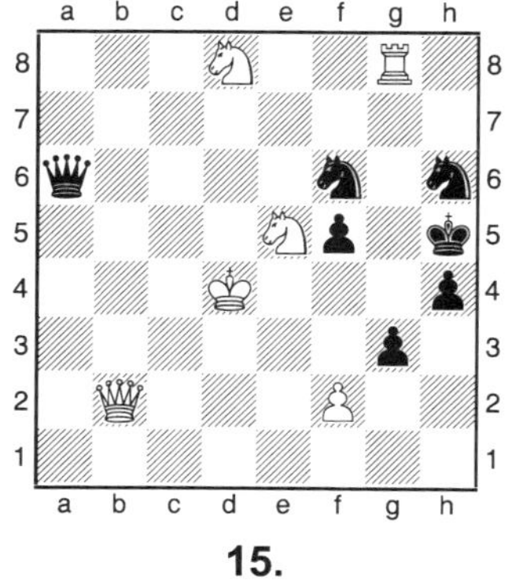

15.

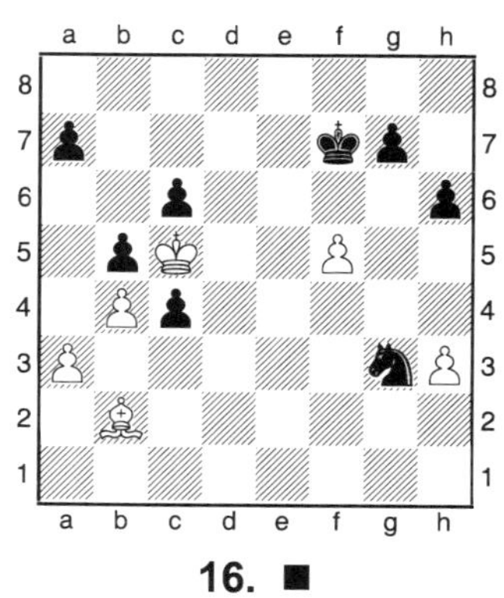

16. ■

Lösungen der "Springer Meisterklasse"

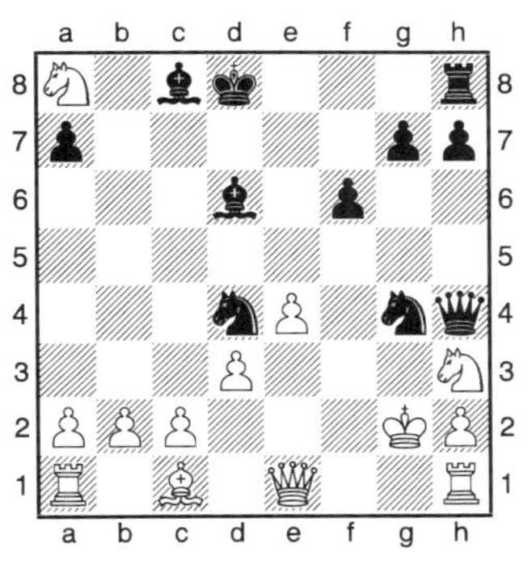

1.

Schulten – Kieseritzky Paris 1844

1...♕h4xh3+ zieht den König in einen Abzug, der ihn in den Einflussbereich der gegnerischen Leichtfiguren bringt.

2.♔g2xh3 ♘g4–e3+

3.♔h3–h4 ♘d4–f3+

4.♔h4–h5 ♗c8–g4#

Wer dieses Matt nicht sieht, kann auch 4...g7–g6+ 5.♔h5–h6 ♗d6–f8# wählen.

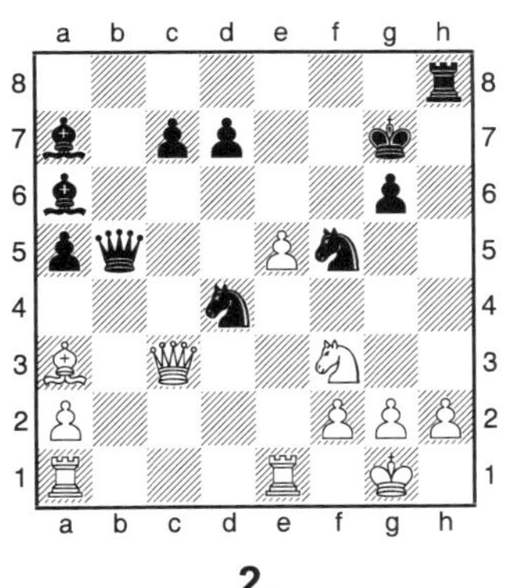

2.

N. N. – Zukertort Berlin 1868

Zukertort, der später gegen Steinitz das erste offizielle Match um die Weltmeisterschaft spielte, startet mit einer Anleihe vom Stickmatt:

1...♕b5–f1+ 2.♖e1xf1 ♘d4–e2+ 3.♔g1-h1 ♘f5–g3+ 4.f2xg3 ♘e2xg3#

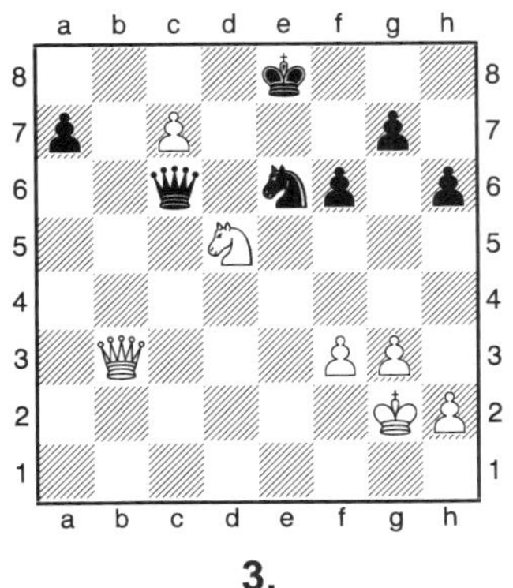

3.

Zukertort – Englisch London 1883

Und noch einmal können wir die Originalität von Zukertorts Spiel bewundern:

1.♕b3–b5! ♕c6xb5

[1...♔e8–d7? 2.c7–c8♕+ ♔d7xc8 3.♕b5xc6+; oder
1...♕c6–d7? 2.c7–c8♕+ ♔e8–f7 3.♕b5xd7+]

2.c7–c8♕+ ♔e8–f7 3.♕c8xe6+ ♔f7xe6 4.♘d5–c7+

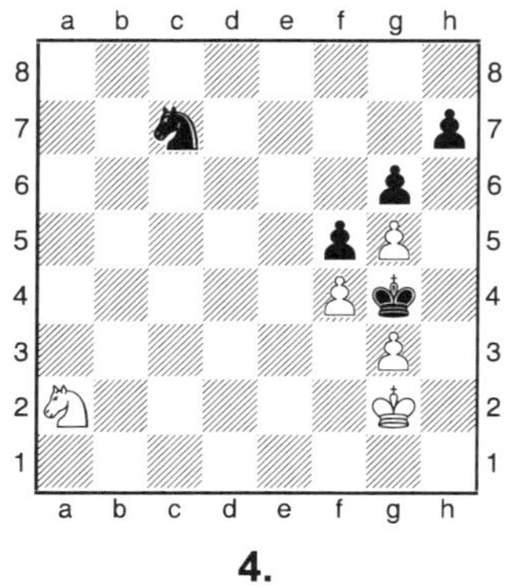

4.

Selesniev,A – Studie 1917

1.♘a2–c3

[1.♘a2–b4 ♔g4–h5 2.-- h7–h6 tauscht die Bauern ab, Remis.]

1...♔g4–h5

[Falls 1...♘c7–e8 2.♘c3–d5 ♔g4–h5 3.♘d5–f6+ ♘e8xf6 4.g5xf6 und die Umwandlung ist nicht zu stoppen.]

2.♘c3–e4!! ♘c7–d5

[2...f5xe4? 3.♔g2–h3 -- 4.g3–g4#

Die Alternative ist nicht besser, schiebt aber das Ende auf:]

3.♘e4–f6+ ♘d5xf6 *(D2)*

4.g5xf6 ♔h5–h6

5.♔g2–f3 g6–g5

6.f4xg5+ ♔h6–g6

7.♔f3–f4 und gewinnt.

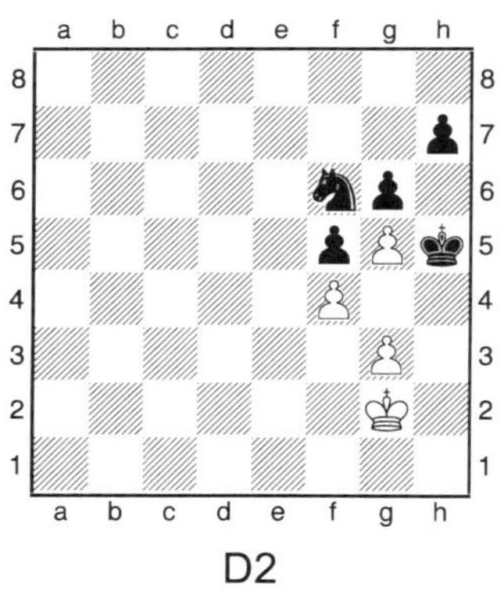

D2

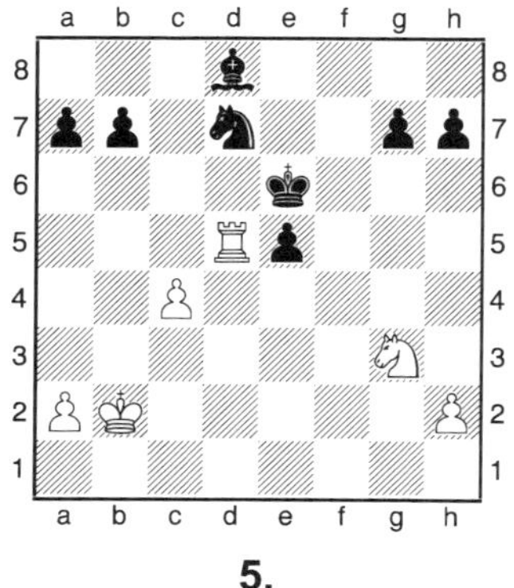

5.

Und nach den Oldies nun eine brandneue Kombi auf Top-Level:

Grischuk,A (2784) – Aronian,L (2778)

Clutch Chess International INT 2020

35.♘g3–f5! ♗d8–c7/f6± waren die besten Verteidigungszüge. Falls 35...♔e6xf5? 36.♖d5xd7 räumt der Turm die 7.Reihe ab. In der Partie folgte

35...♘d7–b6? 36.♘f5xg7+

[36.♖d5xd8 ♔e6xf5 37.♔b2–c3]

36...♔e6–e7 37.♘g7–f5++–

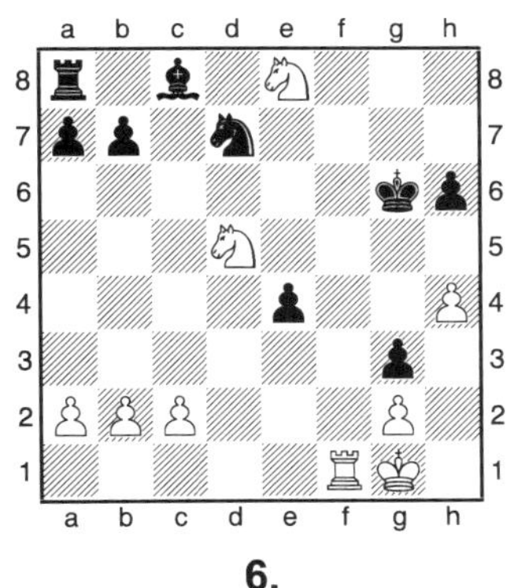

6.

Lagarde,M (2626) – Edouard,R (2650)
94th Französische Mst. Chartres 2019

28.♘d5-e7+ ♔g6-h7

[Partie 28...♔g6-h5 29.♖f1-f4 1:0, 29...-- 30.♘e8-g7#]

29.♖f1-f7+ ♔h7-h8

30.♘e7-g6+ ♔h8-g8

31.♖f7-g7#

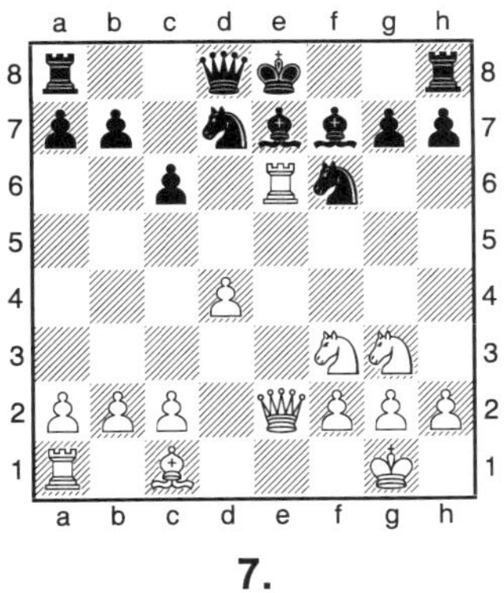

7.

Bateman,K – Beadle,J
Guernsey 2011

Weiß kümmert sich nicht um seinen angegriffenen Turm sondern setzt gleich die Kavallerie ein:

1.♘g3-f5 ♗f7xe6

2.♘f5xg7+ ♔e8-f7

3.♘g7xe6 ♕d8-a5

4.♘f3-g5+ *(D2)* **♔f7-g8**

[4...♔f7-e8 5.♗c1-d2 ♕a5-b6 6.♖a1-e1 -- 7.♘e6-c7+ mit Materialgewinn oder Matt]

5.♘e6-c7 ♕a5xc7

6.♕e2-e6+ ♔g8-g7

7.♕e6-f7+ 0:1; **♔g7-h6**

8.♘g5-e6+ ♕c7-f4

9.♗c1xf4#

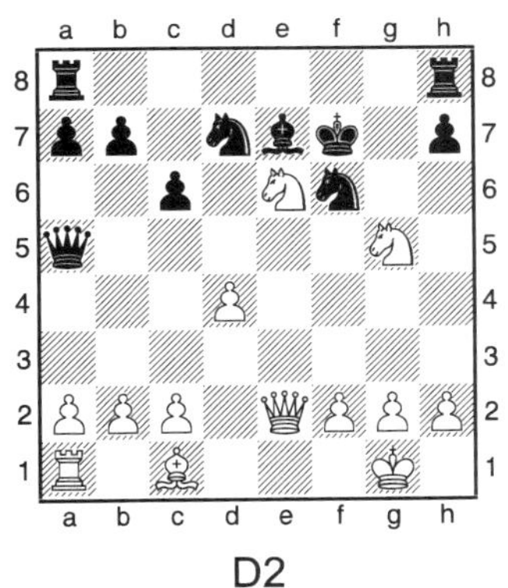

D2

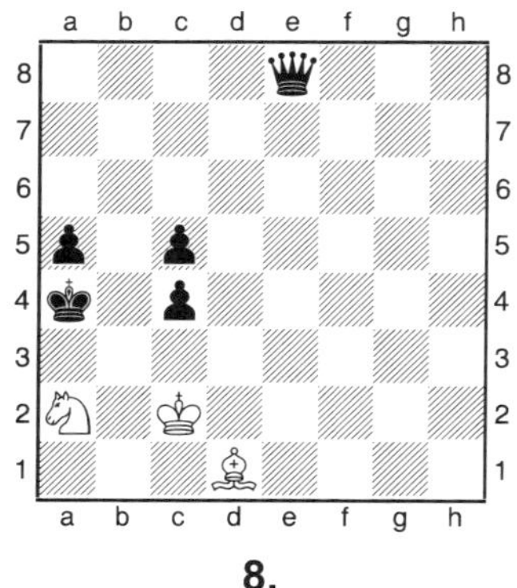

8.

Kudelich,E – Studie 1999

Der Springer versucht sich erfolgreich in einer neuen Rolle als Kerkermeister:

1.♔c2–b2+ ♔a4–b5

2.♗d1-a4+! ♔b5xa4

3.♘a2–c3+ ♔a4–b4

4.♘c3–d5+ *(D2)* **♔b4–a4**

[4...♔b4–b5 scheitert an 5.♘d5–c7+, was aber "mangels Masse" auch Remis wäre.]

5.♘d5–c3+ ♔a4–b4

6.♘c3–d5+

und entweder Rems durch Zugwiederholung oder Verlust der Dame; ebenfalls Remis.

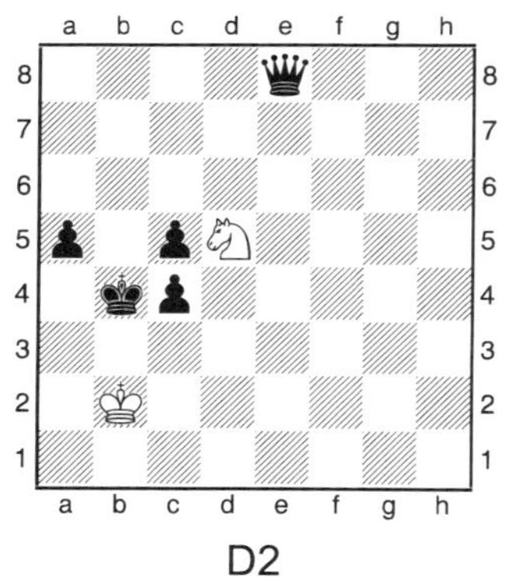

D2

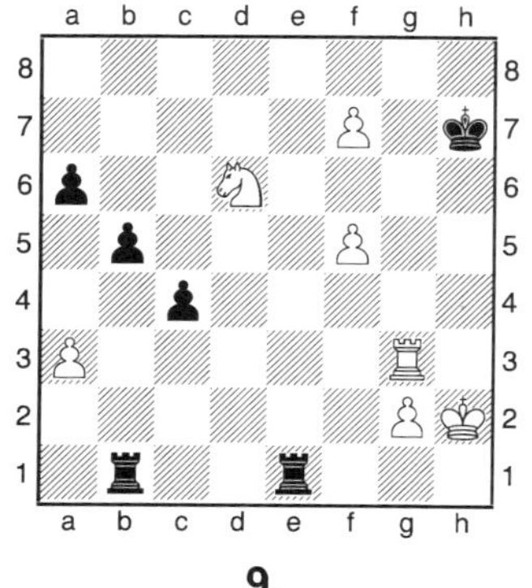

9.

Schleining (2376) – Pogonina (2508)

Europameisterschaft Frauen Plovdiv 2014

Der schnellste Weg zum Matt wird durch Unterverwandlung erreicht und danach ähnelt das Matt der No.6:

1.f7–f8♘+ ♔h7–h6

2.♘d6–f7+ ♔h6–h5

3.♖g3–g5+ aufgegeben, **♔h5–h4**

4.♘f8–g6# [oder auch 4.g2–g3#]

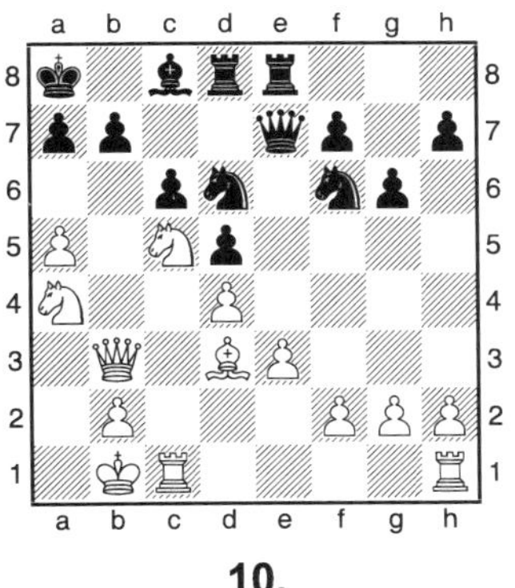

10.

Tang,A (2538) – Villalba,M (2258)

Titled Tuesday 2nd June chess.com INT 2020

Das Springerpaar erzwingt die Linienöffnung, was zu Matt oder Materialgewinn führt:

21.♘a4–b6+ a7xb6

Lehnt Schwarz das Opfer ab kommt der andere Springer zum Zug:

21...♔a8–b8 22.♘c5–a6+ *(D2)* b7xa6 23.♘b6xd5+ ♕e7–b7 24.♕b3xb7+ ♘d6xb7 25.♘d5xf6]

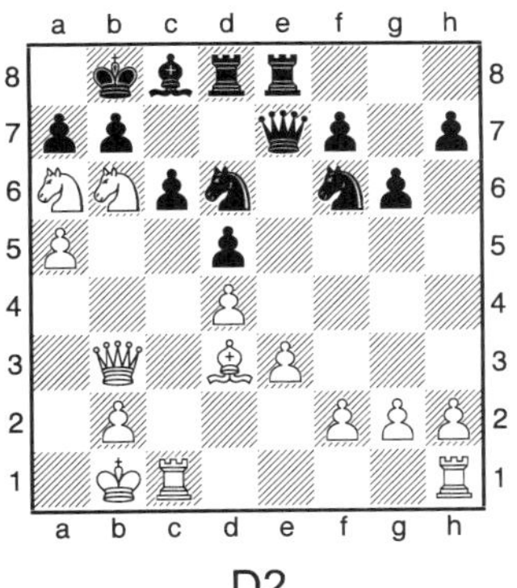

D2

22.a5xb6 ♔a8–b8

23.♕b3–a3 ♘d6–b5

24.♗d3xb5 ♗c8–f5+

25.♔b1-a1 1-0

Nach diesem letzten Racheschach ist Matt nicht mehr zu vermeiden.

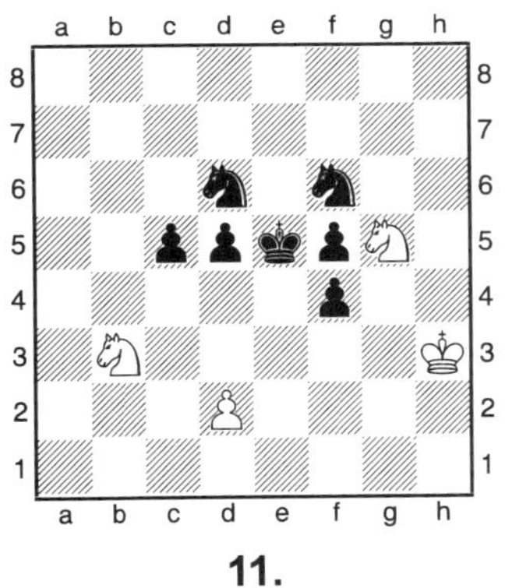

11.

Unbekannt

1.d2–d4+ c5xd4

2.♘b3–c5 f4–f3

3.♘c5–d3#

[Auch andere Fortsetzungen führen zum Matt in 3 Zügen:

2...d4–d3 3.♘g5–f3#;

2...♘d6–e4 3.♘g5–f7#;

2...♘f6–e4 3.♘c5–d7#;

2...♘d6–c4 3.♘g5–f7#]

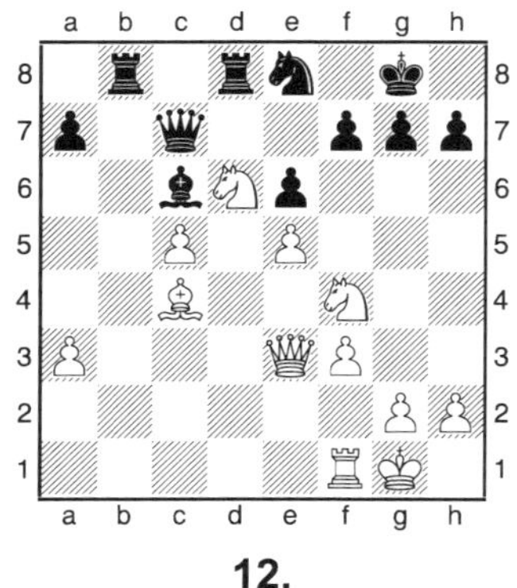

12.

Vera Gonzalez – Storch,L

Titled Tuesday 2nd June chess.com INT 2020

Ein Springeropfer liegt in der Luft. Aber welchen Springer nehmen? Machen Sie sich keine Gedanken, einer gewinnt so gut wie der andere:

26.♘d6xf7 ♔g8xf7
27.♘f4xe6 ♕c7–a5
28.♘e6xd8+ ♔f7–e7
29.♘d8xc6++–

Aber auch der andere Springer kann erfolgreich attackieren:

26.♘f4xe6 *(D2)* **f7xe6**

[26...♘e8xd6 27.♘e6xc7]

27.♗c4xe6+ ♔g8–h8 28.♘d6–f7+

Und das reicht ebenfalls.

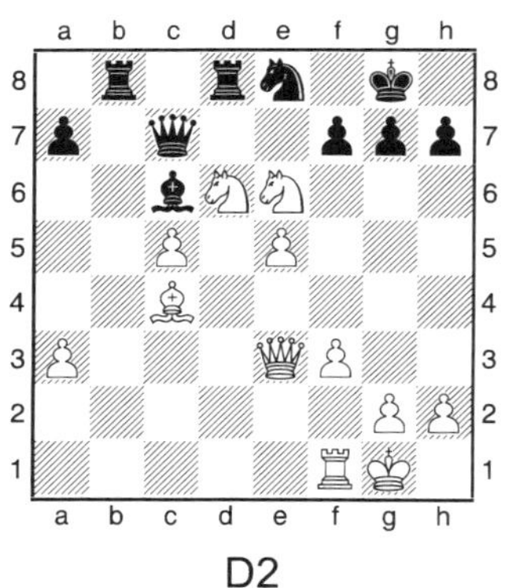

D2

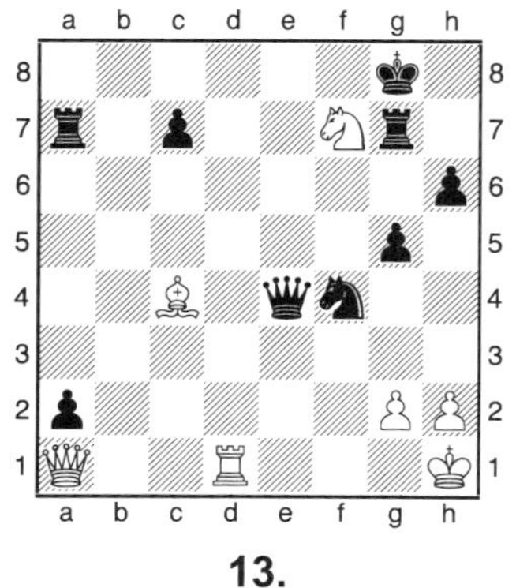

13.

Korobov – Maximov Poltawa 2009

Folgen Sie Weiß auf dieser netten Königsjagd:

1.♖d1–d8+ ♔g8–h7
2.♖d8–h8+ ♔h7–g6
3.♖h8xh6+ ♔g6–f5
4.♖h6–f6+ ♔f5–g4
5.♕a1–d1+ ♔g4–h4
6.♖f6–h6+ ♘f4–h5
7.♖h6/♕d1xh5#

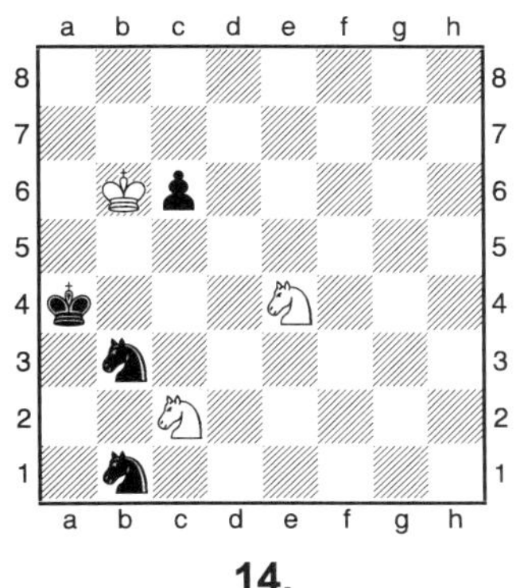

14.

Dvizov,E. – Studie 2000

Weiß lässt den Zugzwang für sich arbeiten, Geduld zahlt sich hier aus:

1.♔b6–a6! c6–c5
2.♔a6–b6 c5–c4
3.♔b6–a6! c4–c3
5.♔a6–b6 ♘b1-d2
6.♘e4xc3#
[oder ebenso 5...♘b3–d2 6.♘e4–c5#]

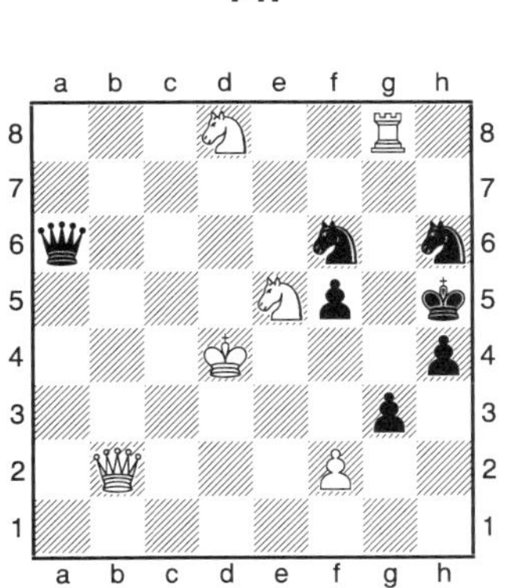

15.

Bent,C – Studie 2000

Weiß trennt sich von allem Material außer dem Springerpaar! Das nämlich reicht zum Matt:

1.♕b2–e2+! ♕a6xe2
2.♖g8–g5+! ♔h5xg5
3.♘d8–e6+ ♔g5–h5 *(D2)*
4.♘e6–g7+ ♔h5–g5
5.f2–f4+ ♔g5xf4
6.♘g7–e6#

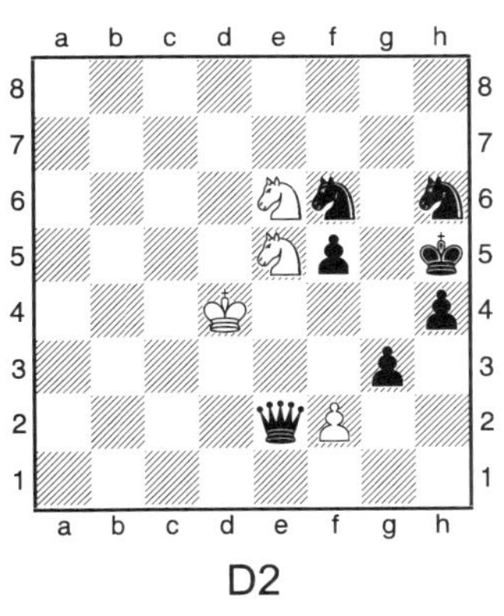

D2

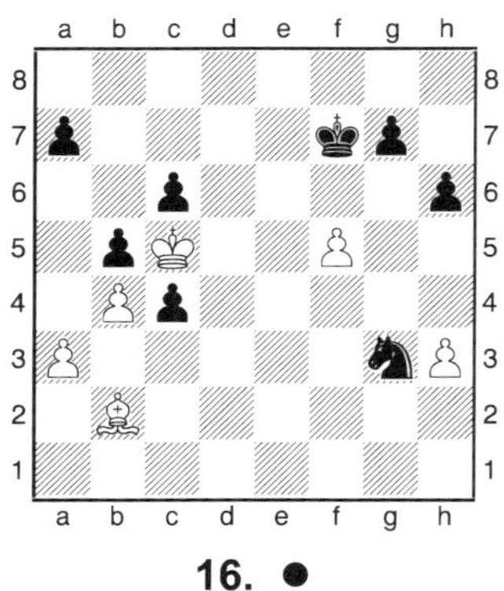

16. ●

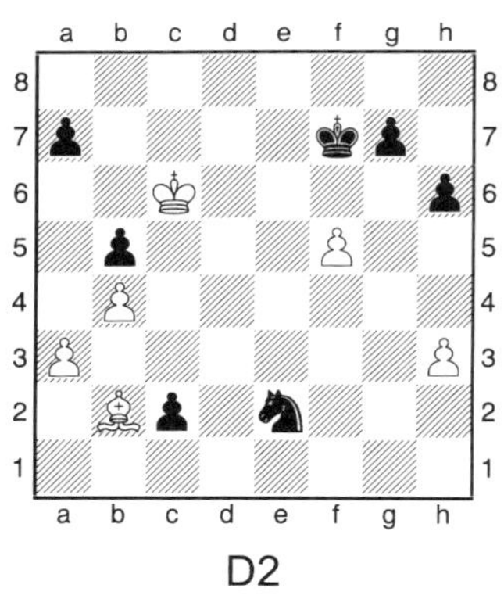

D2

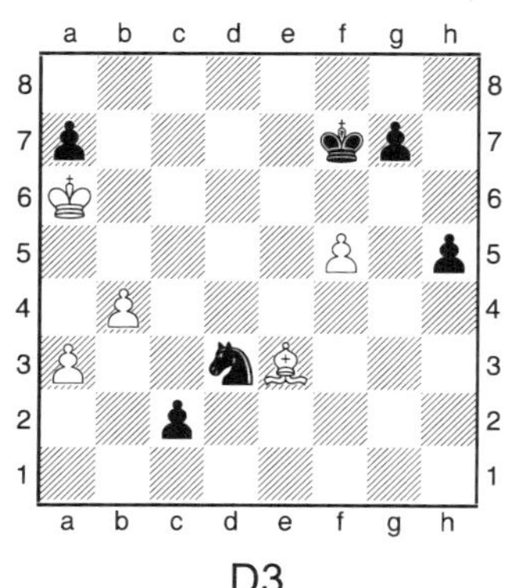

D3

Papaioannou, D – Oberoi,S

Online Hersonissos Open chess.com INT 2020

In solchen Stellungen dominiert meist der Läufer den Springer. Aber diesmal ist es umgekehrt:

37...c4–c3 38.♗b2–a1

[38.♗b2xc3 ♘g3–e4+ mit Abtausch und gewonnenem endspiel.]

38...c3–c2

39.♗a1-b2 ♘g3–e2

40.♔c5xc6 *(D2)* **♘e2–f4**

[40...c2–c1♕+ 41.♗b2xc1 ♘e2xc1 reicht auch, aber Schwarz wollte wohl sicher gehen.]

41.♗b2–c1 ♘f4xh3

42.♔c6xb5 ♘h3–f2

43.♔b5–a6 ♘f2–d3

44.♗c1-e3 h6–h5 *(D3)*

45.♔a6xa7 h5–h4

46.b4–b5 h4–h3

47.b5–b6 ♘d3–e5

48.b6–b7 ♘e5–d7

und gewinnt, Der Springer stoppt den weißen Bauer, während der Läufer nur einen der Freibauern stoppen kann. Erst nagelt ihn der Springer fest, dann tricksen ihn die Bauern aus, das ist ja zum Weglaufen!

Und nun sind wir am Ende dieses langen Ausritts. Ich hoffe, die "Tatwaffe Springer" hat Ihnen Freude bereitet und Sie sind nun besser gerüstet, die L-förmigen Attacken des oder der Springer einschätzen oder besser noch selbst führen zu können.

Wenn Sie sich weiter verbessern oder Ihr schon erreichtes Niveau aufrechterhalten wollen, bleiben Sie der Taktik treu! Ab und zu eine Sitzung mit Taktikaufgaben für zwei bis drei Stunden, oder, wenn Ihnen das nicht möglich ist, (fast) jeden Tag die ein oder andere Taktikaufgabe lösen hilft Ihnen dabei!

In diesem Sinne weiterhin viel Freude am Schach

Wünscht Ihnen Ihr Taktikautor

Martin Weteschnik

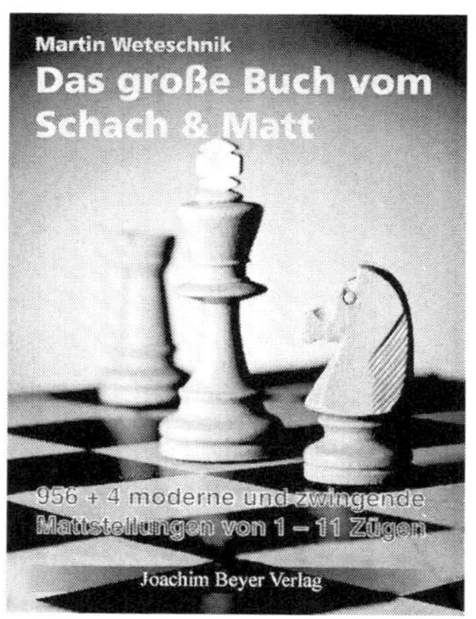

Martin Weteschnik

Das große Buch vom Schach & Matt

956+4 moderne und zwingende Mattstellungen von 1-11 Zügen

224 Seiten, gebunden

Schach und Matt ist der Höhepunkt der Partie. Das gilt insbesondere, wenn das Matt "zwingend" zu Stande kam, der Gegner also keine Chance hatte, unter Materialverlust zu entkommen. Martin Weteschnik, Autor zahlreicher Schachpublikationen, hat die wohl umfassendste und aktuellste Sammlung solcher echten, zwingenden Mattkombinationen zusammengestellt. Die meisten davon stammen aus jüngster Zeit und aus Turnieren aus aller Welt, gespielt sowohl von Weltmeistern und Topspielern, wie auch von Amateuren. Dies bietet dem Leser verschiedene interessante Trainingsmöglichkeiten:

– Er lernt, Mattpositionen früher und besser zu erkennen, somit diese zu vermeiden oder selbst anzuwenden.

– Er kann präzise Variantenberechnung trainieren, was generell sein Spiel verbessern wird.

– Er kann durch originelle Mattwendungen seine Kreativität steigern und sich an den oft erstaunlichen Ideen erfreuen, die zum Matt führten.

Durch die besonders übersichtliche Gestaltung kann der Leser seine Lösung überprüfen, ohne lange blättern zu müssen.

Von relativ einfachen Aufgaben (aber Vorsicht! – auch kurze Matts können es in sich haben!) ausgehend steigert sich der Schwierigkeitsgrad des Buches und gibt so dem Leser die Möglichkeit, buchstäblich "mitzuwachsen".